Relações Internacionais 8
direção de
Rafael Duarte Villa
Tamás Szmrecsányi

RELAÇÕES INTERNACIONAIS

TÍTULOS PUBLICADOS

A Antártida no Sistema Internacional, Rafael Duarte Villa
Panorama Brasileiro de Paz e Segurança, Clóvis Brigagão & Domício Proença Jr. (org.)
Paz & Terrorismo, Clóvis Brigagão & Domício Proença Jr. (org.)
Os Excluídos da Arca de Noé, Argemiro Procópio (org.)
Ensaios Latino-Americanos de Política Internacional, Rafael Duarte Villa & Suzeley Kalil (org.)
A Política Externa da Primeira República e os Estados Unidos: a Atuação de Joaquim Nabuco em Washington (1905-1910), Paulo José dos Reis Pereira
Políticas de Imigração na França e nos Estados Unidos (1980-1998), Rossana Rocha Reis
Movimento Cocaleiro na Bolívia, Vivian Urquidi

movimento cocaleiro
na bolívia

VIVIAN URQUIDI

movimento cocaleiro
na bolívia

ADERALDO & ROTHSCHILD EDITORES
São Paulo, 2007

© 2004 de Vivian Urquidi.
© desta edição
Aderaldo & Rothschild Editores Ltda.
Rua João Moura, 433 – 05412-001 São Paulo, Brasil.
Telefone/Fax: (55 11)3083-7419
Atendimento ao Leitor: (55 11)3060-9273
lerereler@hucitec.com.br
www.hucitec.com.br

Depósito Legal efetuado.

Assessoria editorial
MARIANA NADA
Produção editorial
MILENA ROCHA

CIP-Brasil. Catalogação-na-Fonte
Sindicato Nacional dos Editores de Livros

U77m

Urquidi, Vivian, 1965
    Movimento cocaleiro na Bolívia / Vivian Urquidi. – São Paulo : Aderaldo & Rothschild, 2007.
    223p. – (Relações internacionais ; 8)

    Inclui bibliografia
    ISBN 978-85-60438-19-7

    1. Movimentos sociais – Bolívia. 2. Camponeses – Bolívia. 3. Camponeses – Bolívia – Atividades políticas. 4. Índios da Bolívia – Relações com o governo. 5. Trabalhadores – Bolívia – Atividades políticas. 6. Movimento cocaleiro (Bolívia). 7. Coca – Indústria – Bolívia. I. Título. II. Série.

07-1817.   CDD: 303.4840984
                                                        CDU: 316.42(84)

SUMÁRIO

	PÁG.
PRÓLOGO	9
INTRODUÇÃO	31

Capítulo 1
DIVERSIDADE CULTURAL, SOCIEDADES HETEROGÊNEAS E ESTADO APARENTE 39
Uma explicação possível para a história boliviana . . . 42
Questão da identidade e do reconhecimento 46
Nacionalismo na Bolívia 49
Interpretações da diversidade cultural 52
Hibridismo cultural na América Latina 58
Crise como método 63

Capítulo 2
MENTALIDADES DA REVOLUÇÃO E SEUS FRUTOS . . 69
Dimensão senhorial e dimensão andina 69
Componente oligárquico da sociedade boliviana . . . 71
Dimensão andina 74
Decadência da oligarquia 75
Revolução Nacional 80
Limites intelectuais da pequena burguesia 82
Contradições do novo Estado 83
Volta dos militares conservadores 87

Capítulo 3
CAMPONESES-INDÍGENAS NA BOLÍVIA 90
Participação dos camponeses no Movimento Revolucionário . . 94

Índios, camponeses e cidadãos 100
Katarismo e surgimento do movimento indígena contemporâneo . 102
Sindicatos camponeses independentes 110

Capítulo 4
MASSA E ACUMULAÇÃO NO SEIO DA CLASSE . . . 111
Aplicação do conceito de classe. 113
Massa como desdobramento do conceito de classe . . . 118
Massa, sociedade civil e bloco hegemômico 123
Autodeterminação, democracia e massas 125

ICONOGRAFIA 133

Capítulo 5
ECONOMIA DA COCA E MIGRAÇÃO 143
Entre o neoliberalismo e o narcotráfico 146
Migração e organização das colônias de produtores de folha de coca . 149
Dubiedade de posturas 157
Impacto da coca e da cocaína na economia nacional e na dos cocaleiros 161

Capítulo 6
COMPOSIÇÃO HETEROGÊNEA E MEMÓRIA COLETIVA DO MOVIMENTO COCALEIRO 166
Da associação à sindicalização 168
Crescimento político e fragilidades nas demandas do movimento . 178
Heterogeneidade no movimento cocaleiro e o horizonte indígena . 182
Substituição (parcial) da visão de mundo 186
Cocaleiros: novo movimento social 194
Índios, mestiços e híbridos 200
Significado da folha de coca 202
Considerações finais 205

CONCLUSÃO 209

REFERÊNCIAS 217

PRÓLOGO

QUANDO ESTE LIVRO COMEÇOU A SER TRABALHADO, NO início da década de 1990, a Federação de Sindicatos de Camponeses Cocaleiros dirigida pelo seu líder histórico, Evo Morales Ayma, encontrava-se num momento *sui generis* de consolidação da sua liderança política no setor camponês e, aparentemente, iniciava uma fase de expansão de sua influência para outros setores da sociedade boliviana, particularmente nas áreas urbanas e no setor mineiro. Com base nesta expansão teria sido possível concluir, na época, que um novo pacto social começava a nascer. Contudo, nem na teoria social boliviana nem nas análises especializadas, tal hipótese foi formulada. Havia um novo bloco hegemônico em formação, consolidando-se em torno do setor mais polêmico do campesinato, o cocaleiro e, talvez por esse motivo, tal hipótese teria soado meio temerária.

De fato, a formação de um novo bloco histórico em torno de um ator não fundamental, o campesinato-indígena, não é normalmente considerada como hipótese aceitável na teoria social que estuda os fenômenos sociais modernos. Tampouco o era no caso boliviano.

É que, nesse país, o eixo com base no qual se organizou a sociedade em geral e em torno do qual aconteceram as ações populares de maior envergadura das últimas décadas foi ora articulado no sindicato mineiro, ora nos partidos de orientação nacionalista. Ambas as instituições políticas se consolidaram a partir da Revolução Nacionalista de 1952, que reestruturou a sociedade em sindicatos sob a liderança, pelo menos no início, do *Movimiento Nacionalista Revolucionario*, o MNR.

Sendo assim, apesar de o operariado mineiro estar atravessando no início da década de 1990 a pior crise estrutural da sua história, produto das reformas de base no governo, e de os partidos políticos estarem perdendo capacidade de resposta à crise geral, nem intelectuais, nem partidos políticos e nem a sociedade civil foram capazes de considerar novos atores com potencial para propor alternativas consistentes às dos partidos tradicionais ou ao movimento operário, coordenado historicamente pelos mineiros na Central Obrera Boliviana, a COB.

A formação de um novo bloco tem sido considerada papel das classes fundamentais, a saber, a burguesia e o proletariado, e resultado da sua capacidade de articular a partir do Estado e com a sociedade um projeto político de classe, com um programa e uma ideologia disseminados como valores hegemônicos. Por isso, erguer o campesinato produtor de folha de coca à categoria de sujeito central na história boliviana e com capacidade de consolidar um novo bloco histórico era algo impensável, embora as pesquisas e análises sobre o *Movimiento Cocalero* não fossem incomuns. Os cocaleiros naquela época eram vistos ora como um fenômeno econômico emergente, ora como um problema migratório ou como um movimento social importante, num país caracterizado pela ação coletiva e a organização sindical. A composição indígena do movimento cocaleiro e seu conteúdo político eram dados menores, embora importantes, para a análise do fenômeno. Aliás, a questão indígena, num país ainda sob a influência de uma Revolução Nacionalista, não era um fenômeno a ser considerado de modo particular, a não ser para explicar a situação de descompasso social e político da "modernidade" boliviana.

Hoje, duas décadas depois do aparecimento do movimento, pensar a história recente da Bolívia sem os cocaleiros e seu discurso de teor indígena é impraticável. A originalidade do movimento logrou consolidar um novo pacto social e político em torno de um setor, o campesinato, com um programa econômico e um projeto político e social válidos para a totalidade nacional, porém considerando as especificidades das culturas locais. Aparentemente, um novo processo revolucionário está se configurando.

De fato, um aspecto que motivou este trabalho foi a necessidade de entender de que modo um dos países mais atrasados economicamente da região tem sido capaz de propor iniciativas sociais e políticas à frente de outros movimentos e de sociedades mais desenvolvidas da região ou do mundo afora. Para corroborar esse vanguardismo boliviano, basta lembrar a Revolução Nacionalista e a Reforma Agrária, que colocam o país ao lado de outros com experiências revolucionárias únicas na América Latina, como a Revolução Mexicana de 1910 e a Cubana de 1959. Posteriormente, no final da década de 1970, será a vez da Revolução Sandinista na Nicarágua. Mas também há outros acontecimentos recentes que põem a sociedade boliviana à frente das iniciativas regionais de ação coletiva. A Bolívia foi um dos primeiros países a reverter um processo de privatização dos seus recursos naturais, na *Guerra del Agua*, em 2000, e posteriormente a exigir também a nacionalização do gás, na *Guerra del Gas*, em 2003. Isso, num contexto em que a hegemonia neoliberal predomina abertamente nas esferas econômicas do Estado boliviano.

Do mesmo modo, a Bolívia acaba de tornar-se o primeiro país latino-americano a consolidar uma liderança indígena na Presidência da República, com pretensões bastante ambiciosas. De início, dispõe-se o novo governo a refundar o país, considerando desta vez a população indígena como componente básico da nova nação. Para tal, está sendo proposta uma nova Constituinte em cuja Carta fique refletida a heterogeneidade social boliviana. O projeto de Evo Morales tem como escopo a "nacionalização sem confisco" dos hidrocarbonetos como fonte de financiamento para um novo programa de desenvolvimento, cujo objetivo é reativar a produção nacional mediante o incentivo à pequena e média empresa e ao pequeno agricultor. Finalmente, o programa social do governo tem o objetivo, entre outros, de acabar com o analfabetismo no país em trinta meses, por meio da institucionalização de um programa de Educação de impacto e abrangência realmente nacionais.

Em outras palavras, o governo de Morales dispõe-se a construir com base no Estado e com a sociedade, principalmente os indígenas, um novo projeto nacional que seja efetivamente capaz de universalizar os direitos e redistribuir aos setores mais pobres os benefícios da riqueza produzida no país. Propõe-se, também, um projeto de integração nacional capaz de considerar a diversidade cultural e de interesses.

Para essa empreitada, ele conta com um fator qualitativo de grande valor, somente visto no país nos primeiros anos da Revolução Nacionalista: a disposição social para a transformação, a confiança do povo no novo governo e o apoio político dos setores mais organizados e mobilizados da sociedade. São elementos que constituem o capital social, nada desprezível, com que Morales inicia e legitima seu governo.

A expressão quantitativa deste capital é a votação surpreendente que o Movimiento al Socialismo, o MAS, fórmula política de Evo Morales, obtém nas eleições de 2005, com 53,74% da preferência eleitoral contra o segundo colocado, o partido Poder Democrático y Social — Podemos, que obteve 28,59% de votos.

Morales ganhou em todas as grandes cidades, com exceção de Santa Cruz, superando 65% dos votos em muitas zonas rurais e urbanas empobrecidas. Com essa votação, rompe-se a tradicional dispersão do voto em três ou quatro partidos políticos, problema recorrente nas eleições das últimas décadas, e se polariza o voto em duas grandes correntes políticas: Podemos, representante da antiga classe dirigente e da oligarquia latifundiária, e MAS, originalmente baseado no campesinato-indígena, mas atualmente articulado nas suas bases sociais com setores populares urbanos, trabalhadores mineiros, segmentos das classes médias e empresariais, todos eles predominantemente oriundos do lado ocidental do país.

O triunfo por maioria absoluta nas eleições não é comum na história boliviana desde que o voto universal foi introduzido pela Revolução Nacionalista. Pelo contrário, desde a primeira instauração do voto universal, apenas o primeiro governo de Hernán Siles Zuazo (1956-1960) atingiu a maioria absoluta do voto popular, e desde a retomada da democracia formal na Bolívia, em 1978, nenhum partido jamais obteve mais de 34% dos votos. Triunfo este, no qual o MAS teve os meios de comunicação, notadamente os televisivos, como opositores políticos constantes.

Desde a década de 1980 não ocorria um pleito com participação de 84% do eleitorado, o que significa que na Bolívia uma nova *vontade política* está se conformando e expressando, pela primeira vez, a *maioria real* da população. Como resultado, evidentemente, constatam-se uma inequívoca legitimidade para o novo presidente e melhores condições de governabilidade.

A vitória por maioria do MAS e a clara polarização do voto jogaram por terra, por outro lado, uma das práticas mais criticadas da política boliviana, que era a delegação ao Congresso da escolha do novo presidente quando o voto popular, em primeiro turno, não tivesse definido um candidato por maioria absoluta. Tal mecanismo constitucional acabou gerando nos últimos vinte anos diversas formas de clientelismo partidário e de troca de favores políticos e econômicos entre congressistas de diversos partidos e ideologias. Desse modo, os arranjos no Congresso boliviano vinham anulando progressivamente a decisão do voto, da participação social e da vontade popular. A eleição de Morales, num quadro favorável outorgado por maioria absoluta, não apenas permite a definição das tarefas do governo longe das alianças clientelistas, mas também que se expresse efetivamente a vontade popular do voto, qual seja, um governo que se afirme supostamente contra a corrupção, em favor de projetos nacionalistas, e com alternativas ao neoliberalismo.

Apesar desse quadro favorável, o apoio popular ao projeto do MAS nas eleições de 2005 não se expressou de forma homogênea em todo o país. Pelo contrário, o voto em Morales tem um viés de regionalismo, problema que tem crescido nos últimos anos.

De um lado, observa-se que a região em que Evo Morales teve mais votos, a ocidental, é também a que tem a maior população (65,72%). Esta região concentra a atividade política e judiciária nacional, na cidade de Sucre, onde se acha o Palácio de Justiça, e em La Paz, onde se encontra o Executivo e o Legislativo. Aí se acha, também, a atividade sindical nos departamentos de maior tradição mineira e camponesa que são Oruro, Potosí e Cochabamba, além de La Paz. Finalmente, nesta região encontra-se também o volume maior da população rural e indígena do país. Todos esses aspectos têm concorrido para facilitar maior apoio ao MAS, com 64% dos votos, o que corrobora a hipótese de que nessa região da Bolívia se encontram as bases de apoio a Morales, e que elas estão nos setores populares urbanos, nos indígenas e nos sindicatos, bem como nos partidos de esquerda. A coligação concorrente, o Podemos, teve nessa parte do país apenas 22,2% de votos.

No lado oriental, conhecido como a *meia lua* produtiva da Bolívia, por outra parte, acham-se 34,27% da população nacional, e o setor produtivo relacionado ou com a agricultura e a pecuária nos departamentos de Beni, Pando e Santa Cruz, ou com a produção de hidrocarbonetos, cujas reservas se concentram principalmente em Santa Cruz e Tarija. Nestes locais, a presença dos partidos tradicionais, ligados à nova oligarquia fun-

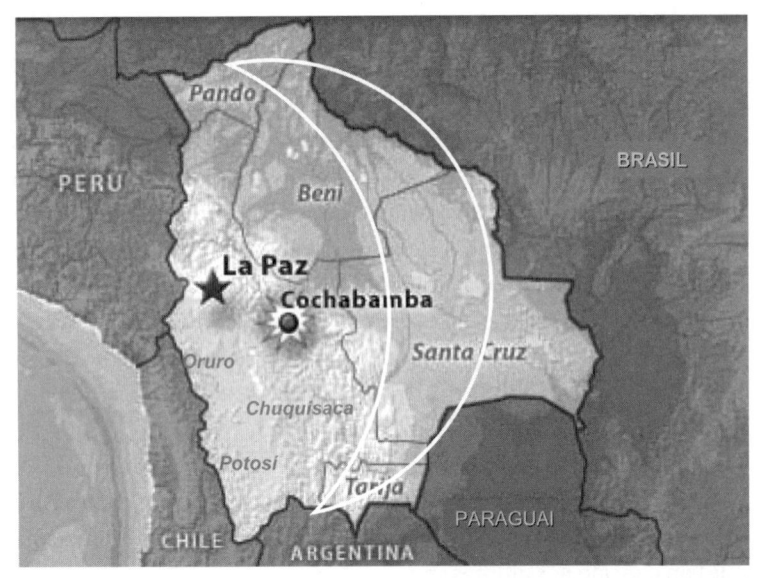

REGIONALISMO NA BOLÍVIA: A *Meia Lua*, que abrange Santa Cruz, Tarija, Beni e Pando, relaciona os departamentos economicamente mais prósperos do país e com produção de hidrocarboneto, agricultura extensiva e gado. As disputas regionais no país têm acontecido entre a *Meia Lua* e o ocidente (principalmente Cochabamba e La Paz), de população predominantemente indígena e historicamente com maior atividade política.

diária, dentro do Podemos, é mais forte, bem como a filiação externa das elites é mais evidente, uma vez que sua economia está diretamente vinculada a mercados internacionais, além de que sua população tem maior presença étnica européia. O Podemos obteve nessa região 42,9% dos votos, ao passo que o MAS ficou com 30,7% das intenções de voto.

O desequilíbrio eleitoral do MAS nas regiões oriental e ocidental do país, de fato, está relacionado com aspectos predominantemente econômicos e políticos, entretanto, ultimamente tem sido visto como sujeito à influência da variável racial e de classe. A predominância indígena em movimentos sociais e sindicais bolivianos e a atuação política deste setor como fator gerador de crises políticas recentes e de desestabilização econômica, provocando até mesmo a renúncia de dois presidentes — Gonzalo Sánchez de Lozada (2002-2003) e Carlos D. Mesa (2003-2005) —, têm dificultado o livre desenvolvimento dos mercados orientais e da circulação de mercadorias entre regiões do país, em virtude dos constantes bloqueios das estradas. Prejudicado pela falta de circulação de mercadorias durante as paralisações, o setor do empresariado oriental foi disseminando na mídia e nos círculos políticos e econômicos um discurso de que nesse país havia duas Bolívias, a produtiva, localizada no lado oriental e com presença étnica ocidentalizada, e a Bolívia inviável, localizada no lado ocidental e com forte predomínio indígena, com índices de pobreza elevados. Disseminou-se igualmente o perigo crescente — ou a necessidade — da separação do país ou da independência do lado oriental do país — Santa Cruz, Beni, Pando e Tarija —, afirmando finalmente que a desagregação nacional somente seria evitável pela escolha de um candidato capaz de controlar e reprimir, com *mão firme*, os movimentos sociais e de dar confiança, assim, aos investimentos internacionais. O discurso das duas Bolívias acirrou as diferenças regionais expressas no voto.

Não obstante, as eleições de 2005 apresentaram dados que relativizam a tese da desintegração nacional, notadamente porque na região oriental, onde reside o setor que mais rejeita a figura de Evo Morales, mais de 30% da população apostou na candidatura do indígena, o que evidencia que de fato o Movimiento al Socialismo não é um partido regional, mas tem expressão nacional.

Para consolidar nacionalmente a eleição de Morales, entretanto, o MAS precisou do apoio de setores não populares, como as classes médias e empresariais. Se por um lado é uma realidade que os povos originários assumiram sua condição de responsáveis principais pela integração do território nacional, elegendo um representante indígena, por outro é fato que importantes setores da classe média e empresarial da população branco-mestiça aceitaram também a supremacia numérica e política da porção indígena do país, apostando nela com um voto de mudança.

Observa-se, assim, que o triunfo do MAS nas eleições nacionais sustentou-se primeiro no voto camponês-indígena, o dos setores populares, e em segundo lugar no voto urbano mestiço da classe média e empresarial. Do primeiro grupo, o MAS conseguiu o apoio não apenas pela constância com que o líder indígena denunciou a situação de pobreza e de exclusão histórica desse grupo, mas também pelo modo como revalorizou algumas referências identitárias indígenas no seu discurso, desde a defesa da folha de coca até a exaltação da cultura e da história indígenas. Finalmente, soube defender os recursos naturais e se afirmar em defesa da nação. Desse modo, o MAS sintonizou-se com os novos movimentos sociais internacionais e com os que põem na agenda questões multiculturais. Mas diferencia-se deles porque ao se situar na vanguarda política nacional das demandas de inclusão e de reconhecimento cultural, o MAS constituiu uma vontade de ser poder e de ser o Estado.

Por outro lado, o modo resistente politicamente e persistente culturalmente como o líder manifestou oposição aos governos locais e aos EUA consolidou a popularidade do MAS tanto nos setores mais politizados do país, como sindicatos, movimentos sociais e partidos de esquerda, como nos mais reservados da população mais pobre. Do mesmo modo, o temperamento forte e irreverente com que Morales aguçou suas interpelações políticas, e a coerência com que se manteve na oposição contra os partidos da situação, negando-se a aceitar alianças com os governos de turno, facilitou-lhe a imagem de político conseqüente com seus princípios, com sua identidade e com sua ideologia, além de um político incorruptível. Desse modo, os principais opositores sociais, sejam da *Central Obrera de Bolivia*, sejam das importantes organizações de bairros de *El Alto*, têm-se mantido prudentemente em silêncio, evitando o confronto com Evo Morales e legitimando a força política do líder indígena.

O outro componente importante para a eleição do MAS foi o voto da classe média e de setores empresariais. Aliás, a liderança nacional de Morales somente pôde ser concretizada pela articulação com as classes médias, facilitada pela escolha de Álvaro García Linera, como vice-presidente, numa parceria que a mídia chamou de aliança entre o *poncho* e a *gravata*. García Linera, matemático e sociólogo, estudioso dos movimentos sociais contemporâneos, militante de esquerda e ex-guerrilheiro, intelectual e professor na universidade pública boliviana, além de influente analista político na mídia televisiva, tem sido um instrumento fundamental da aliança dos camponeses e dos movimentos sociais com as classes médias urbanas e setores mais progressistas do empresariado. Ele tem emprestado à imagem do MAS um caráter de organização sem o ranço sindicalista nem radical, com um componente de partido nacional e de consenso.

De fato, de modo um pouco maniqueísta no imaginário popular, avalia-se que Linera seja o intelectual do movimento e principal articulador com as classes médias, ao passo que caberia a Evo a função pragmática da dupla e a de dialogar com os setores populares. Entretanto, essa análise, com a qual não compartilhamos, ignora o fato de Morales ter iniciado já na década de 1990 a aliança com os setores urbanos e intelectuais do país, relação da qual Linera é conseqüência e não causa.

Por outro lado, observa-se também em Linera uma habilidade para ultrapassar a função ideológica ou intelectual no partido, uma vez que no seu histórico de militância acumulou longa experiência com os movimentos sociais, com os quais ele tem-se mantido próximo. No início da década de 1990, de igual modo, ele teve breve participação numa organização guerrilheira indígena, pagando por isso com alguns anos de prisão. Correspondem a ele o papel atual no governo de principal articulador político com os partidos de oposição, bem como a interlocução internacional com governos com os quais poderia a Bolívia ter estremecimento diplomático. É o caso do Chile, com quem a Bolívia tem problemas por questões territoriais e por interesses econômicos. Também é o caso dos Estados Unidos, que Evo Morales tem fustigado nos últimos vinte anos com um discurso antiimperialista, e de quem tem recebido constantes acusações de ter relações com o narcotráfico ou com grupos guerrilheiros latino-americanos.

A despeito da importante aliança com Linera, deve-se lembrar que a chegada de Evo Morales e do MAS ao poder resultou de um percurso construído ao longo de no mínimo quinze anos para consolidar o principal instrumento político, o MAS, pensado para ser um partido que ultrapasse o âmbito do campesinato. Inicialmente, Evo Morales teve de abrir caminho aos camponeses na *Central Obrera Boliviana*, ocupando posições estratégicas entre os operários. Em 1995, em aliança com a *Izquierda Unida*, o líder lançou o movimento nas eleições municipais, conquistando a maioria das cadeiras da sua região, o Trópico cochabambino. Dois anos mais tarde, nas eleições presidenciais e legislativas de 1997, os cocaleiros foram eleitos para ocupar, pela primeira vez, quatro cadeiras no Parlamento, correspondendo a Evo Morales a posição apreciável de candidato individual e nominal mais votado nas eleições parlamentares. Em 1999, o MAS foi o partido que mais avançou nas eleições municipais, embora seu triunfo se restringisse às áreas rurais.

Na tentativa de conter esse crescimento acelerado e a consolidação política da liderança de Morales, em 2001, a megaaliança dos partidos tradicionais — MNR, ADN, MIR, entre outros — se articulou para expulsar Morales do Parlamento, por atos que posteriormente se demonstraram falsos. Entretanto, um ano mais tarde, em 2002, a popularidade do indígena havia crescido ainda mais, atingindo nas eleições presidenciais o segundo lugar da votação, com 20,94% de apoio, apenas 2% menos do primeiro colocado, Gonzalo Sánchez de Lozada, do MNR. Era a primeira vez que uma liderança indígena obtinha votação superior a 3% nas eleições, o que sinalizava um crescimento vertical que culminaria com sua eleição para presidente do país em 2005. Antes, no pleito de 2002, foi a primeira vez que Evo Morales compôs uma chapa com um importante intelectual de tradição de esquerda boliviana, Antonio Peredo, como representante das classes médias urbanas.

Em todo esse percurso, desde que o movimento camponês cocaleiro decidiu formar um instrumento político para galgar espaços de poder no Estado, Evo Morales manifestou interesse em ampliar seu relacionamento com as classes médias urbanas. Mas até 2004, apesar do seu crescimento inquestionável nas áreas rurais, Evo Morales não havia conseguido superar sua situação de partido de camponeses. Nas eleições municipais, de 2004, o MAS conquistou novamente as áreas rurais do lado ocidental do país e importantes cidades intermediárias. E, mesmo que em cidades importantes como La Paz e Cochabamba, o MAS tivesse conseguido um louvável segundo lugar, podia-se observar que as classes médias não estavam dispostas ainda a confiar num partido de camponeses.

Por esse motivo, a aliança do MAS com setores politizados das classes médias era fundamental para concretizar o crescimento definitivo do *Movimiento al Socialismo*, o que de algum modo aconteceu somente quando as condições gerais, as subjetivas e as objetivas, estavam dispostas a uma nova transformação profunda das estruturas sociais.

Essas condições são as que selaram a eleição de Evo Morales, em sintonia com o que definimos, neste livro, com base no sociólogo boliviano René Zavaleta Mercado, como o *momento constitutivo* de uma nova hegemonia.

Um *momento constitutivo* é o momento originário a partir do qual se consolida uma nova ideologia apoiada na disposição com que a população concorre maciçamente para adotar novas tarefas históricas e para assumir uma nova postura ideológica com a qual irá consolidar a história futura do país.

Um *momento constitutivo* é resultado de grandes crises e da construção coletiva de experiências políticas que se formaram no passado, e que se projetam no futuro em forma de conhecimento sobre a realidade externa e sobre si mesmos, abrindo como horizonte possível níveis desejáveis de autodeterminação. É nesse sentido que o que está acontecendo na Bolívia pode ser considerado como um processo revolucionário.

A Bolívia viveu nos últimos anos uma sucessão de importantes crises políticas e sociais, às quais a população concorreu multitudinariamente. Algumas tiveram forte destaque e marcaram linhas divisórias importantes na história contemporânea do país, como a *Guerra del Agua*, que convulsionou as bases neoliberais do governo, expondo suas fraturas ao reverter um processo de privatização supostamente consolidado. Também foi um momento de pacto social em que os camponeses foram recebidos e abrigados pelas populações urbanas, em defesa conjunta de seus interesses.

Outro momento flagrante de crise foi a defesa dos recursos de hidrocarbonetos, cujo momento mais dramático provocou a saída em debandada do país de Gonzalo Sánchez de Lozada e seus ministros mais próximos. No início deste acontecimento, de fato, não havia a pretensão nem de reestatizar os recursos de hidrocarbonetos, nem de substituir o governo. Pelo contrário, o descontentamento geral tinha formas e conteúdos tão diversos que tendia à diluição das ações. As demandas também careciam de repertórios comuns. Atuava-se contra a política impositiva, a repressão violenta aos plantadores de coca, e pela aglutinação de apoio à produção no campo, contra a política tarifária de serviços ou contra a possibilidade de exportação de gás para o Chile. Também as ações não estavam coordenadas por um ator central, mas por uma diversidade de lideranças que canalizavam de modo mais ou menos organizado o desconforto social, mediante ações nem sempre concorridas, mas constantes.

Há três aspectos a relevar nesses períodos de crise. Primeiro, que a diversidade de demandas foi confluindo progressivamente para um repertório cada vez mais consistente de questões, sobretudo à denúncia do modelo neoliberal e de seus impactos sociais; à exigência de maior autonomia do governo ante a Embaixada dos Estados Unidos para definir suas políticas sociais e econômicas, e à defesa dos recursos naturais como alternativa de crescimento. Posteriormente, a falta de soluções das demandas sociais fez que as mobilizações passassem a exigir também a saída do governo.

O segundo elemento de importância é que essas ações não tiveram um ator central de destaque, pelo menos na origem dos acontecimentos, mas houve uma série de líderes que, agregados — sem necessariamente estar relacionados ou de acordo entre eles —, conseguiram dar consistência aos movimentos que eram de fato dispersos. Desse modo, a organização espontânea e particular de atores foi assumindo um caráter de ações conjuntas e multitudinárias em torno de questões cada vez mais profundas e ambiciosas. As iniciativas populares foram tomando a forma de experiências políticas e de autoconhecimento, fundamentais para a futura autodeterminação. Num momento dado da crise, foi difícil imaginar quando a mobilização poderia parar e quem a poderia controlar.

O terceiro elemento é a constatação de que o que permitiu que as ações coletivas não se limitassem a grandes mobilizações sem transcendência, ou que acabassem em profundas fraturas sociais e sem possibilidade de construir um novo pacto social, foi a capacidade de alguns líderes entender a lógica e o fundamento das demandas. Foram essas lideranças que articularam o descontentamento social num discurso coerente de interpelação direta ao Estado e ao mercado, atingindo os alcances máximos possíveis das crises e das mobilizações com conquistas concretas. Dentre os diversos atores da história recente boliviana com esse caráter pragmático para sintetizar a vontade social, sem dúvida, Evo Morales é quem mais se destacou e conseguiu dar as respostas que o povo queria ouvir.

Desse modo, neste livro, procura-se ressaltar o caráter profuso da participação social que nas ações coletivas foi descobrindo a eficácia dos seus métodos e foi entendendo os motivos profundos da própria pobreza e da sua solidão como massa oprimida. De modo progressivo, a grande população de pobres, índios, desempregados foi se reconhecendo e compreendendo que ou o atendimento de suas demandas seria pelos seus próprios meios ou que não se daria nunca.

Os instantes de grandes crises são desencadeadores de grandes incertezas e medos. Nesse sentido, são o prelúdio das fraturas políticas e das grandes feridas sociais. Mas também são momentos geradores de fatos nacionalizadores, provocando acontecimentos que atingem a totalidade social de maneira mais ou menos semelhante, exigindo de todos uma tomada de posição e uma ação.

O modo como cada sociedade reage a suas crises profundas dependerá do que tem historicamente acumulado e consolidado, ou não, nas suas instituições políticas, nas experiências de organização e luta, na capacidade de definir projetos e estratégias; enfim, dependerá do capital social que a população tenha reunido nos momentos de calmaria ou de crises menores.

No caso da Bolívia, a acumulação do capital social havia-se desenvolvido de modo tão importante, que foi capaz de desafiar a profunda crise política e o perigo da desintegração nacional. E de responder de forma convergente à convocação geral pela nacionalização dos seus recursos, de repudiar os vícios políticos da velha elite, e de escolher uma liderança que os representasse e se originasse no povo.

Tais foram as condições objetivas e subjetivas que levaram o *Movimiento al Socialismo* a ascender ao poder.

Nesse contexto, pode-se asseverar que o triunfo de Morales é a culminação de um processo de conquistas sociais num cenário em transformação social, política, econômica e cultural. Mas também se pode apostar em que a vitória do MAS deverá ser o primeiro momento do que será o Estado boliviano nas próximas décadas.

Por ora, a despeito do cenário social favorável e de seu impacto político, os indicadores de desenvolvimento do país não são muito animadores. A Bolívia é um dos países mais pobres da América Latina, com uma taxa de desemprego aberto em 2004, nas áreas urbanas, em torno de 8,7%, ao passo que o setor informal atinge o índice de 63,6% da atividade econômica e a pobreza continua crescendo a um ritmo de 85.000 mil novos pobres por ano. Na Bolívia, mais do 88% dos indígenas é pobre, o que situa o país num índice de desenvolvimento humano médio de 0,687, para 2004, superior na América Latina apenas ao de Honduras, da Guatemala e do Haiti.

Por outro lado, a Bolívia é um país cuja economia está ancorada basicamente na produção e extração de recursos naturais, sendo fatalmente dependente de mercados externos e de acordos ou ajuda internacionais para o desenvolvimento social e econômico local. Possui, também, importantes fontes de hidrocarbonetos, gás natural e petróleo, cujas reservas prometem ser a alternativa para o desenvolvimento necessário das suas forças produtivas.

O país tem reserva de 108 bilhões de m^3 de gás natural, a segunda maior da América do Sul, depois da Venezuela, o que para um país como a Bolívia, cujo PIB anual em 2004 foi de 8,4 bilhões de dólares, significa que as reservas são uma fundamental fonte de divisas. Na última década, o setor de hidrocarbonetos foi o segmento mais dinâmico da economia, crescendo em 2004, 32,3%, bem acima do segundo colocado, a área logística, com 4,0%. O crescimento econômico no país alcançou em 2004 a taxa de 3,6% e o crescimento do PIB *per capita* de 1,3%, aspectos explicados, internamente, pela recuperação econômica do país e pelo aumento do consumo privado, além da austeridade fiscal. Porém, o principal motivo foi o dinamismo econômico produzido pelo aumento da demanda externa de gás natural e de petróleo, paralelo à elevação dos preços internacionais do barril. Em 2004, o setor de hidrocarbonetos se apresentou como o de maior crescimento nas exportações (68%), notadamente para o Brasil e a Argentina.

Nesse contexto, o futuro do país está atrelado, inevitavelmente, à exploração desse recurso. Definir o modelo de propriedade das reservas e sua administração, bem como a distribuição dos seus benefícios têm sido um dos assuntos nevrálgicos dos conflitos recentes entre os governos passados e os movimentos sociais bolivianos, que exigem a recuperação do controle dos recursos dos hidrocarbonetos para o Estado. Isso porque, desde a privatização, o modelo de exploração dos recursos de hidrocarboneto da Bolívia foi o da concessões a empresas internacionais.

A Bolívia adotou ao longo da década de 1990 um modelo de privatização das empresas estatais, o qual recebeu a denominação de "capitalização", que consistia na valorização do patrimônio das empresas estatais pela associação com corporações estrangeiras, cuja obrigação era investir no setor nos próximos anos. Na prática, as companhias públicas foram entregues a capitais externos em condições muito favoráveis para a exploração com retorno de lucro fácil. Paralelamente, enfraqueceu a capacidade de fiscalização do Estado e diminuíram suas margens de arrecadação de imposto. Em especial, a *Yacimientos Petrolíferos Fiscales Bolivianos* (YPFB), empresa pública boliviana administradora dos hidrocarbonetos, foi distribuída, entre outros consórcios, para a Enron-Shell, a BP-Amoco e a Repsol-YPF, mediante modificações de leis segundo as quais os impostos arrecadados sobre os recursos seriam diminuídos de 50% para 18%, e os *royalties* passariam a ser pagos com base em uma declaração apresentada pelas próprias companhias, facilitando assim o contrabando do produto e dificultando a fiscalização. Uma das principais empresas estrangeiras atuando no país é a Petrobras, que desde 1995 investiu por intermédio da Petrobras Bolivia US$ 1,5 bilhão, equivalente a 20% do investimento estrangeiro no país, ou o correspondente a 18% do PIB e a 20% da arrecadação total de impostos. A Petrobras é também a maior empresa exportadora da Bolívia, com volumes negociados de US$ 700 milhões para o Brasil.

A Lei de Capitalização de YPFB foi elaborada durante a gestão de Sánchez de Lozada (1993-1997), pelo Decreto 24.806, e assinada dois dias antes da conclusão do seu mandato. Posteriormente, o modelo de contratos foi mantido no governo de Hugo Bánzer (1997-2000) e ampliado, com vantagens adicionais às corporações internacionais, no governo de Jorge Quiroga (2000-2001), vice-presidente que assumiu o governo após a morte de Hugo Bánzer.

De acordo com o modelo de privatização e de acordos internacionais, as empresas petroleiras ganharam o direito de propriedade dos recursos na boca de poço (isto é, após sua extração), do refino e da distribuição do produto. Essas negociações, entretanto, foram realizadas à margem da legalidade e das normas do país, já que, para validar a venda das estatais, os contratos deveriam passar pelo referendo do Congresso, única instituição capacitada para legitimar esse tipo de negociação, o que não se verificou.

Desse modo, a assinatura de acordos desvantajosos para o país e a sua implementação à margem do Congresso foram o estopim do ciclo de protestos populares, conhecidos como a *Guerra del Gas*, que desembocaram no *Plebiscito del Gas*, de julho de 2004, e na promulgação da nova *Ley de Hidrocarburos*, em junho de 2005. No *Plebiscito*, o voto popular definiu o tipo de alinhamento das políticas energéticas do país, isto é, a carga de impostos às transnacionais, e principalmente o caráter nacional da propriedade dos recursos. A *Ley de Hidrocarburos*, que positivou as decisões do *Plebiscito* ao derrogar a lei então vigente, regulamentou a nova política energética e impositiva do país, refundando, também, a empresa estatal *Yacimientos Petrolíferos Fiscales de Bolivia* como sócia das transnacionais nas áreas de operação e produção dos hidrocarbonetos. As funções da YPFB seriam as de orientar os investimentos na área e os preços dos produtos, além de definir os locais e canais de exportação. Aumenta o *Impuesto Directo a los Hidrocarburos* (IDH) para 32% e define o pagamento de *royalties* para 18%, além de explicitar a propriedade boliviana dos recursos na fonte. Concretamente, se a lei anterior permitia ao país uma arrecadação de US$ 301 milhões, a nova política impositiva duplicaria o montante arrecadado, num valor estimado de US$ 622 milhões anuais, representando aumento de 106% para 2005.

No período de sete anos entre 1995 e 2002, em que teriam sido realizados os negócios com as transnacionais de hidrocarbonetos, 76 contratos foram assinados irregularmente com doze empresas, contratos que caducaram a partir da *Ley de Hidrocarburos* de 2005. Como primeira conseqüência, observou-se então que a forte carga tributária levou as empresas de hidrocarbonetos a reverem seus planos de investimento no país. A Bolívia recebia, entre 1998 e 2002, um fluxo médio de investimento estrangeiro de US$ 700 milhões ao ano, e em 2005 esse fluxo caiu abaixo de US$ 200 milhões, em decorrência da insegurança jurídica gerada pela mobilização popular e das alterações nas leis.

Desse modo, observa-se que o processo de implementação de uma nova *Ley* sucede em meio a fortes pressões sociais e de interesses econômicos. Por um lado, os movimentos sociais que, radicalizando suas demandas, exigem progressivamente a nacionalização dos hidrocarbonetos e a convocação imediata de uma Assembléia Constituinte, como instância única e capaz de consolidar a recuperação nacional dos recursos. No lado contrário, as empresas petroleiras, aliadas a um setor da elite política e econômica boliviana das regiões orientais do país, se negam a aceitar os aumentos dos impostos e a obrigatoriedade de se adaptar aos novos contratos. Como medida de pressão, ameaçam retirar os investimentos do país e recorrer a tribunais internacionais.

Observa-se, assim, que os recursos gerados pela exportação dos hidrocarbonetos têm sido o eixo principal dos debates políticos locais e também do diálogo internacional, com o Brasil e a Petrobras, principal parceiro comercial boliviano, ou com a Argentina e a Espanha, pela Repsol-YPF, encarregada da extração e distribuição do gás boliviano na Argentina.

As posições dos diversos atores bolivianos têm sido também divergentes na definição dos países para onde os recursos deveriam ser exportados, na discussão sobre as condições da negociação externa, e nos canais e nas vias de exportação. O principal atrito, entretanto, que colocou a sociedade civil contra os governos anteriores de Sánchez de Lozada (2002-2003, em seu segundo mandato) e Carlos D. Mesa (2003-2005) foi o alcance da reforma na lei dos hidrocarbonetos, uma vez que as demandas de setores bolivianos foram exigindo crescentemente a nacionalização total do processo de produção, mediante o confisco de bens e a ocupação de refinarias.

É nesse contexto que se inicia o governo de Morales, em meio a pressões diversas e com as tarefas de definir as margens da nacionalização dos recursos e de reiniciar negociações com as transnacionais para conseguir uma migração "amigável" à nova *Ley*. Em seguida, definir um programa social e de desenvolvimento em que aplicar os recursos gerados.

Enquanto isso não acontece, tem prevalecido um ambiente de incerteza econômica sobre as futuras ações das petroleiras em relação à nova lei. Por ora, o governo brasileiro, por exemplo, decidiu tomar a iniciativa de acatar a *Ley*, aceitando diminuir o volume de lucro da empresa. De modo semelhante, a Repsol-YPF avançou nas negociações com o país para resolver amigavelmente aspectos dos contratos e outras irregularidades descobertas na auditoria da empresa. As expectativas têm sido que o volume de reservas de hidrocarbonetos no país exerça a atração necessária ao investimento internacional e o acordo necessário com as transnacionais para a aplicação da nova *Ley*.

Algumas luzes sinalizam que o caminho iniciado talvez seja o correto. Os primeiros resultados macroeconômicos da nova política de impostos aplicada às empresas petroleiras e do gás indicam que o governo do *Movimiento al Socialismo* assumiu o mandato com índices muito favoráveis. O informe do Ministério da Fazenda, apresentado no balanço da gestão de 2005 mostra crescimento da economia boliviana de 3,9%, com uma inflação controlada de 5%, e exportações acima de US$ 2,4 bilhões, o que representa aumento de US$ 125 milhões em relação a 2004. Contra as expectativas iniciais de um déficit fiscal de 5,2%, dados do Banco Central afirmam que o país chegou ao final de 2005 com um déficit menor de 1,6% do PIB, e um crescimento de 25,1% das exportações, fechando o ano fiscal em US$ 2,734 bilhões. A nova arrecadação do imposto dos hidrocarbonetos em 2005 teria não apenas alcançado as expectativas iniciais de crescimento, como as teria superado em 11%.

Nesse cenário econômico positivo, e com as expectativas geradas com os hidrocarbonetos, o programa de Morales não é modesto. Busca reconduzir o modelo econômico e canalizar os recursos dos impostos para uma agenda produtiva que impulsione a pequena e a média empresa. A mecanização da agricultura e a criação de um banco tecnológico e de crédito para pequenos produtores seria a base dos investimentos na agricultura, com o qual completa o quadro geral da política econômica do governo e do seu modelo de desenvolvimento, que tem no Estado seu agente principal.

Quanto à produção da folha de coca, o governo de Morales está na difícil tarefa de ter de decidir as alternativas que outorguem credibilidade a suas políticas de controle do narcotráfico. De início, o novo governo marcou posição afirmando que no seu mandato não haverá uso de violência contra as manifestações populares e que se buscará a descriminalização da folha de coca no âmbito internacional. Ato contínuo, passou a desmantelar as forças militares e policiais especiais encarregadas da erradicação e repressão à plantação da folha. Paralelamente, iniciou diálogos com o governo norte-americano, assumindo desde o princípio que o programa de governo seria a Cocaína Zero, em substituição ao programa Coca Zero instituído no início da década de 2000, com resultados positivos na diminuição da folha, mas muito violentos para os cocaleiros. Evo Morales com essa nova proposta se dispõe a erradicar o narcotráfico e não o produtor de coca.

Paralelamente, com os cocaleiros, Evo Morales está propondo que a plantação legal da folha permaneça dentro dos limites acertados em gestões de governo anteriores. Isso enquanto estudos com instituições de pesquisa nacionais e internacionais, também da ONU, definem qual é o volume real de coca plantada que vai para a cocaína, e qual é o modelo ideal para uma substituição dos cultivos, em prol de um desenvolvimento alternativo da produção. Desse modo, sem iniciar uma política muito clara em relação aos cultivos e ao narcotráfico, Evo Morales parece querer indicar que esse problema não é prioridade em seu governo.

Politicamente, o principal desafio do novo governo será a referida *refundação do país* pela instalação de uma Assembléia Constituinte capaz de modificar as bases do Estado. Na nova Carta deverão constar as decisões não apenas sobre os recursos naturais e a propriedade estatal de hidrocarbonetos, minerais e recursos hídricos, mas também deverão incluir-se reformas que definam critérios de justiça social para um país multicultural. A nova constituinte terá de estabelecer os parâmetros de uma nova divisão política territorial nacional, considerando, ou não, as demandas comunitárias e suas lógicas de compreensão espacial, paralelas aos formatos republicanos de apropriação geográfica. Também deverá determinar a compreensão que o Estado terá sobre questões de identidade nacional, das línguas oficiais que incluiriam as vernáculas, bem como seus símbolos nacionais.

Por outro lado, o respeito aos costumes tradicionais de formação de autoridades deverá ser discutido para coexistir com os procedimentos pluralistas da democracia liberal, tanto para a escolha de representantes, como para a distribuição das cadeiras do Congresso. Para tal efeito, se poderá designar uma cota de vagas no Congresso para as comunidades originárias, que elegerão seus representantes segundo os costumes ancestrais, ou pelo contrário, poder-se-á manter o regime atual de um homem, um voto, tendo no centro da disputa o formato partidário que exige o sistema liberal. Finalmente, a definição de políticas de autonomia nos distintos níveis da organização estatal, seja departamental, municipal ou das comunidades originárias, será outro desafio da Constituinte, uma vez que o regionalismo parece ser um dos principais problemas que mais dificultam a integração nacional.

Para consolidar estas mudanças, o governo de Morales conta com o reconhecimento e apoio internacional de governos da região e do mundo afora, sejam eles de correntes de esquerda, do centro ou da direita. Alguns Estados têm manifestado maior vontade de aproximação, como Cuba, Venezuela e Brasil. Outros deram um apoio mais condicionado à seguridade jurídica das suas empresas na Bolívia, como Zapatero da Espanha e Chirac da França. Desse modo, o apoio externo no continente e fora dele garantiu já ao governo novos acordos importantes, como o perdão da dívida externa com o FMI e a Comunidade Européia, bem como a promessa de um auxílio semelhante com o Banco Interamericano. Um suporte de recursos materiais e técnicos prometidos pelos governos do *bloco ideológico* — Cuba e Venezuela — também permitiu iniciar os programas sociais do governo nas áreas da saúde e da educação.

Outra surpresa foram os Estados Unidos, país com quem Evo Morales sempre teve relações ríspidas e com quem iniciou interessantes tentativas de aproximação e negociação de assuntos sensíveis, como o controle do narcotráfico e o apoio à luta contra o terrorismo. Aparentemente, a estratégia inicial dos EUA está sendo optar pelo diálogo com o novo presidente, em vez de uma linha dura de relacionamento, orientado, possivelmente, pela certeza de que uma política menos flexível poderia provocar uma aproximação maior da Bolívia com países como Cuba e Venezuela.

A despeito do cenário de apoio externo, a maior base de apoio do governo parece ser ainda os movimentos populares, as comunidades indígenas e os partidos de esquerda. Esta base robusta é decisiva como capital com o qual o governo conta para negociar com a oposição os termos da reforma constituinte. Isso é crucial no processo político pelo qual passa o país, porque o triunfo eleitoral do MAS garantiu ao partido a maioria no Congresso, mas não os dois terços necessários para aprovar o formato da Constituinte: de 130 deputados no Congresso, o MAS tem 72, o que o torna o partido mais representado na Câmara. Entretanto, é uma maioria que não se repete no Senado: dos vinte e sete senadores, o partido de Morales conseguiu eleger apenas doze membros, menos da metade e um integrante a menos que o principal partido de oposição, o Podemos. Por isso, o partido de Morales deverá usar de toda a sua habilidade de negociação e sua capacidade de pressão, apoiando-se nos movimentos sociais, para definir com a oposição uma Assembléia Constituinte com a composição de membros que represente principalmente a nova maioria nacional. Isso exige, entre outros aspectos, um programa de cadastramento eleitoral da totalidade das comunidades indígenas e em regiões rurais mais afastadas, onde grande porção da população carece de carteiras de identidade. Presume-se que a incorporação desses setores no espectro político seja a garantia da eleição de constituintes com o novo perfil social.

Por ora, algumas medidas mais de ordem simbólica estão sendo tomadas, como a escolha de um corpo de ministros e de equipes ministeriais compostos por profissionais com perfil técnico, mas também por líderes dos movimentos sociais, numa combinação que visa equilibrar as exigências de qualificação técnica, com as demandas de participação efetiva da população. Por outro lado, impôs-se uma ética de trabalho que, como primeiro decreto de governo, diminuiu os salários à metade para todos os cargos executivos e legislativos, com tendência à generalização no aparato estatal. Paralelamente, como exemplo de firmeza e vontade de enfrentar a corrupção, o presidente colocou na reserva a elite das Forças Armadas acusada de envolvimento em atos de corrupção, e promoveu militares de menor patente para os principais cargos militares.

As grandes transformações no plano econômico aparentemente se darão pela maior intervenção estatal na definição de políticas econômicas e pela promessa de recuperação dos recursos naturais, embora tanto o grau de intervenção estatal na economia quanto a intensidade e o nível de reestatização dos recursos ainda não tenham sido claramente definidos pelo governo. Os dirigentes do *Movimiento* parecem conscientes da estreita margem de manobra em que se encontram, entre a demanda popular pela recuperação dos recursos, que já derrubou dois governos, e as poderosas transnacionais dos hidrocarbonetos, além das potências mundiais e regionais. Uma alternativa provável é que Morales nacionalize apenas parcialmente as propriedades das multinacionais, deixando o refino, a distribuição, o transporte e a comercialização para as grandes corporações, limitando-se somente a controlar a questão dos impostos e das propriedades do subsolo.

Concretamente, quais são as alternativas reais que podem oferecer Evo Morales e o *Movimiento al Socialismo* para os principais problemas econômicos e sociais do país? Pode-se observar que o modelo proposto pelo MAS, que no início da campanha falava em *Socialismo Comunitario*, e que agora se define como *Capitalismo Andino* e como *Complementaridad de Opuestos*, não é necessariamente um programa novo e alternativo na região. Em princípio, o modelo econômico do MAS não é contra o mercado, mas busca apenas aumentar as fontes de arrecadação do Estado para incentivar melhor distribuição dos recursos e da riqueza nacionais, tendo em vista a eliminação dos índices elevados de pobreza. Espera-se com isso o desenvolvimento das forças produtivas nacionais, mas a partir de uma base produtiva ainda apoiada numa economia primário-exportadora. Finalmente, está prevista a transferência de tecnologia a médio prazo para o processamento e refino das fontes do hidrocarboneto, de modo que permita no futuro a exportação de produtos com valor agregado. Em síntese, o modelo econômico do governo do MAS não é muito diferente do modelo cepalino desenvolvimentista das décadas de 1960 e 1970. Nesse sentido, até que ponto se pode afirmar que o governo do MAS representa uma alternativa distinta às instituídas com maior ou menor sucesso em outros países pouco desenvolvidos? É possível sustentar com esse modelo econômico a tese do vanguardismo boliviano?

Poder-se-ia afirmar que o programa do MAS é a reforma possível, num contexto amplamente adverso e limitado de desenvolvimento de forças produtivas, de elevados índices de miséria social, e de grandes pressões de empresários e de grupos de poder. É um projeto que surge com pretensão nacional, num momento histórico de globalização, em que o apoio externo à alternativa do MAS está condicionado às garantias jurídicas das empresas instaladas no país ou a um tipo de apoio ideológico.

O fato de o MAS não ser um partido político nos moldes tradicionais bolivianos, nem um partido de classe, mas de estar formado por movimentos sociais, já lhe outorga ao governo um sustentáculo que o diferencia dos governos anteriores, aspecto que aliado à particularidade de ser um partido de indígenas, garante-lhe uma base social no momento em que a direita sofre grande derrota moral. De outro lado, o apoio dos movimentos sociais pode transformar-se, também, em arapuca para o novo governo, pois deverá aprender a governar com movimentos, mas sem partidos; com demandas coorporativas ante necessidades nacionais; com um Estado que exige nova concentração de poder para fazer frente às transnacionais e aos grupos econômicos que se apropriaram patrimonialmente dele, mas em aliança com uma sociedade civil, que busca a descentralização de poder.

Entretanto, como a própria história boliviana da Revolução de 52 mostrou, uma grande transformação das estruturas de uma sociedade não começa, geralmente, como uma revolução; mas inicia-se com reformas profundas, sendo os primeiros meses decisivos para barrar qualquer tentativa de contra-revolução ou responder às expectativas sociais.

São imensos os desafios e as dificuldades que se apresentam ao governo de Evo Morales. Por ora, ele tem mostrado força, vontade e coerência para encarar o que vem pela frente, com o esperado apoio de suas bases.

INTRODUÇÃO

EM DEZEMBRO DE 1995, UMA MARCHA DE MULHERES PRO-dutoras de *folha de coca* chegou à cidade de La Paz, após um mês de caminhada iniciada no Chapare Tropical, passando pelos vales até atingir as montanhas da capital administrativa boliviana. Elas se dirigiam à sede do governo, depois de atravessarem o altiplano e descerem pelas encostas das montanhas. Por onde passavam, cidades, povoados e vilarejos, as cocaleiras eram recebidas com a solidariedade dos camponeses, dos operários, dos trabalhadores urbanos, dos estudantes, das mulheres, dos indígenas, dos intelectuais e de alguns políticos. Enfim, amplos setores da sociedade que apoiavam e acompanhavam com interesse o protesto dessas mulheres, cujo objetivo era levar ao governo a denúncia de que, nas cidades da província do Chapare, os direitos humanos não eram respeitados: a polícia torturava os cocaleiros, suas casas eram saqueadas e as colheitas destruídas. Muitos já haviam sido mortos.

De algum modo, elas lembravam as cartas de Guamán Poma Ayala, escritas no século XVI ao rei Filipe III, após mais de trinta anos caminhando pelo Peru. Na viagem pelas terras ocupadas, Poma Ayala havia realizado um levantamento a respeito da violência com que os índios eram tratados e as privações a que eram submetidos pelos colonizadores espanhóis. Pensava que a tortura e o abuso de poder nas colônias fossem fatos ignorados pelo rei e pedia uma revisão do tipo de governo e da sociedade colonial. Acompanhavam suas cartas desenhos na certeza de que descreveriam o que as palavras não conseguiam explicar. Nunca recebeu resposta.

Com as *cocaleras*, algo parecido aconteceu. Após trinta e um dias de caminhada e dois de espera, o governo avisou que não poderia atendê-las. Apelaram para a primeira dama, conseguindo algumas promessas, mas logo foram mandadas embora.

A cada ano, novas marchas foram organizadas contra a erradicação violenta dos cultivos de coca, pelo respeito aos direitos humanos, contra a pobreza, em favor de novas leis de participação popular, em oposição às privatizações dos recursos naturais e ao neoliberalismo. Querendo somar seus esforços às demandas da central operária, buscavam maior autonomia indígena, respeito pela soberania nacional e reconhecimento da sua cultura. À medida que os cocaleiros foram ampliando o leque das suas demandas e incorporando repertórios de outros setores da sociedade, sua relação com o Estado boliviano ao longo da década de 1990 foi tornando-se mais tensa, bem como a resposta do governo contra essas mobilizações assumindo caráter cada vez mais repressivo.

O fato é que, desde a emergência de uma organização incipiente reunindo os primeiros núcleos de colonizadores produtores de folha de coca, o movimento cocaleiro cresceu rapidamente até se constituir num dos setores mais organizados da sociedade. A sua capacidade de mobilização foi tornando-se mais eficiente, uma vez que os cocaleiros aprenderam a canalizar, em benefício do movimento, as demandas contemporâneas da sociedade, seja na crítica às políticas neoliberais, seja na defesa das tradições indígenas, seja na defesa dos direitos humanos.

A originalidade do movimento cocaleiro reside, em princípio, na sua composição identitária, constituída não apenas por camponeses-indígenas migrantes de todas as regiões rurais do país, como também por extrabalhadores operários e por setores populares urbanos que se mudaram para o Chapare com pretensões de transformar suas condições de existência. Essa diversidade de componentes sociais facilitou a sua projeção nacional ao permitir sua articulação com outros segmentos da sociedade.

Durante a década de 1990, os cocaleiros foram o setor mais articulado do campesinato boliviano e o sujeito político mais atuante nas mobilizações e lutas contemporâneas. A capacidade de pressão ao governo e sua organização injetaram no sindicalismo boliviano uma energia nova e fundamental, num momento crítico em que os sindicatos operários, tradicionalmente o setor mais mobilizado, passavam por profunda crise de liderança.

Este trabalho constrói suas análises iniciais no cenário boliviano das décadas de 1980 e 1990. A reformulação da estrutura econômica e política boliviana de cunho neoliberal, a partir de 1985, na década de 1980, redefiniu novas áreas de poder, alterando a correlação das forças sociais e gerando um quadro de crise social e política que inaugura um novo momento histórico no país. Senão, vejamos.

A Bolívia é um dos países com maior presença indígena na sua sociedade, compreendendo mais de 60% dos seus habitantes, população que se concentrou, até a década de 1980, basicamente nas áreas rurais. É no campo também onde residem a miséria e os piores índices sociais do país, comparáveis com os indicadores dos países mais pobres do continente, como o Haiti. Com uma indústria incipiente, um potencial mineral e de hidrocarbonetos espoliados por multinacionais e uma população urbana dedicada basicamente à prestação de serviços ou à economia informal, a Bolívia não parece ter sido outrora, na época da Potosí colonial, um dos países mais fecundos e importantes do continente.

Internacionalmente, a Bolívia é reconhecida em setores acadêmicos e políticos como um dos poucos países latino-americanos a ter realizado uma revolução nacionalista, apesar de, freqüentemente, ocupar o noticiário internacional como país produtor de *cocaína*. De fato, é um dos maiores exportadores da folha de coca, cultivo que cresceu, notadamente nas décadas de 1980 e 1990, concomitantemente ao aumento da demanda externa pelo pó de cocaína. A explosão da miséria nas áreas rurais e urbanas, o aprofundamento da crise social e a recessão econômica produzidos pelas reformas estruturais também ocorreram nas décadas de 1980 e 1990. Trata-se de uma coincidência que não é casual.

Por outro lado, desde a reestruturação econômica neoliberal, o proletariado mineiro vem reduzindo-se a uma ínfima expressão de um contingente humano que outrora fora capaz de organizar os trabalhadores do país nas principais ações populares.

Nesse contexto de desarticulação da rudimentar economia nacional e de desmonte da mobilização popular, a Bolívia ficou, desde meados da década de 1980, livre para a aplicação das políticas neoliberais e à mercê de interesses de capitais externos, como também do narcotráfico. Entretanto, como todo processo costuma gerar sua própria contradição, foi no quadro da desnacionalização do país que surgiram as formas contemporâneas de mobilização social, principalmente o movimento cocaleiro, organizado a partir dos componentes sociais mais atingidos pela crise: os camponeses-indígenas, os ex-operários mineiros, os desempregados urbanos e todos os setores da sociedade subtraídos dos benefícios do neoliberalismo, que em êxodo migraram para as regiões de produção de coca para o narcotráfico.

O movimento dos cocaleiros foi ao longo das décadas de 1980 e de 1990, o de maior penetração na sociedade boliviana e de capacidade de contestação ao governo. Nas circunstâncias dadas por uma pobreza estrutural, com um vazio de lideranças sindicais e o enfraquecimento estatal, os cocaleiros conseguiram congregar e organizar, de forma surpreendente, setores dispersos da sociedade.

O movimento cocaleiro boliviano pode ser analisado como um caso paradigmático nos estudos dos movimentos sociais latino-americanos, pela heterogeneidade dos seus componentes sociais, a amplitude de suas demandas, e por terem surgido no fenômeno de crescente exclusão social, como uma resposta popular contra as políticas neoliberais, numa economia globalizada. Mas os cocaleiros diferenciam-se dos outros movimentos sociais contemporâneos por terem acumulado também vontade estatal.

Um dos primeiros problemas que nos interessa é como tratar a diversidade de sujeitos que compõem não apenas o movimento cocaleiro, mas a própria história do país. A Bolívia está marcada pela coexistência de tempos históricos diferenciados e pela desagregação social, impedindo a manifestação de uma unidade convencional que permita uma análise tradicional com base em referências teóricas clássicas.

Com essa problemática em mente, a heterogeneidade social boliviana foi amplamente estudada por René Zavaleta Mercado, em cuja obra se desenvolve uma série de categorias explicativas para a política e a história de sociedades complexas como a boliviana. Partindo de uma matriz marxista de pensamento, na vertente *gramsciana*, Zavaleta Mercado realiza uma aproximação à realidade boliviana com o objetivo de verificar a validade local dessas teorias, concentrando-se nas principais forças sociais da história boliviana, *i.e.*, o movimento nacionalista e o operariado mineiro.

Por causa da sua morte prematura, os trabalhos de Zavaleta Mercado se interrompem no início da década de 1980, deixando de fora a explicação de fenômenos atuais, produzidos a partir das reformas neoliberais, como o caso do movimento cocaleiro. A originalidade do pensamento *zavaletiano*, para refletir a especificidade da história boliviana e gerar um conhecimento local, nos oferece, mesmo assim, um instrumental metodológico fértil para a interpretação a que nos dispusemos neste livro.

Nessa perspectiva, discutimos, no Capítulo 1, a heterogeneidade social boliviana e a tentativa *zavaletiana* de compreendê-la, tendo a *crise como método*. Afirma-se que há um momento originário na história dos povos, a partir do qual as sociedades constroem seus referenciais políticos e relações futuras por um longo período. Esse momento originário ou consti-tutivo inicia-se, em geral, na irrupção de uma situação de crise geral, du-rante a qual as mediações entre Estado e sociedade se quebram, a subs-tância heterogênea da sociedade — oculta sob forma estatal hegemônica — emerge com o que tem acumulado, ou não, de conhecimento histórico, de experiências subjetivas e de condensação de saberes coletivos.

O grande momento constitutivo da história contemporânea boliviana é a Revolução Nacional de 1952, cujas bases sociais se formaram antes, desde a Guerra do Chaco (1931-1935), nas colunas do exército, onde camponeses, operários e setores urbanos nacionalistas se encontraram pela primeira vez. O contexto revolucionário é analisado, no Capítulo 2, a partir do caráter contraditório dos principais agentes sociais: de um lado, uma classe dominante com a tarefa de desenvolver as forças produtivas e um projeto burguês, mas fadada ao fracasso pela própria mentalidade prémoderna; e de outro, um sindicato mineiro com elevada capacidade de convocação nacional e de mobilização, mas sem programa de classe revolucionária. O resultado da revolução — a despeito de suas grandes conquistas — não podia ser outro, senão o fracasso de um modelo de modernização nacional e a falência da aliança *classista* estabelecida entre o setor que desempenhou o papel da burguesia e os mineiros, no papel de proletariado.

Como na Revolução Nacional cada classe concorreu com sua própria acumulação de conhecimentos coletivos e experiências, o campesinato-indígena na Bolívia também teve papel fundamental na história contemporânea do país. De início, a manifestação mais concreta dessa participação foi a promulgação da Reforma Agrária pelo próprio campesinato. Posteriormente, num papel mais conservador, o campesinato transformou-se na base sobre a qual se constituíram as ditaduras bolivianas.

A despeito do papel dos camponeses na revolução boliviana e posteriormente na fase das ditaduras, o movimento camponês nunca foi homogêneo, nem esteve unificado em torno de uma liderança única. Na contracorrente das organizações camponesas que se posicionavam como base dos governos militares, havia algumas correntes dissidentes seja de esquerda, como o *Bloque Independiente Campesino*, sejam indigenistas como os *kataristas*, entre alternativas intermediárias como a organização dos colonizadores, embrião do movimento cocaleiro. O Capítulo 3 analisa a constituição desse campesinato boliviano heterogêneo.

Um elemento que verificamos ao longo do trabalho e da análise dos movimentos sociais bolivianos é que na história do país, continuamente, surgem setores da sociedade com elevado grau de organização e capacidade de mobilização, em meio a um contexto pouco desenvolvido de forças produtivas e políticas. A constatação de que o grau de amadurecimento de um setor da sociedade não está totalmente atrelado ao nível de desenvolvimento geral do país é fundamental para a história boliviana. Sua trajetória política e econômica, como poderemos constatar, está marcada por processos de amadurecimento inacabados e por histórias interrompidas na sua tentativa de desenvolvimento. Mas, ao mesmo tempo, a história boliviana distingue-se pela forte organização social e a capacidade de ação coletiva, capital social que nasce das mediações culturais e solidariedades construídas desde as origens desses povos e ao longo das suas lutas sociais.

No Capítulo 4, procuramos ampliar o conceito de classe com base em outras referências de identidade que compõem a diversidade social boliviana e que não se manifestam no momento da calmaria, mas, pelo contrário, que surgem no momento da mobilização e da crise. O conceito de *massa em ação* concebido por Zavaleta Mercado vem cumprir esse papel, fornecendo elementos para entender os atores sociais contemporâneos na Bolívia.

Os Capítulos 5 e 6 refletem especificamente sobre o movimento cocaleiro na Bolívia, por meio de duas perspectivas opostas. A primeira tenta caracterizar o cocaleiro como sujeito econômico num contexto maior que é a sociedade boliviana, amplamente dependente da economia da droga.

De outro ponto de vista, observamos os cocaleiros como movimento político e social único e capaz de concentrar, no momento, as demandas dispersas da sociedade e de emprestar energia ao sindicalismo nacional. Analisamos o amadurecimento do movimento desde sua organização corporativa rudimentar até sua constituição em sindicato, movimento e partido político.

Os cocaleiros na Bolívia sintetizam de algum modo os novos movimentos sociais que têm emergido, em quase toda a América Latina, cuja expressão mais recente é a mobilização indígena equatoriana, unida em bloco com os trabalhadores urbanos, associações de bairro e setores do exército.

Desde os *chiapanecos*, no México, até o Movimento dos Sem Terra, no Brasil, esses novos movimentos sociais caracterizam-se por trazer demandas diversas, que ultrapassam o repertório tradicional da luta de classes. A questão da autonomia indígena tem sido uma aspiração constante das novas organizações sociais, bem como as demandas por incorporação dessas populações na programação das políticas econômicas estatais. A oposição sistemática às reformas estruturais e, conseqüentemente, aos Estados neoliberais que foram instalando-se na América Latina é outro dos elementos importantes desses novos movimentos, bem como o desejo de ampliar a sua participação política e reafirmar suas conquistas cidadãs.

O propósito deste trabalho não é fazer um relato historiográfico de eventos políticos das últimas décadas, nem do modo como o movimento cocaleiro se desenvolve na Bolívia. Tampouco há a intenção de julgar os sujeitos da história boliviana. Cientes, entretanto, da quase inexistente literatura acadêmica sobre esse país, tentaremos contextualizar, o melhor possível, a questão dos cocaleiros na Bolívia, a partir dos seus *momentos constitutivos*. Nas passagens da reconstrução da sucessão dos fatos históricos importantes para a compreensão da intricada conjuntura boliviana, lembramos a advertência de Marc Bloch (1974, p. 126), segundo a qual "a história, se renunciar ela mesma aos seus falsos ares de arcanjo, deve ajudar a curar-nos desta mania. Ela é uma vasta experiência da diversidade humana, um longo encontro dos homens".

O estudo do Movimento Cocaleiro na Bolívia nos permitirá tirar conclusões válidas para a análise da heterogeneidade dos Novos Movimentos Sociais latino-americanos, de seu crescimento, suas conquistas e suas derrotas.

Capítulo 1
DIVERSIDADE CULTURAL, SOCIEDADES HETEROGÊNEAS E ESTADO APARENTE

> Conocer es una forma de amor, que es una forma de ser, una forma de pertenecerse a uno mismo, de pertenecer libremente a los demás. Es una forma de articular márgenes de comprensión, explicación e interpretación de las posibilidades para el desarrollo colectivo e individual. Conocer es pensar las condiciones del autodesarrollo, pensar los obstáculos, generalmente ocultos, que nos impiden avanzar y posibilitar el reconocimiento de las potencialidades que se están generando en nuestro mundo. . .
> — Tapia, 1997.

QUALQUER ANÁLISE QUE PRETENDA DAR CONTA DAS FORmações sociais na América Latina, seja como uma totalidade, seja a partir das especificidades locais, esbarra na dificuldade de traduzir realidades tão diversas com base nos paradigmas clássicos da teoria social.

O caso da Bolívia é exemplar. Até a década de 1980, o país contava com uma população predominantemente rural. No final da década de 1990, cerca de 40% ainda vivia nas áreas rurais. Se a isso somarmos o fato de o país ter um projeto industrial incipiente, observa-se que seus tempos históricos estão predominantemente influenciados pela reprodução social em moldes historicamente estabelecidos e pelo ciclo produtivo sazonal da agricultura, como fator originário, primordial, a partir do qual as formações políticas e a organização social locais foram compostas.

O que significa isso? Nas sociedades predominantemente agrícolas, como na Bolívia, o espaço, a produção, o modo como a comunidade se reúne e se organiza para sobreviver, suas tradições, mitos e crenças são dimensões subordinadas a um tempo histórico marcado pela sazonalidade. Decorre daí que a unidade política deriva da sua necessidade de subsistência entre as montanhas e ao longo de distintos pisos ecológicos, ao passo que a produção sazonal incide no modo de apropriação desse espaço, de controle e ocupação do território, e na organização produtiva destas populações.

No caso da Bolívia, este processo de organização, produção e transformação é o que poderíamos chamar de primeiro ato de unidade política e de formação estatal entre os indígenas, momento que surge antes da colonização, diríamos, subordinado e correspondente à organização produtiva sazonal típica das comunidades locais.

Evidentemente, este padrão de identidade produtiva, de organização e de reprodução social que caracteriza todas estas sociedades rurais não indica que elas sejam idênticas: cada comunidade desenvolverá seus núcleos e formas produtivas com diferentes técnicas de produção e transformação da natureza, com diversos tipos de relações jurídicas e de maneiras locais de inter-relacionamento. O fato é que, ao serem confrontadas e transformadas durante a colônia, estas várias formas sociais de comunidade não foram unificadas sob um novo estatuto ou lógica de organização. Pelo contrário, mantiveram-se como formas diversas e deslocadas em relação ao poder central, compondo e carregando suas histórias locais até a República e, de algum modo, até hoje.

Daí a evidência de que na Bolívia a forma comunitária tenha sido a maneira de organização mais resistente para a maioria das populações rurais, até meados do século XX, e de que ainda hoje os mercados regionais mantenham sistemas de troca para alguns produtos, ou que os principais rituais estejam relacionados às estações do ano, bem como o sentido da terra seja dado por referências ligadas à cosmogonia pré-colonial.

Do mesmo modo, as técnicas agrícolas de produção e os sistemas locais de autoridade foram precariamente substituídos, posteriormente, quando uma nova lógica organizativa imposta pelo capitalismo foi transplantada para este país. Sendo assim, a racionalidade moderna de individuação que se espera que ocorra, uma vez introduzida a organização produtiva do capitalismo, não se consolidou na Bolívia, como tampouco se constituiu uma unidade política de articulação nacional. Pode-se afirmar que na relação entre Estado e sociedade, o que se estabeleceu foi um poder formal, juridicamente soberano, sem relação orgânica com a população a ser governada e sem presença real do Estado no território nacional.

A esta formação estatal chamou-se de *estado aparente* por constituir uma forma de poder centralizada, mas desagregada da sociedade, *i.e.*, um Estado com instituições políticas modernas, mas que sofreu um processo apenas relativo de separação do político, e que se manteve a serviço de interesses particulares e das aristocracias locais.

Na tentativa de dar uma explicação válida para esta desagregação estatalmente construída, alguns teóricos pensaram esta complexidade como resultado de um bloqueio sistemático ao desenvolvimento regional que teria sido imposto pelos países colonialistas, e posteriormente pelos países industrializados para manter indefinidamente suas fontes de matéria-prima mundo afora. Por essa perspectiva, a superação dessa imbricação desarticulada de tempos históricos por uma nova relação orgânica dependeria da superação da situação de dependência ou do desenvolvimento de um novo projeto auto-sustentado de crescimento industrial.[1]

Um tempo histórico é alterado quando os modos de transformação da natureza são superados, assim como as relações jurídicas entre os homens e os meios de produção. Sabe-se que foi assim o que aconteceu na regularidade histórica da industrialização capitalista nos países desenvolvidos, pós-revolução burguesa. Para permitir a reprodução ampliada dos mercados, nesses países, as relações servis foram de início substituídas pela dos homens livres e iguais em direitos, capazes de assumir suas próprias condições de existência e suas relações recíprocas.

Entretanto, como Marx afirma, à medida que o capitalismo se reproduzia, o trabalho ter-se-ia transformado numa nova forma de alienação do homem. Inicialmente, porque, ao ser destituído da posse dos meios de produção, ele teria sido forçado a trocar sua força de trabalho por um salário, e depois, na racionalidade produtiva, porque ele teria sido obrigado a assumir um lugar determinado na divisão do trabalho. Conseqüentemente, surgiram as classes sociais e a alienação sistemática do trabalhador no que se refere tanto ao processo produtivo, quanto ao produto do seu trabalho. Ainda na perspectiva marxista, para o sistema capitalista, a alienação do trabalhador teria permitido criar o esvaziamento ideológico necessário que predispusesse o trabalhador ao abandono dos seus referenciais tradicionais e a assumir agora, como indivíduo, uma nova posição estrutural no sistema. Essa nova fase de submis-

---

[1] Nessa perspectiva encontram-se as teorias dependentistas. Cf. Marini (1969), Cardoso & Faletto (1970) e os estudos cepalinos. O dualismo estrutural das teorias dependentistas foi muito criticado; ver Frank (1978) e Oliveira (1972).

são seria voluntária ou *real*, e distinta da *formal* da fase anterior. Finalmente, a disciplina do trabalho, a organização produtiva e a coletivização na indústria, entre outros elementos, para Marx, permitiriam que o indivíduo assumisse gradualmente uma nova consciência que o tornasse capaz de produzir e adotar também uma nova identidade pela sua posição estrutural, *i.e.*, uma identidade de *classe*. Essa nova consciência traduziria a passagem da condição de *classe em si* para a de *classe para si*.

Mas o que teria acontecido nos países em que a revolução burguesa fora limitada e os modos de produção tradicionais não teriam sido superados por um novo tempo histórico de produção ampliada? Por que nos países colonizados, como a Bolívia, o Estado não chegou a assumir uma forma moderna e autônoma, e a desenvolver um projeto de unidade política? O que ocorreu quando os referenciais identitários antigos deixaram de oferecer as condições propícias para a disponibilidade necessária à reforma moral do trabalhador, impedindo que as forças produtivas não fossem revolucionadas?

Uma explicação possível para a história boliviana

A Bolívia é um país em que, no umbral do século XXI, ainda perdura a coexistência de sociedades de temporalidades históricas diversas. Por que motivo a regularidade histórica para países desenvolvidos e unificados em torno de um Estado forte não se repete nos países de heterogeneidade temporal como no caso da Bolívia?

Para responder a esse tipo de pergunta, partiremos da seguinte tese: na Bolívia, a imbricação de temporalidades é o resultado da falta de vontade e de esclarecimento das suas elites dominantes para pensar um processo de unificação de dimensão nacional que articule a diversidade local com objetivos estatais modernos. Isso porque na Bolívia, como no resto da América Latina, as transformações estruturais na produção e na ordem social não foram acompanhadas do estatuto da igualdade jurídica. No caso da Bolívia, o princípio da igualdade entre os indivíduos somente foi positivado em 1952, com a Revolução Nacional. Nesse contexto, a composição social foi a da diversidade desarticulada nos modos produtivos e nas formas de organização.

Compreender analiticamente uma sociedade como a boliviana, marcada pela diversidade, tem sido um desafio teórico instigante e de difícil solução. Numa linha de análise, as *teorias dependentistas latino-americanas* explicaram que no momento em que essas formações sociais foram submetidas ao capitalismo, elas teriam sido refuncionalizadas a esse modelo, cujo padrão produtivo e de reprodução ampliada fora imposto até constituir uma nova qualidade social. As variantes e configurações locais dependeriam da forma como cada país se teria aberto — ou se submetido — à lógica do mercado capitalista (Bambirra, 1990). Nessa perspectiva, as histórias nacionais poderiam ser interpretadas pela história colonial de cada país, bem como pela relação de dependência posterior das repúblicas aos novos países imperialistas.

A lógica dessa análise, porém, logo caiu num impasse: a situação de marginalidade dificilmente estaria superada, pois, na divisão internacional do trabalho, os países dependentes ficariam condenados a reproduzir sua situação de dependência e de ausência de autonomia. Entretanto, exemplos históricos de autodeterminação política, num cenário atrasado, nos puseram diante de uma realidade não concebida sob o modelo da dependência. Foi o caso da ação social sob o alinhamento do proletariado mineiro na Revolução Nacional de 1952, na Bolívia, em um contexto de forças produtivas não suficientemente desenvolvidas e de grande dependência dos capitais externos. Mesmo assim, o proletariado conseguiu uma centralidade de classe que permitiu irradiar-se além de seus condicionantes históricos atrasados. Como neste caso, o exemplo boliviano contesta a validade relativa das teorias explicativas da regularidade histórico-social, seja no cunho da análise marxista clássica, seja a versão dependentista latino-americana, e evidencia as margens inesperadas de participação de atores não regulares, como sujeitos da própria história.

❖❖❖

Vejamos, então, de modo mais detalhado, o caso boliviano.

Ocorre nesse país, segundo observamos, a coexistência paralela de tempos históricos diferenciados e desarticulados — ou articulados apenas de modo parcial. A esse tipo de complexidade estruturada pela colonização e reforçada durante a República, o sociólogo boliviano Zavaleta Mercado

(1938-1984) denomina formação social *abigarrada*,[2] explicada com base em dois eixos: o da temporalidade da história e o da política. O primeiro eixo trata das determinações que se geram a partir do *modo de produção e sobre o resto da organização da vida social*, isto é, discorre acerca das dimensões política, cultural e social ajustadas ao tempo e ao ritmo da reprodução e do desenvolvimento do modo de produção. O segundo refere-se *à organização jurídica e à estruturação de formas de autoridade local* (Tapia, 1997). Na Bolívia, nenhum desses eixos fora jamais totalmente superado, resistindo e reproduzindo-se por séculos.

Para a superação de um tempo histórico vinculado à terra como o que analisamos aqui, a racionalidade moderna pressupôs por princípio a separação política do Estado e a transformação, por meio do trabalho, do homem tradicional em indivíduo desprendido e juridicamente livre. Mas como pensar a racionalidade moderna em locais em que a subordinação ao trabalho não tenha sido voluntária e os tempos produtivos prévios não tenham sido superados? É evidente que para o advento do homem moderno requer-se um grau de consenso que suceda à subordinação formal ao trabalho, *i.e.*, pressupõe-se a sujeição real que ocorre, uma vez produzido o estranhamento das lógicas comunitárias e a vacância ideológica.

O processo de transformação produtiva e de submissão ao trabalho na Bolívia, desde a República até meados do século XX, foi forçado e incompleto. Forçado porque o trabalho era compulsivo, o que impediu a reforma intelectual e moral não apenas do trabalhador rural ou do operário nas minas, como também do "senhor". E foi incompleto porque as relações raciais continuaram configurando a essência e o conteúdo do

---

[2] *Abigarramiento* designa, em espanhol, a mistura de várias cores, mal-combinadas e extravagantes, de tons vivos e de efeito discordante (cf. J. Espasa, *Enciclopédia ilustrada*, p. 430). Também é sinônimo de *heterogeneidade*, mistura e desordem (cf. Aristos, *Dicionário de Sinónimos, Antónimos y Parónimos*, p. 10). Um termo análogo no português ao sentido proposto por Zavaleta pode ser o de *imbricação*, cuja definição segundo o *Novo Dicionário Aurélio da Língua Portuguesa* seria a "disposição que apresentam certos objetos quando se sobrepõem parcialmente uns aos outros, como as telhas de um telhado ou as escamas do peixe". Embora o significado do termo português seja distinto do de *abigarramiento* no espanhol, o sentido trabalhado por Zavaleta para este conceito apresenta certa analogia interessante com a noção de *imbricação*, isto é, a idéia das camadas sobrepostas sem estarem necessariamente articuladas entre si. Preferimos preservar neste trabalho o termo em espanhol por questão de fidelidade ao conceito desenvolvido por Zavaleta Mercado e que de algum modo fundamenta o eixo central das análises deste trabalho.

conflito social. Conseqüentemente, não se construíram nem uma nova hegemonia nem um sujeito moderno, bases da nação capitalista e do Estado de Direito.

Assim, na Bolívia, a modernização estatal e a centralização do poder em instituições modernas e democráticas foram realizadas, primeiro, de modo externo à sociedade, por meio de uma igualação jurídica acessível, até a Revolução Nacional, unicamente para a oligarquia e por intermédio da democracia formal. Em segundo lugar, mediante o uso sistemático da violência estatal, como estratégia de organização e conquista de controle da totalidade social. Finalmente, por meio do amparo externo em situação de país periférico da ordem capitalista.

O resultado é o que Zavaleta Mercado qualifica como a formação de um *Estado aparente*, incapaz de gerir sobre o território nacional e de governar sobre a totalidade social. Um Estado que, na sua ausência nacional, *desarticula* a sociedade, porque não anula as diversidades locais nem consegue relacionar-se com elas.

Assim, a primeira consideração a fazer para a análise de uma formação social *abigarrada* é destacar o grau de desarticulação — ou articulação parcial — entre o *Estado aparente* e a sociedade sobre a qual ele irá governar. No caso boliviano, o *Estado* tem sido incipientemente moderno e nacional, e tem-se mostrado até o final do século XX incapaz de conversar com as formas de organização comunitária ainda vigentes, conseqüentemente, várias formas políticas de matriz heterogênea se mantiveram numa diversidade de estruturas locais de autoridade.

Paralelamente, a coerção e a prática regular da violência foram o modo de as elites coordenarem a diversidade social local, fazendo o sentimento de identidade das populações indígenas ir ao encontro do sentimento de não pertencer à nação, nem na origem nem culturalmente.

Quando analisamos o *abigarramiento social*, percebe-se que não mais se trata das diversidades históricas no plano da produção ou do Estado, mas de cada uma das formações sociais que teriam sobrevivido e conteriam histórias particulares e temporalidade local. Haveria, assim, diversidade de histórias dentro de um mesmo tempo histórico capitalista — as histórias nacionais e os Estados nacionais diversos, por exemplo — e haveria as diversas histórias no interior das sociedades *abigarradas* (Tapia, 1997). O *abigarrado* é uma diversidade múltipla, de tempos históricos e de Histórias[3] diversas, com formas políticas ou estruturas de autoridade que implicam diversidade cultural ou, em sentido mais amplo, de civilizações que coexistem dentro do que se chama nação ou país.

O conceito de *abigarrado* relativiza a categoria de *formação socioeconômica*[4] em que um modo de produção sobrepõe-se aos demais e os articula sob sua lógica. A formação social *abigarrada* trata de uma *dominação parcial* e *aparente* do modo de produção dominante, e não da rearticulação do resto dos modos de produção ao novo princípio organizativo dominante. Isto não significa, entretanto, que não existisse efetivamente um ato de dominação de um grupo sobre o resto da sociedade, pois, mesmo que de modo desarticulado, o exercício do poder e da dominação teve um impacto de submissão por séculos das populações indígenas às novas lógicas de organização.

Finalmente, se pode afirmar que o *abigarrado* não é a separação e a coexistência paralela de culturas — quíchua, aimará e espanhola, por exemplo — mas a *confluência desarticulada* de todas elas. Não é a dominação de uma que articula as outras, mas a desarticulação que se opera sobre todas, porque a dominante não consegue articular uma unidade (Tapia, 1997).

Questão da identidade e do reconhecimento

Afirmamos que a identidade nacional, nesse contexto, está marcada por um sentimento de não-pertença. De fato, desde a colônia, a idéia de

---

[3] Tempo histórico, como bem descreve Tapia (1997), é uma espécie de organização do movimento das sociedades a partir do princípio organizativo de seu momento produtivo ou do padrão de transformação da natureza. É um ritmo e uma direção da matriz social, uma forma que as sociedades têm de mover-se, e não a seqüência ou articulação de seus fatos coletivos. Já as Histórias são o movimento das sociedades nos seus processos de articulação ou totalização que implicam tanto a continuação do passado, como as inovações presentes e suas projeções. São a totalidade dos seus fatos tal como acontecem e aconteceram, na forma matriz de organização, que é o tempo histórico.

[4] Formação socioeconômica é a articulação entre diferentes modos de produção e não um modo de produção em si. Há as formações socioeconômicas regulares, aquelas em que um modo de produção refuncionaliza os outros modos à sua lógica, e as formações socioeconômicas *abigarradas,* em que modos de produção diferenciados coexistem e onde o modo de produção dominante não conseguiu estabelecer uma articulação completa entre os modos de produção ou, pelo contrário, atuou para desarticular e fragmentar a sociedade (Tapia, 1997).

identidade se constituiu em torno do binômio branco-índio tanto nos setores dominantes quanto nos subalternos, o que provocou duas características importantes: *a*) a incapacidade de as classes dominantes republicanas pensarem uma nação fora do conceito de raça e *b*) o *pacto senhorial* entre os componentes sociais do país, no caso a elite republicana em relação aos indígenas, cujo vínculo foi marcado pela negação recíproca.

No caso das elites assumidamente brancas, embora carregassem componentes mestiços, a constituição de um sentimento nacional ligado a valores racistas desencadeou duas atitudes distintas e complementares: o sentimento de xenofilia, voltado à valorização de culturas não locais e externas, e a rejeição à nação indígena.

Para entender essas duas características deve-se refletir inicialmente a relação entre sujeitos que se negam reciprocamente, em que a base do conflito é o problema da *identidade* e do *não-reconhecimento* (Taylor, 2001).

Sabe-se que uma *identidade* é uma construção imaginária que se estabelece no plano *relacional* e *simbólico* entre indivíduos ou coletivos. Tal processo de construção parte do princípio da *diferença* em que as identidades ou se reconhecem e se legitimam como iguais em relação a outrem ou, pelo contrário, se negam, e este processo não está necessariamente marcado pela reciprocidade de aceitação ou negação (Woodward, 2000). Todavia, a identidade de um indivíduo ou coletivo não é fixa nem única (Hall, 1999), mas ela sempre se constrói em relação ao "outro", e é nessa perspectiva que Taylor (2001) afirma que a identidade se constrói em parte pelo reconhecimento — ou pela falta dele — de um sujeito por outro. Por isso, as lutas sociais pela defesa da identidade de um certo grupo não serão tanto pela preservação de valores e costumes ancestrais, quanto pelo reconhecimento das próprias culturas e identidades como legitimamente válidas.

No caso da Bolívia, observa-se que o reconhecimento da cultura e identidade indígenas pela elite oligarca nunca se verificou, e as diferenças foram incorporadas na construção nacional de forma desagregada. Como resultado teve-se um Estado socialmente fragmentado, politicamente fraco e com a apropriação do território nacional caracterizado por traços regionalistas e patrimoniais. Nessas condições, o Estado não desenvolveu sua capacidade de convocatória do todo nacional.

Daqui revela-se uma segunda característica que marca o relacionamento entre as elites e os indígenas, e que Zavaleta Mercado (1986) denominou como *pacto senhorial*. Zavaleta Mercado entende este tipo de pacto como um *acordo hierárquico sucessivo* que constitui a identidade nacional. É um tipo de consenso tácito de não-aceitação recíproca e de desigualdade essencial entre os setores dominantes e os dominados.

No caso dos indígenas, isso envolve a identificação do *índio* com *o que se exclui*, passando a ser o "índio excluído" a nova identidade, ressemantizada dos que não foram reconhecidos. Nesse contexto é que se realizam as ações indígenas de revolta, *atuando* como excluídos em vez de se *pensarem* como excluídos (Zavaleta Mercado, 1986). Tal ação constitui o segundo momento da construção identitária — depois da construção relacional já descrita —, que é a *representação da identidade*, como uma reprodução dramatizada da imagem identitária e que vai dar o sentido da identidade (Woodward, 2000).

Do outro lado da construção identitária acha-se a figura do *senhor*. A ideologia das elites também é elaborada relacionalmente com base na figura do *índio*: o *senhor* deseja negar o índio, mas não consegue sobreviver sem seu trabalho. Além dessa dependência desprezível mas inevitável, as rebeliões constantes desde a colônia *acossam* o senhor, a ponto de este encarnar o papel da vítima assediada, em que o *assédio* se transforma no mito mais temido das elites racistas bolivianas: é a cidade branca permanentemente sitiada. Para se proteger, as oligarquias aumentaram o componente social darwinista da sua ideologia, seja excluindo politicamente o índio ao longo da história colonial e republicana, seja explorando-o economicamente para além das suas forças e vitalidades.

A construção mútua de identidades entre o *senhor* e o *índio* permitiu que o último, ao assumir sua situação subordinada, assuma também o fato de ser desigual e dominado; ao passo que o *senhor* se coloca na postura de ser superior e de viver assediado. É um reconhecimento mútuo que tem formato excludente e não autônomo na construção da identidade. Por fim, na constituição de uma identidade boliviana, essa forma de identificação sobrepôs-se a outras referências importantes na construção de uma nação, sejam as lingüísticas, as territoriais ou mesmo as religiosas.

O modo como se articularam as identidades diferenciadas do *índio* e do *senhor*, e o desconhecimento mútuo, criou um paradoxo que Zavaleta

Mercado (1986) chamou de *solidariedade miserável*, o sentimento que faz que na nação todo índio e mestiço deseje ser não índio, mas branco. Este seria, então, o local do espírito mais conservador da história da Bolívia, sua essência mais pré-capitalista e generalizada em que os perseguidos se encarregam da permanência da sua perseguição e a consciência do amo se instala na dos dominados.

A constituição de uma cultura nacional no país, nesse contexto, não existe nem nunca existiu: não se articulou um projeto estatal de um pacto nacional na sociedade; nem padrões de alfabetização para todos; não se estabeleceu uma língua vernácula como meio dominante de comunicação, nem uma manifestação homogênea da cultura ou instituições culturais nacionais, como a educação. Uma cultura nacional é composta de instituições formais e também de símbolos e representações, bem como de um discurso construído que organiza as ações da população. As culturas nacionais, ao produzirem sentidos sobre a nação com os quais cada indivíduo se identifica, constroem suas identidades. Esses sentidos encontram-se nas memórias coletivas que conectam o presente ao passado e com imagens construídas da nação. São as "comunidades imaginadas" que constituem o conteúdo de uma identidade nacional (Anderson, 1997). Por isso, diz-se que pensar uma nação é pensar num processo articulado do Estado com a sociedade: o da nacionalização (Tapia, 1997), tarefa inequívoca da burguesia como classe dirigente.

Nacionalismo na Bolívia

Mas na Bolívia, o que existia era uma burguesia com mentalidade oligárquica e filiação externa, cuja ideologia seria posta em xeque principalmente pela derrota na Guerra do Chaco, em meados da década de 1930.

Os ideais nacionalistas, até então, estavam concentrados apenas em setores progressistas do exército e em alguns elementos das classes médias que consolidaram com maior expressão a ideologia nacionalista na década de 1940, a partir de uma oposição ontológica contra o que se chamou, nos círculos mais progressistas, como a *antinação*: a burguesia mineira.

A primeira ideologia nacionalista boliviana construiu-se neste ambiente de forte cunho essencialista e dualista do *ser nacional*. De acordo com esta análise, a substância nacional boliviana estaria concentrada exclusivamente nos camponeses/índios, nos operários mineiros e nas classes médias mestiças. Um importante precursor deste pensamento será Franz Tamayo[5] (1879-1956).

A Revolução Nacionalista transformou a visão essencialista da nação, após a derrota das oligarquias em 1952, estabelecendo um novo comportamento identitário nacional que durará os próximos trinta anos. Nesta fase, o nacionalismo assume um discurso de classes sem conteúdo de "luta de classe". Os conflitos étnicos são negados e os indígenas transformados, pelo menos no início, na *retaguarda rural da Revolução*. Posteriormente, serão os destinatários do futuro econômico do país, na condição de produtores agrícolas num Estado que começa a se diversificar produtivamente.

E se no momento inicial da Revolução havia uma pretensão antiimperialista, ela será gradualmente suavizada, até o nacionalismo em construção ser limitado à negação das formas oligárquicas de constituição do poder e de administração da riqueza estatal.

Nesse período nacional-populista, que durará três décadas, a forma comunitária indígena encontrará na organização sindical o melhor instrumento para dialogar com o Estado, e a forma institucional mais eficaz para atender temporariamente suas demandas territoriais, satisfeitas agora pela Reforma Agrária e pela apropriação dos mercados rurais. As reivindicações indígenas territorial e pelo retorno à condição original nas comunidades serão, assim, abandonadas momentaneamente. Isso porque sob a organização sindical o índio gozará de certa autonomia e de outros benefícios trazidos pela Reforma Agrária, e também porque não haverá interesse nesse momento de desafiar a retórica hegemônica, segundo a qual, as questões étnicas seriam consideradas contrárias à formação de um espírito nacional que incorpora o índio como trabalhador ou cidadão, e não como etnia.

Somente a partir dos anos 1980, com a crise global dos Estados nacionais e com as reformas estruturais generalizadas na América Latina, o

---

[5] Na obra *Creación de la Pedagogía Nacional* (1910), Tamayo referencia os valores nacionais a partir de uma apologia da raça indígena. Segundo a *Pedagogía*, Tamayo considera esta etnia superior e germinal de qualquer potencialidade nacional, fustigando *brancos* e *mestiços* a "se mestiçarem ou a perecer". Nessa atitude, Zavaleta Mercado (1986) observou a outra face do racismo boliviano, *um racismo ao contrário*, característico do essencialismo da primeira construção ideológica de nação.

conceito de nação começa a ser repensado nos aspectos políticos do termo e num novo sentido cultural, principalmente pelas organizações sociais. As identidades diferenciadas, os territórios indígenas e os poderes locais são, pela primeira vez, parte de um direito à igualdade e de respeito à diferença.

Na década de 1990, pelo menos formalmente, os movimentos indígenas são aceitos em função da sua capacidade de resistência. São incorporados com suas formas organizativas no programa de defesa de direitos humanos, em organismos internacionais como a Organização Internacional do Trabalho, nas Constituições Políticas revisadas e no conceito da discriminação positiva que acata o multiétnico e o pluricultural (Gros, 1995). Especificamente na Bolívia, em 1993, inicia-se a reforma educativa, na qual os conceitos de multietnicidade e pluriculturalismo são incorporados oficial e nacionalmente e defendidos como conquistas políticas indígenas. A educação torna-se então bilíngüe (Contreras, 1998).

Paradoxalmente, a ideologia indigenista de políticos e intelectuais tem pouca importância na mudança das posturas e ações estatais, uma vez que as novas políticas públicas em relação à questão étnica e cultural surgiram, de modo geral, antes da crise do modelo de Estado-nação. Uma nova forma de encarar a questão étnica e nacional na Bolívia resultou das fortes mobilizações no seio das próprias organizações indígenas que, nas crises sucessivas, foram acumulando autoconsciência e definindo propostas de transformação.[6]

A prova disso é a emergência de uma grande diversidade de políticas de ação indígena e de mobilização social, independentemente do tipo de governo ou política governamental. O reconhecimento das organizações indígenas, por exemplo, se fez de modo muito tardio no Brasil e no Equador, de modo submisso às convulsões políticas no Peru, de modo anteci-

---

[6] Gros (1995), em análise dos movimentos indígenas na América Latina, percebe que houve acúmulo de experiência política e de luta, resultado de vários fatores: a crise estrutural da minifundização e a redução da produção agrícola; a crise demográfica, a desterritorialização e a expansão das sociedades nacionais nas fronteiras indígenas; finalmente, a devastação do meio ambiente comunitário. Paralelamente, houve progresso na educação formal e avanços pela ampliação da comunicação e a informação, formando um setor de intelectuais ou dirigentes novos, de certa forma independentes dos tradicionais. A intervenção de atores externos, notadamente das organizações não-governamentais, conduziu os movimentos indígenas para novos discursos, potencializando o impacto das suas demandas ao se afirmarem como mediadores das comunidades com o mundo.

pado à própria mobilização no México ou como estratégia indireta de governo na Colômbia.

A discussão em prol da diversidade e do respeito às diferenças no seio das organizações indígenas bolivianas representa uma ruptura com a ideologia nacional-popular das décadas anteriores, sem com isso chegar a contestar em si o ideal de construção de uma nação, que agora é entendida como um projeto de *unidade na diversidade*. As demandas indígenas, de Chiapas à Bolívia, passando pela Guatemala e pelo Equador, estão acompanhadas em geral de uma afirmação sistemática da vontade de pertencer e de manifestar respeito a uma nação caracterizada nos moldes modernos.[7] Essa atitude não é falta de vocação de autodeterminação nem de autoconsciência. Ao contrário, cada mobilização social de defesa de uma identidade permite um grau de acumulação de experiências e autoconhecimento que reafirma as ações pelo reconhecimento das suas identidades dentro de um Estado-nacional, e aproxima os movimentos sociais indígenas latino-americanos dos chamados Novos Movimentos Sociais, cujas características veremos adiante.

Interpretações da diversidade cultural

Há uma percepção geral na América Latina e no mundo afora que passa a questionar, notadamente a partir da década de 1980, a existência das unidades nacionais e da homogeneidade das identidades pós-industriais. Segundo essa avaliação, há a coexistência de temporalidades históricas numa mesma história, sobretudo no caso dos países periféricos.

---

[7] No repertório de demandas indígenas, por exemplo, a bandeira das nações andinas — a *Wiphala* — é um emblema hasteado no Peru, na Bolívia e no Equador ao lado da bandeira nacional e em substituição à tradicional bandeira vermelha da foice e do martelo, dos sindicatos. Se esta nova postura define o fim da "solidariedade miserável" que acompanha as formas identitárias desses países, é uma situação ainda a se constatar. A formação de uma nova consciência de sujeito político nesses setores, entretanto, é algo indiscutível. Surge, por exemplo, nas greves e bloqueios que paralisaram por um mês a Bolívia, em 1979, quando camponeses responderam à convocação do sindicato de trabalhadores para fazer respeitar a vontade popular nas eleições gerais. No Equador, um momento elevado de autonomia e autodeterminação foi a tomada da capital e a ocupação do palácio presidencial por um dia, em fevereiro de 2000. Em ambos os casos, ficou evidente um alto grau de acumulação democrática, no seio desses setores sociais e de formação de uma nova consciência nacional com base em referenciais modernos.

É nesse contexto que se desenvolve o conceito de *abigarramiento* social para o estudo das sociedades heterogêneas, e que foge à unidade convencional de análise. Para definir tal conceito, Zavaleta Mercado pensa e reconhece a divisão social em termos histórico-genéticos e, portanto, temporais, como estrutura material com contradições internas e que pode ser superada com base em um conhecimento crítico e de um sujeito coletivo que acumule as condições para outro tipo de sociedade (Tapia, 1997). No caso das sociedades *abigarradas*, em que as classes sociais são consideradas como formações incompletas e mediadas por dimensões pré-modernas, a categoria de classe relativizaria seu caráter prático para definição dos sujeitos coletivos híbridos. Com isso, Zavaleta Mercado não apenas assume que as diversidades sociais não estão contidas na margem de reflexão das teorias clássicas que analisam a estrutura social e econômica do capitalismo, como propõe a possibilidade de compreensão de novos atores sociais fora da centralidade e papel da classe operária. É de se considerar que, no contexto de crise de paradigmas e de globalização, a categoria de classe não seja suficiente para explicar as divisões e fragmentações sociais possíveis da atualidade (Ortiz, 1994), como tampouco ilustre as intermináveis mediações que compõem o tecido social moderno (Martín-Barbero, 1987). Reconhece-se, entretanto, que a categoria explicativa de maior importância continua sendo a luta de classes. Para tal, será necessário, entretanto, ampliar o conceito de classe para estruturas mais complexas como as sociedades multiculturais.

É nesse sentido que propomos tratar a diversidade dos tempos históricos com base em mediações outras que considerem, além das dimensões econômicas, políticas e sociais, os planos do simbólico e do cultural como *níveis de consciência possível e práticas concretas* de sujeitos históricos e de coletivos contraditórios. Tratamos aqui especialmente do *plano da cultura* como parte das mediações que condicionam a manutenção ou transformação de práticas de grupos, num contexto de dominação, resistência e negociação de valores e costumes com um sistema hegemônico. Como cultura, queremos tratar as experiências coletivas, espaciais e temporais de produção de fenômenos de representação, de reelaboração simbólica das estruturas materiais e de organização das normas e regras que regem o comportamento social. Experiências que, quando analisadas, transluzem as formas de organizar, compreender, reproduzir ou transformar os sistemas sociais para a sobrevivência ou adaptação de um grupo e de suas práticas simbólicas.

Na América Latina, nos últimos anos, estudos culturais — acompanhando de certo modo as discussões mais amplas sobre a pós-modernidade —, ajustaram o conceito-chave de hibridação *cultural* à realidade regional. A obra de Néstor García-Canclini (1997) foi, nesse sentido, muito importante e influente no debate sobre o Estado híbrido da cultura latino-americana.

Para García-Canclini — assim como para Zavaleta Mercado — a coexistência de tempos históricos diferenciados e a falta de construção de um projeto nacional pelas elites geraram as formações socioeconômicas latino-americanas, caracterizadas pela "justaposição, sedimentação e entrecruzamento das tradições indígenas, do hispanismo colonial católico e das ações políticas educativas e comunicacionais modernas" (García-Canclini, 1997, p. 73). De tal conjugação originaram-se as "semiformas" da hegemonia local: "uma ordem dominante semi-oligárquica, uma economia capitalista semi-industrializada e um movimento social semitransformador" (García-Canclini, 1997, p. 83).

Surgem, ainda, as contradições da modernidade latino-americana que, com suas particularidades locais, guardam fortes semelhanças entre si: a existência de elites capitalistas com mentalidade pré-moderna, capazes de liderar processos de modernização mantendo privilégios coloniais; de acumular capital a partir de formas de exploração compulsória do trabalho, de usar da mediação do favor — prática social mais consolidada — como forma de articulação interna e externa e de apelar à violência como forma de coesão social da diversidade.

Nesse contexto, os setores populares, urbanos e rurais, assumiram atitudes ambíguas de aceitação e rejeição das políticas de modernização ante as culturas tradicionais, adaptando seus costumes, negociando seus sentidos e usufruindo as vantagens do moderno, mantendo porém graus de organização e produção antigos. Para García-Canclini, as contradições da modernidade latino-americana são o resultado da incapacidade de suas elites para pensar uma nação e se relacionar, como nação, com suas sociedades. Complementando Zavaleta Mercado (1983a), particularmente no caso boliviano, a forma heterogênea (*i.e.*, *abigarrada*) e desigual da sociedade impediu, em grande medida, a eficácia da democracia representativa como procedimento de quantificação da vontade política. Pelo contrário, o golpe de estado em algumas situações teria tido neste país maior legitimidade perante a sociedade — como aconteceu nos governos de Villarroel e Torres. Em contraposição, noutro momento, o poder legalmente "representativo", resultante de uma eleição "democrática", careceu de reconhecimento popular, ou seja, de legitimidade — como o primeiro governo de Barrientos.[8]

Em vista de tais contradições, semelhantes em toda a região, mas que geraram processos diferenciados de modernidade, é que García-Canclini se pergunta *como interpretar um estado ou uma cultura híbrida* (1997, p. 71) e responde com algumas sugestões: a "modernidade" latino-americana, por princípio, não pode ser analisada como um Estado em que se entra ou de onde se sai, mas como uma condição ou modo de estar, local e contraditoriamente. Tal condição complexa, composta de elites modernas-tradicionais e de setores tradicionais-modernos, não é um eco tardio da modernidade ocidental, nem uma formação social única e homogênea que se repete ao longo da América Latina. Pelo contrário, são processos desiguais e combinados de mentalidade moderna e graus de modernização que exigem ser pensados de modo diferenciado para cada país.

Ainda para o autor, a modernidade cultural latino-americana não está necessariamente atrelada à modernização econômica, nem é um modo particular estanque de projetos inacabados. Ela está em trânsito contínuo, manifestando a invalidez dos dualismos clássicos de campo-cidade, periferia-metrópole ou culto-popular. As culturas híbridas são construções multicondicionadas por modos de produção, formas de organização e, também, por agentes simbólicos, como os costumes, a religião, as manifestações étnicas e as mediações massivas, modernas e tradicionais, o que exige uma abordagem transdiscipinar.

Em vista disso, García-Canclini propõe para o estudo das sociedades híbridas a elaboração de novas categorias explicativas e de conceitos como cultura de *fronteira* e *circuito*, que permitam analisar a condição migratória de toda cultura e questionar um possível obsoletismo das análises de

---

[8] Os governos de Villarroel (1943-1946) e Torres (1970-1971), que assumiram o poder mediante golpe de estado, incorporaram no ato os anseios do operariado e dos camponeses. Não ocorreu o mesmo com o primeiro governo de Barrientos (1964-1965) que, uma vez eleito, expulsou do governo os mineiros e adotou uma linha de alianças com os setores mais antipopulares do país e fora dele.

identidade. Para ele, o tempo do tradicional em oposição ao moderno não existe, assim como o popular não envolve simplesmente o que se opõe ao hegemônico, e a identidade não se relaciona exclusivamente com o território, caso do conceito clássico de *comunidade*, entendido como universo autônomo. Por isso, as *culturas híbridas*, em García-Canclini, abrangem todos os setores sociais e é desse modo que devem ser entendidas, tendo como base um conflito de classe, mas multicondicionado por outras dimensões.

A noção de *migração* envolve níveis de *desterritorialização* e *reterritorialização* das identidades históricas, conceitos novos que implicam formas de estranhamento não radicais, pois apontam para a assimilação de uma consciência nova e condicionada à carga cultural preexistente. Essa noção comporta, ainda, sentidos de *intercâmbio, fluxo e refluxo* que caracterizam as *culturas de circulação* e que fazem dos locais de origem e de recepção espaços de cruzamento e, portanto, de semelhança identitária.

No atual contexto histórico de crise pós-industrial[9] e de reformas estruturais, tendo em vista a desnacionalização de capitais e abertura de mercados, as sociedades nacionais parecem ter-se transformado em comunidades de interesses cosmopolitas ou, no mínimo, de identidades pós-modernas[10] e globalizadas. Mas é de esperar que o encontro cultural nos países que nunca chegaram a conformar, plenamente, um Estado-nação não aconteça pacificamente ou mesmo que se dê de forma semelhante às fragmentações do mundo desenvolvido.

Os processos de migração, nesse contexto, marcam não apenas um momento histórico de grande mobilidade global, mas a exacerbação da expulsão social das zonas rurais empobrecidas ou das cidades periféricas em direção aos centros mais desenvolvidos. Assim, a circulação de pes-

---

[9] O conceito de pós-industrial introduzido por Daniel Bell (1973) abre um debate sobre a crise da modernização, em que mudanças na vida socioeconômica associadas ou derivadas de alterações nas forças produtivas, resultariam das inovações tecnológicas, levando ao desenvolvimento da *information society*, em que a informação e conhecimento são propostos como novas tendências para o desenvolvimento do capitalismo.

[10] O conceito de pós-modernidade corresponde ao de pós-industrial para a cultura, a política e a sociedade e caracteriza-se principalmente pela *fragmentação* social, a *descentralização* do sujeito moderno e a *complexização* da cultura, fenômenos típicos do mundo desenvolvido (Featherstone, 1994). Nesse sentido, não é um conceito que se acomode à heterogeneidade multitemporal das sociedades periféricas.

soas em todas as direções fez que as outrora consideradas sociedades tradicionais se transformassem em *sociedades de tradução*. "Tradução", como conceito, implica a noção de diáspora antes que de migração. Nesta última, na *migração*, o movimento multidirecionado de entrada e saída típico na "condição moderna" atrai a imagem dos circuitos, cruzamentos e fronteiras. O caráter violento, coercitivo, excludente, da expulsão da era "global", entretanto, é mitigado na noção de *migração* a ponto de os processos de amalgamação cultural não raramente caírem numa essencialização das *culturas híbridas* ou na despolitização dos discursos contra-hegemônicos.

A "exclusão" no neoliberalismo e na globalização, o êxodo[11] que vem aproximando a Ásia da África ou da América Latina, desde final do século passado, é mais bem explicado pelo conceito de *tradução*. Conforme Bhabha (1998), *tradução* implica também um sentido de trânsito fundamentado na idéia da diáspora ou dispersão, e um sentido da violência do estranhamento a que as culturas traduzidas são submetidas, em que a negociação e a persistência dos traços culturais anteriores nos *entrelugares* se dão de forma criativa, mas sempre na condição subordinada. *Tradução* é um conceito que se cristaliza nos estudos pós-coloniais, editados no marco das ex-colônias inglesas e a partir daí disseminados no repertório dos estudos culturais que se concentram na "descolonização da História e da teoria" e na revisão de noções clássicas como o *ser periférico*, o *caráter nacional*, o *colonialismo* e a *dependência* (Prysthon, 1998).

No debate contra a visão eurocêntrica e ocidental da modernidade, os estudos pós-coloniais são uma resposta predominantemente teórica que surge no mundo periférico. Cabe notar, entretanto, que o eixo principal desses estudos está na análise das comunidades de migrantes formadas nas principais ou maiores cidades do mundo, o que deixa as zonas de expulsão menores, e de migração no interior de uma mesma região de algum país periférico, pouco confortáveis nesse conceito.

As discussões sobre *hibridismo cultural* — liberado da carga de onisciência que havia desde a década de 1960 — vieram preencher esse vácuo no caso latino-americano.

---

[11] Os "êxodos" foram muito bem tratados pelo artista e fotógrafo Sebastião Salgado (cf. Sebastião Salgado. *Êxodos*. São Paulo: Companhia das Letras, 2000). Se aqui há uma mensagem, é que entre México, Índia, Senegal ou Brasil existe mais semelhança do que qualquer identidade imposta por potências coloniais.

Hibridismo cultural na América Latina

Vejamos então o contexto em que García-Canclini define as *culturas híbridas*. A princípio, García-Canclini observa que a categoria mais importante e capaz de explicar a principal divisão social ainda é a de classe, mas ele contesta que o conceito, produzido na modernidade, anule a oposição tradicional-moderno. Primeiro, porque a modernidade latino-americana nunca teria superado as características do tradicional, e ambos os tempos históricos — da sociedade tradicional e da sociedade moderna — se imbricam num constante intercâmbio de interesses. E segundo, porque as formas modernas da hegemonia latino-americana continuamente teriam assimilado as culturas populares como *subculturas da modernidade*, outorgando-lhes um papel no sistema de dominação e transigindo[12] com elas seus próprios sentidos.

E o que García-Canclini entende por transação? Nas discussões críticas da década de 1980, baseadas na Teoria da Reprodução Social e da Sociologia Política, segundo o próprio autor, o encontro intercultural era analisado com base na ação das classes hegemônicas. O interesse concentrava-se em demonstrar como elas fundamentavam sua posição na pirâmide social, a partir da reprodução do capital cultural moderno e da apropriação desigual desse capital. Nesse caso, a cultura subalterna estaria condicionada à margem limitada que corresponderia à distribuição desigual dos bens econômicos e culturais. E como essa desigualdade seria uma permanente histórica da condição das culturas subalternas, a sua capacidade de resistência seria também limitada.

Essa análise, que Althusser (1999) celebrizou no estudo dos aparelhos ideológicos, para García-Canclini legitima a existência de uma possível estrutura centralizada e vertical do poder, sem correspondência na realidade empírica. Para analisar o poder, García-Canclini referencia Foucault (1979) e sentencia que o poder não reside numa entidade central, numa instituição formal ou num setor da sociedade. Tampouco é uma

---

[12] García-Canclini (1993, p. 81) empresta o conceito de *transação* de Eduardo L. Menéndez, para quem a opção da *transação* substitui a de *questionamento* e *oposição* ao sistema, pelas classes populares. Menéndez se pergunta por que em vez de a população pôr em xeque as mazelas do sistema, ela opta por soluções intermediárias. Sugere que a resposta talvez seja a ilusão de obter benefícios de tipo individual.

substância que se conquiste ou se possua. O poder, em Foucault, se exerce a partir de uma situação estratégica na sociedade e, de modo desigual, está em todas as instâncias da sociedade.

A noção de um poder disseminado em todos os setores da sociedade permite introduzir o conceito de *negociação* ou transação com que García-Canclini (1993) trabalha o encontro entre o tradicional e o moderno, ou melhor, o subalterno e o hegemônico na heterogeneidade multicultural das *sociedades híbridas*.

Para melhor abordar essa análise, García-Canclini retoma o conceito de *consenso*, de Gramsci, e afirma que muitas vezes os setores hegemônicos, para garantir a reprodução das suas relações de dominação e de exploração, *devem tolerar espaços onde os grupos subalternos desenvolvam práticas independentes e nem sempre funcionais para o sistema* de dominação. Assim, as classes subalternas *negociam* com as hegemônicas seus próprios sentidos e, por sua vez, *as hegemônicas se tornam tais, na medida em que incluem nas instituições, nos objetos e nas mensagens, em sua função e em seu sentido, não só seus interesses setoriais, mas também aquela parcela das culturas populares que se revela útil e significativa para a maioria* (García-Canclini, 1993, p. 69). Nesse sentido, as culturas subalternas passam a ser uma subcultura da hegemônica.

Para García-Canclini, há duas análises fundamentais das *culturas híbridas* que deveriam estar combinadas por abranger aspectos diferentes e complementares da diversidade cultural. A primeira, uma abordagem antropológica, entende a hibridação como *diferença, diversidade e pluralidade de culturas* que existem simultaneamente. A segunda, uma visão sociológica, trata do hibridismo com base na análise dos *modos de produção* e da *participação fragmentada e diferencial de cada sujeito, em um mercado internacional de mensagens, que penetra a trama local da cultura por todos os lados e de formas inesperadas.*

Essa abordagem sociológica busca um nível de totalidade, segundo a qual o ingresso diferenciado de cada setor social no contexto mais amplo do capitalismo se dá como conflito. Reconhece-se a diversidade, mas em última instância ela tem como denominador comum o sistema de dominação. Assim, se na linha antropológica revela-se o que pode haver de etnocêntrico numa situação moderna e reconhecem-se as formas locais de simbolizar os conflitos, de usar as alianças culturais para construir pactos sociais ou de mobilizar cada nação em um projeto próprio, a teoria social impede que essa visão localista e etnocêntrica caia no isolamento das identidades e das lealdades formais. Exige ainda que se observe a reorganização da cultura pelos movimentos que a subordinam ao mercado (García-Canclini, 1997).

Além dessas duas perspectivas, podemos citar outras abordagens possíveis das sociedades latino-americanas atravessadas pela heterogeneidade multitemporal e que aportam a compreensão mais transdisciplinar *do diverso*. A primeira é a heterogeneidade cultural como resultando da intervenção da indústria cultural exacerbada pela velocidade dos avanços tecnológicos, particularmente na área das comunicações. A mídia configura, sem dúvida, um dos dispositivos mais fortes de dissolução do horizonte cultural comum das identidades e se constitui num poderoso mediador da heterogeneidade de imaginários urbanos, regionais e inclusive do espaço local. Estudos recentes analisam a cultura e a comunicação no *local* da recepção como o espaço em que os sentidos do discurso hegemônico são ressemantizados e negociados com os sentidos do *local* onde as sociedades heterogêneas interagem.

A reflexão pós-moderna fez uma crítica acertada das interpretações unilaterais da comunicação e das manifestações culturais feitas tanto pelas correntes norte-americanas da *communication research* quanto pela teoria crítica européia. Análises mais contemporâneas exigem pensar as *intermináveis mediações* que devem ser consideradas nos estudos da diversidade. Na América Latina, estudos sobre *a recepção como o local da comunicação e da cultura* observam que a mediação mais importante é a dos anacronismos temporais e das novas fragmentações sociais e culturais geradas nesse *destempo,* que reorganizam os espaços públicos e privados e criam receptores diferenciados (Martín-Barbero, 1995).

As experiências sociais contemporâneas provocam, na sociedade, fases de fragmentação e rearticulação contínuas. E esta é a perspectiva que teóricos da comunicação tentam pensar para a diversidade social, articulando, com ela, políticas de comunicação. A diversidade aqui proposta, entretanto, é diferente da visão pós-moderna da fragmentação social nos países centrais, em que a diferença significa sobretudo a dissolução do tecido social e do sujeito histórico. Propõe-se, na perspectiva latino-americana, assumir a heterogeneidade como um valor articulável com a construção de um novo tecido do coletivo, refazendo as identidades e os modos de simbolizar os conflitos e os pactos sociais.

No campo das ciências políticas, por outro lado, examina-se o encontro do tradicional e do moderno no plano das formas organizativas sociais e do modo como se dá a escolha das autoridades e a constituição do fato estatal. Pelo procedimento moderno do pluralismo democrático, a diversidade social está garantida juridicamente para os indivíduos em situação de liberdade e de igualdade de direitos, bem como pelo ato do voto. Já nos sistemas comunitários, o *procedimento* é menos importante do que a unidade de fins, e a diversidade de opiniões é conflitante com o princípio de comunidade de objetivos. Isso fez certos tipos de lealdades serem mantidos, acima de e após a adoção do sistema democrático burguês (Tapia, s.d.). Para um cientista político interessa, assim, compreender o modo como as formas organizativas diversas se relacionam num sistema de liberdades e igualdades ou se excluem, bem como entender a razão pela qual uma formação social, atravessada por temporalidades diversas, pode construir suas instituições de modo desarticulado e incompleto.

O pluralismo, então, como García-Canclini observa desde a análise das culturas híbridas, é o modo como o modelo hegemônico burguês trata a diversidade cultural de forma desagregada e fragmentada. De fato, o que se tentou com a democracia burguesa foi a integração da diversidade por meio de mecanismos de representação que garantissem a participação e influência política dos governados. Pela linha de argumentação da democracia liberal, um sistema de valores apoiados no igualitarismo, no universalismo e na neutralidade do Estado comporia um governo de uma sociedade que compartilhasse da mesma cultura e que as diferenças se apresentassem e representassem, fossem mediadas e coexistissem num regime que reconhecesse o pluralismo, resultado natural da decomposição da comunidade e do desenvolvimento da individuação. Mesmo reconhecendo que não haveria uma homogeneidade, a democracia representativa moderna não foi pensada para organizar politicamente a coexistência multicultural, mas para construir um Estado nacional, cuja condição de êxito seria a construção ou produção de uma nova homogeneidade ou cultura nacional sobre a diversidade das culturas locais. Assim, a diversidade do pluralismo não é a mesma da heterogeneidade multicultural e nem aceita essa forma de heterogeneidade.

A diversidade multicultural nas sociedades de heterogeneidade temporal veio constituir-se num fato social inevitável, não planejado por uma política cultural e plural de respeito e de desejo de representar cada setor social, segundo reza a democracia burguesa. Aqui, a pluralidade é um critério muito mais quantitativo que qualitativo, pois não aponta para a conformação de uma identidade nacional, nem para a aceitação de uma diversidade. A desigualdade permanece e a diversidade é aceita somente como dado, de um modo fragmentado e desagregado.

É nesse sentido que Zavaleta Mercado e García-Canclini questionam o modo desarticulado e fragmentado como as elites tratam a diversidade. Observa-se, entretanto, que se para o primeiro a diversidade coexiste de forma desagregada num Estado aparente, em García-Canclini ela é um subproduto da modernidade, *i.e.*, uma heterogeneidade multitemporal refuncionalizada ao capitalismo de modo subordinado, via "transação".

É sob essa base que García Canclini (1997, p. 22), ao se preocupar menos com o que se extingue que com o que se transforma, pergunta quais os caminhos oblíquos, plenos de transações pelos quais as forças hegemônicas e subalternas interagem numa relação de conflitos não resolvidos. Noutra direção, Zavaleta Mercado observa o grau de desarticulação dos tempos históricos e a incapacidade das elites de cumprir seu papel de organizar a sociedade. Constatada essa falência para uma organização totalizadora da sociedade, Zavaleta Mercado busca o momento de emergência de novas consciências ou de acumulação de experiências sociais que confluam em momentos de ação e de constituição de formações sociais novas.

Em outras palavras, busca entender o modo como as crises políticas e sociais geram (ou não) momentos de autoconhecimento germinais de uma consciência de transformação, notadamente em sociedades em que o moderno e o tradicional não são mais signos de desenvolvimento ou atraso. Para o autor, o questionamento reside em saber qual a importância *histórica* da adaptação (ou não), voluntária ou induzida, dos setores subalternos e se os cruzamentos sociais e temporais são capazes de se traduzir em graus de autoconhecimento e autodeterminação, bem como em conformação de projetos gerais, isto é, em reforma intelectual e transformação histórica. O que nos lembra a caraterística do conceito de "verdade", em Gramsci, como o que prevalece *historicamente* e que diverge do conceito usual de que *verdade é verdade*, independentemente de quando se torna conhecida ou quem a considera como verdade ou de que modo (Kolakowski, 1982).

Parece-nos, nesse aspecto, que as críticas de García-Canclini ficam limitadas à observação empírica e à preocupação ontológica sobre o que são as *culturas híbridas* e que estratégias elas usam "para entrar e sair da modernidade", sem se deter em pensar no que se tem de substância social e disponibilidade histórica, além das condições que elas teriam, ou poderiam vir a ter, de gerar transformação da ordem e acumular um conhecimento coletivo capaz de produzir o movimento da história.

Longe de qualquer substancialismo da resistência popular, das utopias modernas de liberdade ou igualdade, ou dos ideais socialistas, é obrigação de qualquer teórico descobrir, nos movimentos históricos dos coletivos — híbridos ou não —, não apenas as formas de resistência ou adaptação, mas também os elementos potenciais de construção identitária, de ampliação do universo do possível em autodeterminação e autoconhecimento, bem como procurar encontrar as bases explicativas de processos posteriores. Isto é, entender o que tem de "verdade" em termos gramscianos. Somente assim será possível acompanhar o movimento dessa história heterogênea e de seu componente social, atualmente ocultos no discurso desarticulado das elites dominantes.

Cabe perguntar, agora, como podem tornar-se inteligíveis formações sociais desse tipo, carecentes de unidade convencional de análise. Como tornar empiricamente observável o que, como evidência, tem somente a manifestação do poder hegemônico e um tipo de democracia que não representa a sociedade? Como identificar a substância social, quando o que se descobre como identidade nacional não é o mesmo que se revela na diversidade da realidade local?

Crise como método

As sociedades heterogêneas são ininteligíveis quando se tenta compreendê-las com base nas regularidades históricas da modernidade ocidental. Estão ocultas porque estão submersas sob as formas hegemônicas incompletas e também heterogêneas de poder e porque a diversidade dos seus tempos mistura o que tem de concreto com o que tem de disperso e passageiro.

Diante dessa complexidade, Zavaleta Mercado tentou explicações possíveis a partir de dois eixos que tornam empiricamente legíveis as histórias das sociedades heterogêneas:

a) a identificação dos *momentos constitutivos* dos Estados como explicação genética e o limite originário das formações de sociedades posteriores,

b) a análise dos momentos de *crise* como forma clássica de revelação e reconhecimento da substância social.

Por *momento constitutivo*, Zavaleta-Mercado (1986) entende a ocasião em que o Estado articula com a sociedade civil o caráter da sua história por um longo período. É um momento originário em que os sujeitos sociais se encontram e instauram um novo programa social, com base em um repertório acumulado de experiências políticas, sociais e culturais, conhecimentos coletivos durante os quais se gera um Estado de predisposição e vacância ideológicas, necessárias para articular uma nova hegemonia. É um momento de construção política e de produção ideológica que define a estrutura futura de poder do Estado e a história posterior do país, assim como define o papel das classes, articuladas ou não, em torno de um novo bloco hegemônico.

Um *momento constitutivo* trata de um instante que tem um caráter de concorrência multitudinária e de reforma moral e intelectual das massas. É o resultado preparado e o acúmulo de acontecimentos e memória coletiva, que condicionam e desenvolvem graus de autoconhecimento e autodeterminação. *Momento constitutivo* é um processo construído que explode, em geral, sobre um pano de fundo de fortes crises, geralmente no meio de guerras ou revoluções.

Quando Zavaleta Mercado analisa o *momento constitutivo* de uma sociedade moderna, suas reflexões realizam-se a partir da idéia de subordinação formal e real em Marx e de reforma moral e intelectual em Gramsci,[13] de acordo com a seguinte lógica: há um momento inicial de acumulação originária nas sociedades modernas em que as formas de vida tradicional — bases materiais de identificação e formas de reprodução social — são destruídas, gerando uma vacância ideológica no indivíduo.

Nesse momento, mesmo não tendo superado totalmente os modos prévios de produção, o indivíduo é submetido formalmente a nova relação

---

[13] Reforma intelectual e moral seria a instalação de uma visão racional e materialista do mundo, modo pelo qual Gramsci entende o conceito.

produtiva, que é o momento fundacional de um novo Estado e de nova articulação entre este e a sociedade. Nesse contexto, a nação não é mais uma substância que preexista ao Estado, mas algo constituído politicamente, resultado da articulação de um projeto estatal com uma civilização, é uma articulação cultural politicamente produzida em torno de um projeto político para uma comunidade que se vai identificando com o que se constrói (Tapia, 1997).

No capitalismo desenvolvido, esse novo Estado converte-se em ideologia que a sociedade interioriza, no caso uma ideologia operada por meio da lei do *valor*. Esse modelo de regularidade de construção hegemônica e de nação é o que corresponde à subordinação real ligada ao momento produtivo e à transformação racional do homem. De todo esse processo, resulta a nova hegemonia, ou seja, a articulação das três instâncias que são o projeto político de uma classe constituída como bloco histórico, os elementos culturais ideológicos existentes elevados a valores hegemônicos e o tipo de momento produtivo da sociedade como base material.

Finalmente, há um plano importante que se constrói — ou não — a partir do *momento constitutivo*, que é o da democracia como autodeterminação e igualdade do homem tanto no campo jurídico como no do trabalho e que nas sociedades modernas se deu pela individuação do sujeito coletivo, pelo reconhecimento e pela universalização dos direitos em condições de igualdade.

Mas o que acontece nas sociedades, como as latino-americanas, em que a incorporação de uma hegemonia plena não ocorreu nem no estatuto da independência, nem ao longo da fase republicana? Qual a conseqüência de a subordinação formal dos indivíduos ter-se dado de modo compulsório e a organização estatal não ter sido acompanhada por uma reforma intelectual das elites? O que ocorre quando não houve estranhamento e esvaziamento das formas anteriores de reprodução social, *i.e.*, quando não se operou nem o advento do indivíduo, nem do homem racional e desprendido?

Perguntas que se fazem mais prementes quando se supõe que a construção de uma nação e da democracia depende do grau de constituição da reforma intelectual e da subordinação real dos indivíduos à nova forma estatal.

Para entender esses casos, Zavaleta Mercado propõe a problematização dos *momentos constitutivos* a partir dos *momentos de crises*, *i.e.*, partindo da manifestação da crise, ele reconstrói, retrospectivamente, as pautas que originaram as formas estatais vigentes, os graus de reforma e o nível de articulação hegemônica. Busca saber se nesses momentos iniciaram-se processos de construção do nacional e da democratização tanto no Estado como na sociedade, reflexão que constitui o ponto-chave da análise de Zavaleta Mercado. Desse modo, os *momentos constitutivos* permitem não somente compreender a origem dos processos mas também explicá-los.

Dessa perspectiva, portanto, qual é a importância de estudar a *crise como método* ou como manifestação única do social? Para Zavaleta Mercado, a *crise* é uma forma de *unificação* da sociedade, que a atinge na sua totalidade. *É a unidade patética do diverso*, diria Zavaleta Mercado, porque é uma forma trágica de igualdade e de revelação do que há de nacional no país. *Os tempos diversos se alteram com sua irrupção* (Zavaleta Mercado, 1983a, p. 19), e as sociedades, que não têm outro modo de ser empiricamente quantificadas, se exteriorizam e se sintetizam na *crise*. Portanto, quanto maior for a concorrência dos sujeitos no momento da crise, maior será a generalização dos acontecimentos que se produzirem. Também, a abrangência dos fatos dependerá do grau de acumulação de conhecimento coletivo, posto em ação no momento da mobilização social e da elaboração de um projeto que articule a sociedade.

A importância desses momentos de mobilização multitudinária que totalizam a sociedade está no fato de serem os articuladores da diversidade social. Um momento clássico da articulação do diverso é o produzido pela organização de um mercado interno quando da Revolução Burguesa. Outro, aquele em que a sociedade se identifica com o Estado ou com uma sociedade maior e mais complexa. No nosso caso, nas sociedades *abigarradas*, há um tipo de identidade gerada a partir de grandes encontros e mobilizações sociais. Esses encontros geram um sentimento de referência do nacional.[14]

---

[14] DaMatta (1997) estuda a heterogeneidade da sociedade brasileira a partir dos momentos em que o *continuum* é quebrado, seja por um rito, como o carnaval, por exemplo, seja pela irrupção espontânea das massas num momento de revolta, como numa subversão. A quebra do tempo normal, da rotina do trabalho, da ordem e das posições sociais estabelecidas pela ocorrência maciça às festas ou às revoltas é capaz de manifestar, segundo DaMatta, a ideologia e os valores de uma determinada formação social. O rito — ou a crise — seria, assim, o momento privilegiado em que se busca transformar o particular em universal, o regional em nacional, o individual em coletivo ou, inversamente, quando, diante de um problema universal, mostra-se um modo

O que de fato isto significa? Em princípio, esses momentos de rupturas provocados pela crise servem como parâmetro e método de conhecimento e reconhecimento social, isto é, são a escola em que os sujeitos, com base nas suas ações, podem apreender o que são — e o que não conseguem ser —, assim como podem redefinir suas táticas futuras e seus horizontes possíveis.

Paralelamente, a crise cristaliza o que existe de comum na diversidade, *i.e.*, permite a unificação e resposta massiva, no momento da mobilização, e demonstra que o *abigarramiento* social não trata de *uma dispersão condenada à dispersão* em que não há uma realidade social como pano de fundo:

> o mercado, as diferentes épocas, latitudes, falas, rostos, são partes do fundo histórico, que significa muito mais do que uma unidade fetichista[15] [cuja origem pode ser] a forma como se deu a apropriação do hábitat, ou o papel mercantil do Potosí, ou qualquer outro que para o caso não interessa. E nesse fundo histórico há uma unidade que se reconhece a si própria, há uma medida em que o sentimento da identidade é a prova de que a identidade existe (Zavaleta Mercado, 1983a, p. 18).

Aqui, a nação é impossível de ser quantificada, pois é um sentimento intersubjetivo, que resulta de uma vivência ligada a premissas materiais, mas também a outras experiências como os *acontecimentos espaciais, familiares e, inclusive, a violência* (Zavaleta Mercado, 1983a, p. 19). A acumulação na memória coletiva apresenta-se de modo dramático nos atos da massa, durante a crise, e permite a constituição de uma intersubjetividade.[16] Assim, mesmo que os modos de produção, as estruturas po-

---

particular de solução, um ângulo especial de apropriação do problema e marca-se um determinado estilo de atuação. O que importa na análise desses momentos de ruptura, para o autor, é determinar em que grau eles são simples irrupções para depois voltar à rotina, ou se são momentos de canalização das alternativas sociais às formas hegemônicas do cotidiano.

[15] Fetichismo da unidade neste caso seria o culto mecânico da uniformidade, em lugar de atender os problemas cultural-ideológicos da unificação.

[16] Intersubjetividade, que discutiremos nos seguintes capítulos, é um conceito emprestado da literatura habermasiana, implicando a forte influência do "todo social" sobre as manifestações particulares do discurso e os graus de reciprocidade/desigualdade do particular como elemento constitutivo do todo (Habermas, 1995).

líticas e as cosmovisões fundamentais não se tenham unificado, pode-se produzir um sentimento de identidade em referência ao nacional, a partir de grandes encontros sociais que se dão no momento da crise na história das sociedades *abigarradas* (Tapia, 1997). A identidade aqui construída surge a partir da ruptura da hegemonia, da ação e do movimento da sociedade civil e do auto-reconhecimento. Não a partir do Estado. Ou melhor, a identidade surge *contra* o Estado, que não representa, que nega e exclui a heterogeneidade social.

Esses momentos de identificação seriam, então, momentos de *nacionalização*, sem pressupor a premissa e objetivo da *unidade como homogeneização* e podem ser momentos ou processos de produção da *unidade com a diversidade*.

No caso da Bolívia, no século XX, três teriam sido os momentos clássicos de crise — e de unificação — a partir dos quais a sociedade teria se sintetizado num sentimento nacional: a Guerra do Chaco (1931-1935), a Revolução Nacional (1952) e a mobilização popular pelo retorno da democracia (1978-1980). Desde então, estaríamos vivendo a fase da reforma e reestruturação parcial desses *momentos constitutivos*.

Pode se considerar, entretanto, que no umbral do século XXI, novas ações coletivas estariam criando um novo momento constitutivo e de qualificação social? É possível afirmar a existência de uma crise deflagrada com a interpelação indígena no cenário político, apresentando não mais um sujeito com papel marginal, mas como ator principal e central do novo jogo e cenário político boliviano?

Capítulo 2
MENTALIDADES DA REVOLUÇÃO E SEUS FRUTOS

> En nuestro territorio conviven no sólo distintas razas y lenguas, sino varios niveles históricos... Varias épocas se enfrentan, se ignoran o se entredevoran sobre una misma tierra o separadas apenas por unos kilómetros [...] Las épocas viejas nunca desaparecen completamente y todas las heridas, aún las más antiguas, manan sangre todavía.
>
> — OCTAVIO PAZ. *El laberinto de la soledad*

Dimensão senhorial e dimensão andina

Um país como a Bolívia é definido basicamente como dependente: é um país de economia primário-exportadora, com um setor industrial-artesanal subordinado ao mercado monopolista mundial (Bambirra, 1990). A caraterização tipológica desse país com base no modo de produção e na forma como se inseriu como economia periférica num mercado internacional permite incluí-lo nas categorias de *subdesenvolvimento* e *dependência*, como outros *países capitalistas atrasados*,[1] que não atingiram um padrão de desenvolvimento industrial moderno, nem um grau de formação de mercados internos e que não alcançaram um nível de autonomia econômica ou política perante os países centrais. Na Bolívia, assim como na maior parte da América Latina, não aconteceu a consolidação política de um Estado-nacional pleno, nem sua expressão social na forma de uma cultura nacional.

A realidade boliviana, assim como a dos países latino-americanos em geral, entretanto, é mais complexa que essa caracterização tipológica. Neste país, de acordo com a análise do capítulo anterior, as formas locais de autoridade convivem desarticuladamente com o Estado central. Os

---
[1] Bambirra tipifica países como a Bolívia, o Paraguai e o Haiti como os que não atingiram uma diversificação industrial e que, portanto, têm sua economia baseada na exploração agrícola ou mineral.

modos tradicionais de produção no campo coexistem com o modelo incompleto e mutilado de industrialização. Sem a construção complexa de uma centralização burocrática como resultado de um mercado interno estável, a Bolívia não chegou a construir uma identidade coletiva no trabalho, nem a homogeneidade totalizadora do Estado-nacional. Neste país convivem populações com níveis distintos de desenvolvimento, em que comunidades agrícolas de indígenas andinos por um lado se relacionam com formas mistas na esfera da produção e do mercado. Escolhem segundo padrões tradicionais as próprias lideranças, mas assumem a institucionalidade política para relacionar-se externamente com o governo.

Nas minas, por outro lado, o proletariado organizado na forma de sindicato constrói suas referências políticas e de autoconsciência em bases modernas de racionalização do poder e de organização da sociedade, mas sem deixar de reproduzir as formas tradicionais de relacionamento familiar e sua visão cósmica e religiosa do mundo.

Nas cidades, a presença do migrante predominantemente indígena carrega consigo hábitos persistentes nos mercados, nos espaços públicos, e no lar, e também suas formas de relacionamento e linguagem, suas manifestações culturais, fidelidades políticas e solidariedades de grupo.

Sobre esse complexo é que se levanta e se estrutura o Estado boliviano, sem projeto nacional consolidado, sem presença real no território geral, sem autonomia ou soberania política e econômica perante o mercado externo ou os governos dos países centrais. Dessa forma, sem se apropriar do seu território, nem incorporar nacionalmente a sua população, a Bolívia, como Estado, é o caso típico do que chamamos um *Estado aparente* no capítulo anterior. Ser *aparente*, entretanto, não significa ser *inoperante*: é um Estado altamente autoritário e historicamente marcado por golpes de Estado como método de troca de governo.[2]

Desde a República (1825), e após a perda do mercado da prata potosina e da centralidade econômica que esta lhe atribuía, o Estado boliviano, como expressão das elites, tem assumido diferentes fases e pro-

---

[2] Até o final do século XX, houve 42 governos constitucionais, contra 37 que chegaram ao poder por meio de golpe de Estado ou pela transmissão de poder de um ditador a outro (Mesa, 1997).

jetos político-econômicos, que oscilaram da abertura ao capital externo à proteção da produção nacional. De início, apostou-se na vocação para a mineração do país, mas na crise da prata — início de século XIX —, o interesse voltou-se para políticas agrícolas até ressurgir um novo ciclo mineral, a partir do estanho. No final do século XX, novamente um ciclo econômico marca a economia boliviana: o dos derivados de hidrocarboneto. Em todas essas fases, os projetos de crescimento estiveram apoiados no trabalho forçado do índio, em relação permeada por forte conteúdo racista, que não desapareceu totalmente após a Revolução Nacional de 1952.

As características mais duradouras das elites nesse país foram a forma capitalista de relacionar-se com o mercado externo, paralelamente a um modo atrasado — senão pré-capitalista — de estruturar suas relações produtivas e suas alianças políticas, e a habilidade dos setores dominantes de se rearticularem constantemente no poder, sob a lógica que denominamos de *acordo hierárquico sucessivo*. Como conseqüência dessas características observa-se a incapacidade de as classes dominantes assumirem seu papel de liderança na transformação do excedente, de convocarem a sociedade civil para a defesa do território nacional e de articularem um programa de industrialização para o país. Mesmo assim, são elites que tiveram sempre capacidade de se reacomodar como classe dominante (Zavaleta Mercado, 1986). Essas são as raízes do Estado boliviano e da sua incapacidade de articular um projeto de governo com a sociedade em geral.

Comecemos, então, por entender os elementos constitutivos da formação social boliviana.

Componente oligárquico
da sociedade boliviana

O primeiro aspecto a estudarmos é a constituição de uma burguesia nacional com ideologia pré-burguesa, como base do Estado republicano até a Revolução Nacional de 1952.

Desde a formação da República e ao longo do século XIX, a Bolívia foi dirigida por uma elite proprietária da mineração e com relações econômicas vinculadas aos mercados internacionais. Constituía também parte dessa elite a aristocracia fundiária,[3] junto com a qual a elite mineradora estabeleceu a lógica das relações produtivas que se estenderam ao longo do século XIX e na primeira metade do século XX: o uso compulsório de mão-de-obra utilizada nas minas e na produção agrária como base da acumulação de riqueza e de reprodução social da classe dominante, nos termos herdados das elites coloniais.

Seu primeiro desafio foi superar a perda da centralidade burocrática de Potosí e da economia da prata, quando as relações com a Coroa espanhola foram cortadas e os mercados desarticulados.

Como resultado, ocorreu a fragmentação do país em pólos produtivos dispersos, notadamente na agricultura, como nova área de investimento oligárquico. Afirma-se que, na decadência da prata, a posse de terras tornou-se a forma mais segura de investimento, e permitiu a reprodução dos privilégios coloniais de estirpe, quando recursos e excedente foram transformados em luxo e suntuosidade de palácios no interior dos novos latifúndios.

Ao longo do século XIX, a política de latifundização complementou as características de economia de enclave que tipificavam a Bolívia desde a colônia. A lógica desse processo foi a divisão do território nacional em grandes fazendas, em geral improdutivas, conquistadas à base da espoliação das terras comunitárias indígenas e da desestruturação das formas tradicionais de produção, que no futuro será a principal causa da pobreza rural.

O investimento não produtivo em terras causou durante muito tempo uma série de deformações na mentalidade das elites, que as impossibilitaria, ao longo do século XIX e até o ressurgimento da mineração, construir uma forma estatal com características de Estado moderno. Essa forma de apropriação da terra valorizou o regionalismo como a ideologia que incorporou o espaço, ainda que desarticulando o território geral. A

---

[3] O sistema de produção nas fazendas permitia que 6% dos fazendeiros do país controlassem, no início do século XX, 92% de toda a terra cultivada no país, ao passo que apenas 0,2% das terras estavam sob o controle de 60% da população indígena. O sistema de trabalho funcionava pela troca de parcelas de terras por prestações de serviços laborais ou *pongueaje*, em que os índios forneciam as sementes, ferramentas, animais e transporte dos produtos, além da mão-de-obra. Já o fazendeiro entrava apenas com um pedaço de terra. Nas minas, sistemas semelhantes de trabalho compulsório ou com baixas remunerações consolidavam um modelo típico de exploração de trabalho humano (Klein, 1991).

regionalização permitira que um centro econômico fosse capaz de se comunicar de modo autônomo com o mundo e somente de forma ineficaz com seu próprio centro administrativo.

Quando a mineração ganhou novamente importância econômica com o ciclo do estanho, as oligarquias latifundiárias mantiveram sua posição como fornecedores de produtos agrícolas às minas, e o regionalismo — sem ser superado — deu lugar a uma subdivisão das elites em dois grupos: um setor de ideais mais liberais, ainda que sem pretensão de tornar-se uma nova burguesia, voltado à exploração do estanho, e vinculado à elite fundiária.

O liberalismo desta elite serviu para abrir os mercados à livre importação de mercadorias e não para estabelecer um projeto industrial e de consolidação de um mercado interno, demonstrando que as elites bolivianas tiveram desde sempre filiação a valores externos ao país.

As conquistas de modernização se deram para facilitar a exportação do minério: a construção de uma ferrovia, a implementação de projetos para eletrificação urbana e o saneamento básico, e o desenvolvimento do telégrafo e do rádio. Tudo isso resultou num desenvolvimento acelerado das cidades, dentro do eixo de municípios relacionados com a exploração e exportação de minerais.

Grosso modo, a mineração e o latifúndio vinculados ao mercado externo foram as bases da economia oligárquica desde a Independência nacional, em 1825, até a Revolução de 1952, e a base na qual se fundamentou a mentalidade das oligarquias bolivianas, combinando a incapacidade de acumular as condições subjetivas para autotransformar-se em plena burguesia nacional e a impossibilidade de adaptar-se às mudanças internacionais ou às demandas locais.

As perdas territoriais que a Bolívia sofreu para os países vizinhos — algumas por acordos internacionais amigáveis —, ao longo do século XIX e na primeira metade do século XX, constituem apenas mais uma prova do descaso com que as elites incorporaram o território nacional. Para a oligarquia, o território nacional, até as primeiras décadas do século XX, não era questão fundamental, senão um *espaço vizinho, concorrente, complementar e não incorporado socialmente* (Zavaleta Mercado, 1986). Esta a essência do modo regionalista de incorporação do espaço.

Dimensão andina

Muito diferente era a lógica como as culturas andinas incorporaram o espaço. Na dimensão andina, a terra seria parte de uma razão ecológica que compreende as montanhas dos Andes e seus *contornos de suporte, i.e.*, as regiões costeiras do Pacífico e dos vales. A reciprocidade territorial e o controle vertical dos pisos ecológicos eram a base da compreensão da unidade social e política do sistema andino, em que um espaço não poderia ser concebido sem o outro. Nessas comunidades, o ato coletivo originário girava e se estruturava política, social e culturalmente em torno do território, que iria predominar sobre qualquer dimensão temporal.

Durante a colonização espanhola, essa dimensão não foi substituída, a não ser, relativamente, nas minas, e nas regiões nas quais surgiu o latifúndio. Nesse contexto, as comunidades indígenas permaneceram como residindo num país diferente, ocupando o mesmo território com as oligarquias, mas de modo *subterrâneo*[4] e à espreita do momento de recuperar seu espaço e suas terras. As grandes mobilizações indígenas, desde a colônia e posteriormente até a Revolução, deram-se nessa perspectiva, pela devolução de terras e contra as formas coercitivas que obrigavam o indígena ao trabalho na mina e nas fazendas.[5]

As revoltas indígenas não eram nem sincronizadas nem centralizadas e, geralmente, ocorriam pela irrupção violenta de multidões invadindo as fazendas ou as cidades para sitiá-las. Nessas revoltas, os índios constituíram seus métodos de organização e ação coletiva e suas formas de confronto que de alguma forma ainda hoje são constantemente utilizados.

---

[4] A *nação subterrânea* surge ante o *estado aparente*, que não se apropria de seu território, não incorpora sua população e usa de modo aparente um poder político. A *nação subterrânea* é a que existe no real, que sitia o estado aparente e que, principalmente, exerce no seu próprio território e na sua própria nação, com sua própria lógica de produção agrícola, seus sistemas particulares de autoridade e de modos de organização social. O conceito é cunhado por Zavaleta Mercado (1986).

[5] O sistema mais comum de submissão ao trabalho forçado nas minas era o *cuatequil* ou *mit'a*, que forçava o trabalho assalariado. Nas fazendas, o uso da força de trabalho na terra era servil, ao passo que nas casas havia o *pongueaje*, no qual o camponês trabalhava gratuitamente para o dono da fazenda. Além deles, como força de trabalho havia os *mingas*, índios livres que se empregavam voluntariamente, e os *ccajchas*, que por conta própria se subordinavam comercialmente ao capital. O *pongueaje* e a *mit'a* eram as formas mais utilizadas.

Desde a colônia, várias foram as ocasiões de irrupção violenta da multidão de indígenas. Dois momentos são de fundamental importância nessas mobilizações: em 1781, o cerco à cidade de La Paz e de várias outras províncias do departamento por mais de três meses, sob a liderança de Túpac Katari, e que pareceu, por um momento, que levaria à ocupação da cidade e, logo, à retomada do poder. Em 1899, outro levante, liderado por Zárate Willka, manteve um cerco à cidade de La Paz, durante a Guerra Federal entre conservadores e liberais, marcando o fim do domínio da elite da prata.[6] O importante nessas ocorrências é que elas potencializaram tanto a aquisição de um caráter de *classe* quanto a possibilidade de esses grupos irem assumindo tarefas históricas, mesmo que de modo não consciente, de determinar o futuro e o tipo de sociedade em que iriam viver.

Desse modo, durante o século XIX, a ameaça do *assédio dos índios*, caracterizada pelo cerco às cidades, foi uma preocupação constante da oligarquia, que chegou a se converter num mito, a ponto de os indígenas se tornarem o único grupo social realmente temido pela oligarquia.

O assédio índio às cidades atualmente é o método mais efetivo que as comunidades rurais encontraram para pressionar as autoridades locais ou nacionais e para ver realizadas suas demandas.

Decadência da oligarquia

O período entre a Guerra Federal de 1899 e a década de trinta, conhecido como "pax liberal", caracterizou-se por uma estagnação econômica e um cisma no núcleo oligárquico, assinalando uma inevitável decadência da classe. A economia, basicamente apoiada na extração mineral, impediu a ampliação produtiva para outras áreas ou para o setor industrial. Por outro lado, um crescente desgaste da oligarquia causado por lutas internas obrigou, em diferentes ocasiões, as facções oligárquicas a considerar e incorporar os indígenas no quadro político das alianças, como no caso da Guerra Federal. O momento decisivo desse conflito deu-se em razão do apoio indígena aos liberais.

A derrota do país em duas guerras contribuiu finalmente de forma

---

[6] Sobre os levantes de Katari e Willka, ver mais em Zavaleta Mercado (1986), Guzmán (1990) e Klein (1991)

decisiva para o desmoronamento da oligarquia. Primeiro, foi a derrota da Guerra do Pacífico, em 1879, quando o país perde acesso ao mar, e depois, o fracasso da guerra do Chaco, em 1935, contra o Paraguai — então o país mais pobre da região —, a quem a Bolívia declararia guerra mas não conseguiria derrotar.

O Chaco simboliza mais que a fragilidade de um projeto estatal. A derrota e a perda do território do Chaco desencadearam nas colunas do exército as bases contemporâneas do nacionalismo boliviano, uma vez que, no cenário da guerra e na centralização das ações pelo exército, juntaram-se pela primeira vez os setores dispersos da sociedade, que comportavam a essência da nação: a pequena burguesia urbana, os artesãos, os camponeses e os mineiros.

Diferentemente do que ocorreu na Guerra do Pacífico, quando a participação estatal e a convocação social boliviana foram escassas, para o Chaco acudiu gente de todos os cantos do país, que se reuniu e se reconheceu como pertencente a um mesmo território que precisava ser defendido.

Por isso, a guerra, mais do que a derrota do Estado oligárquico, significou o encontro das massas dispostas a construir um sentimento nacional a partir da única instituição centralizadora que era o exército. No sufoco da guerra, pela primeira vez, encontraram-se camponeses-índios de todas as regiões ao lado dos setores politicamente mais estruturados do país, podendo as classes marginalizadas desenvolver uma consciência da própria marginalidade e das possibilidades de ação coletiva contra a *antinação oligárquica*. A guerra foi um momento de transição e de nacionalização efetiva de suma importância. Nacionalização porque todos os segmentos sociais abandonaram temporariamente o sentimento de não-pertença à nação, atendendo ao apelo da unidade, e respondendo não passivamente aos acontecimentos.

Os primeiros efeitos no plano político foram praticamente imediatos: desarticularam-se os partidos tradicionais e surgiram opções mais modernas, com matizes que abrangiam desde tendências marxistas até facções fascistas. Entre essas alternativas, a mais consistente e duradoura foi o *Movimiento Nacionalista Revolucionario* (MNR), que aglutinou, num partido, setores do operariado mineiro, camponeses, a pequena burguesia urbana e as tendências mais progressistas do exército.

O MNR é, sem dúvida, o partido de maior importância na história da república, até o final do século XX. Sua capacidade para canalizar num discurso contemporâneo as repercussões da falência do Estado oligárquico permitiu congregar as principais tendências e aspirações do momento, para as quais a sua relação com o exército foi fundamental. Ao mesmo tempo, fez das novas zonas classistas de operários e camponeses o suporte do movimento e o equilíbrio de forças civis em oposição ao exército.

O MNR articulou a base de um novo projeto histórico, de um Estado burguês apoiado num setor militar e em outro civil, coordenados sob um núcleo de intelectuais urbanos, de origem pequeno-burguesa, que assumiu para si as tarefas da modernização nacional. Esse grupo, deve ser lembrado, tinha origem elitista, pois era parte de um setor "deserdado da velha casta oligárquica" (Zavaleta Mercado, 1986) e que, por não acreditar nela, pretendia substituí-la.

O período de reacomodação das forças sociais, a saber, o pós-guerra e a pré-Revolução, pode ser caracterizado como um momento de incerteza causado pela efervescência dos sentimentos nacionalistas e as contínuas tentativas de virada dos acontecimentos por parte da oligarquia. O momento de maior tensão do ressurgimento oligárquico foi em 1946, quando o presidente Gualberto Villarroel, militar progressista apoiado na estrutura partidária do MNR, é derrubado violentamente do governo num golpe de Estado e assassinado em praça pública.

O assassinato exemplar de Villarroel trazia uma mensagem para os nacionalistas, e principalmente para as massas indígenas, que nesse intervalo começavam a constituir as formas embrionárias de organização do movimento camponês boliviano. Assim, por exemplo, em 1945, com apoio do governo Villarroel e com uma organização rural incipiente, os índios convocaram o I Congresso Indígena, na cidade de La Paz, alcançando conquistas significativas como a legalização dos sindicatos camponeses, a supressão do trabalho gratuito no latifúndio e o reconhecimento tácito de seus direitos, além de ser considerado um aliado político potencial dos partidos emergentes.

É um processo em que o indígena vai assumindo um novo perfil, híbrido de classe e raça, isto é, de *camponês-índio* com nova identidade que o acompanhará no futuro. A denominação "camponês-índio" sempre esteve destituída de qualquer conteúdo classista, tanto para os índios, quanto para os nacionalistas. Para os primeiros, porque se consideravam *raça* e não *classe*, e embora se organizassem em sindicatos, a instituição apenas era o instrumento de diálogo mais efetivo que eles haviam conseguido para a conquista de seus direitos, e que eles poderiam utilizar como forma de articulação externa, pois, internamente, a organização dos camponeses continuaria acontecendo sob os princípios da lógica comunitária. Para os nacionalistas da cidade tampouco havia pretensão de reconhecer o índio como camponês no seu conteúdo de classe. O MNR, ao considerar este grupo social como *camponeses-índios*, propunha não a integração de uma *classe* marginalizada num projeto nacional, mas um aliado da Revolução.

Embora as ações de Villarroel também carecessem de conteúdo classista, a transformação histórica dos camponeses-índios, as reformas estatais nacionalizadoras e a mobilização social geral pareciam situações suficientemente ameaçadoras para as oligarquias. Nessas circunstâncias, as oligarquias articularam uma última reação de repressão e desespero, que duraria ainda seis anos banhados de violência: o setor conservador do exército foi reorganizado e retomadas as antigas condições de exploração do trabalho servil.

Entretanto, a breve permanência do MNR no poder com Villarroel transformou-se em experiência suficiente para o *Movimiento* perceber que as oligarquias eram realmente vulneráveis e comprovar que as bases do novo Estado estavam já conformadas pela participação dos setores mais progressistas do exército e pela organização popular.

Para se contrapor à ala pró-oligárquica do exército, era algo fundamental organizar dentro do MNR o movimento camponês heterogêneo e os operários mineiros. Não é difícil entender os motivos: os camponeses constituíam a população mais densa do país, ao passo que os mineiros haviam já desenvolvido certos fundamentos de consciência de classe, e haviam acumulado uma história na luta contra o núcleo do Estado oligárquico.

A classe operária mineira foi uma aliada central e de maior importância para o *Movimiento*. Foram várias as articulações do MNR para organizar o operariado num programa de ideologia burguesa. Pela participação ativa do *Movimiento*, canalizaram-se os êxitos de *Pula-*

cayo[7] e impulsionou-se a organização da *Federación Sindical de Trabajadores Mineros de Bolivia* (FSTMB) como instrumento de articulação e controle das ações dos mineiros.

O movimento operário, por sua vez, incipiente ainda no seu conteúdo classista, também se instrumentalizou da burguesia, para a sua organização, num movimento revolucionário mais amplo.

Desse modo, tanto para as lideranças do MNR quanto para o proletariado, a articulação no *Movimiento* respondia a interesses mútuos. No caso dos operários, cientes ou não, entrar no movimento foi a oportunidade de interferir na política nacional, assim como de encontrar na *Federación* um instrumento de classe e de transformação de vanguarda sindical dos trabalhadores, vanguardismo que se prolongou concretamente até a década de 1980.

Essa era a alternativa política que vinha consolidando-se nos anos anteriores à revolução. Uma nova subjetividade coletiva estava amadurecendo em todos os setores progressistas do país, de modo que, em 1952, as condições estariam dadas para a Revolução Nacional, caracterizando novo *momento constitutivo* da história boliviana.

Em 1949, o núcleo democrático-burguês apoiado no proletariado iniciou uma guerra civil numa mobilização que foi ganhando corpo em fatos que, pela primeira vez, não eram meramente regionais, mas que atingiam toda a nação.

De fato, foi pela iniciativa e a atuação do operariado mineiro que a Revolução alcançou seus limites em 1952. O proletariado mineiro sempre ocupou lugar privilegiado na economia nacional, tendo oportunidades de adquirir um adensamento de experiências e autoconhecimento para gerar uma consciência de classe, e projetá-la em direção aos outros setores da sociedade.

---

[7] Os seis anos que antecedem a Revolução caracterizam-se pela mobilização mineira em torno de consignas que afluíram nas *Tesis de Pulacayo*, em 1946. As teses, documento programático de maior importância para o movimento proletário, discutem as perspectivas da Revolução e da ditadura proletária num país atrasado como a Bolívia. Também é um texto que traduz um dos momentos mais altos da influência trotskista no proletariado (Lora, 1983). Embora os fundamentos das teses tenham sido assinados pelos operários, o documento não foi suficiente para que os trabalhadores assumissem a tarefa da estruturação de um partido político próprio. Pelo contrário, a identificação da classe com os ideais nacionalistas e com o partido da pequena burguesia transformou as *Tesis de Pulacayo* numa proposta ousada, mas distante do proletariado.

Esta última afirmação leva-nos a reconhecer a importância do percurso do proletariado mineiro como classe constitutiva do novo Estado, num contexto amplamente atrasado de desenvolvimento econômico e político geral da sociedade boliviana. Deve-se destacar, assim, a falta de correspondência — na realidade, necessária — entre os indicadores do desenvolvimento nacional e o grau de autoconhecimento e crescimento político dos operários. Por outro lado, é importante indagar até que ponto o campesinato se constituiu numa classe receptora das ações do proletariado mineiro ou se ele gerou sua própria acumulação de classe, a partir da sua situação servil nas fazendas e nos contínuos levantes pela defesa das suas terras comunitárias e contra formas de produção.

Para tratar da acumulação histórica no seio do campesinato indígena, precisamos entender primeiro a importância da Revolução Nacional como constitutiva da condição moderna boliviana e da formação das suas classes nacionais.

Revolução Nacional

Afirmou-se que a Revolução Nacional de abril de 1952 foi o resultado da acumulação de determinações políticas e sociais trabalhadas a partir de um núcleo intelectual pequeno-burguês, apoiado em setores populares, e do exército. Na base popular, o proletariado foi o setor mais atuante e o motor da Revolução. Enquanto o campesinato conquistava suas demandas por terras, para estabelecer-se após como futura base conservadora do Estado, o proletariado dava o conteúdo classista ao *Movimiento*, impondo os alcances das transformações e mostrando as contradições da Revolução.

A revolução boliviana concretizou-se com um duplo objetivo: reforma agrária e nacionalização das minas. Para tanto, "levou a cabo a dissolução do Exército tradicional, substituído por milícias de trabalhadores do campo e da cidade, alterando, assim, radicalmente a forma do Estado boliviano, com a participação de conselhos de trabalhadores" (Sader, 2000, p. 101) e consolidando a democracia representativa mediante o voto universal.

Tendo em vista as transformações nas relações de produção, a incorporação de populações e de novos setores de classes emergentes, as transformações no interior do Estado e a adoção das formas modernas de democracia, a Revolução Nacional é um verdadeiro *momento constitutivo* na história contemporânea boliviana. Surge como resultado de um vazio hegemônico que a derrota do Chaco evidencia, e também pela predisposição ideológica gerada a partir da guerra em todos os setores sociais, como vontade de constituir uma nova forma estatal e uma nova hegemonia.

A Revolução é o momento fundador de uma nova base de consenso a partir de um programa e de uma ideologia nacionalistas. É a origem de um novo projeto de Estado autônomo, capaz de assumir as diretrizes da economia nacional, e de promover a forma moderna da democracia pluralista e dos valores condizentes com um Estado de Direito.

Cada sujeito novo teve seu papel histórico na Revolução: os proletários, porque carregaram nas costas a Revolução e lhe deram o fundo classista; a pequena burguesia, porque assumiu a liderança e as transformações do processo como nova burguesia; o setor progressista do exército, porque personificou o pensamento nacionalista e destituiu o segmento conservador da instituição; e os camponeses porque, por meio da Reforma Agrária, incorporaram-se ao projeto revolucionário e destituíram, junto com o proletariado, a elite oligárquica.

A mobilização de abril de 1952 foi um episódio multitudinário. Por isso, se afirma que o grande acontecimento da Revolução foi a *irrupção das massas*, porque, em atuação conjunta, todos os setores emergentes da sociedade fizeram os fatos de abril de 1952 se transformarem em acontecimentos realmente nacionais.

A *massa* a que nos referimos aqui era o conjunto das classes médias urbanas — artesãos, *lumpen*, estudantes e pequena burguesia —, unidas em torno do proletariado. Apesar de a pequena burguesia ter sido a classe que convocou a mobilização, foram os mineiros que deram à ação a magnitude de fato consumado. No campo, os camponeses-índios consolidaram a Revolução, organizados também em milícias, na ocupação das terras do latifúndio.

A Revolução Nacional de abril de 1952 foi consolidada sob a ação do movimento popular de maior envergadura da história boliviana, cujo eixo foi o proletariado, a elite pequeno-burguesa e o setor progressista do exército.

Vejamos, entretanto, qual foi o papel desses setores, na construção da nova forma estatal, pois no *Movimiento*, como numa frente ampla, cada setor buscava objetivos diferentes.

Limites intelectuais da pequena burguesia

A pequena burguesia foi a classe que convocou a mobilização contra o Estado oligárquico e canalizou as forças sociais emergentes por intermédio do partido e após a Guerra do Chaco. Socialmente, o núcleo pequeno-burguês não estava constituído por elementos totalmente distintos, na origem, das elites oligárquicas. Embora formasse parte do contorno de suporte social urbano da oligarquia, por não estar diretamente vinculado à economia mineira ou ao latifúndio, esta pequena burguesia era historicamente o segmento da elite deserdado do poder.

No MNR, a pequena burguesia viu a oportunidade de aceder ao poder, sem por isso chegar a conceber um programa de transformação radical do antigo regime. Os intelectuais do movimento queriam apenas deter nas mãos o velho aparato estatal, ainda que ampliado e independente das relações anteriores.

Foi a irrupção das massas na mobilização, com iniciativas próprias, que fez a elite do MNR assumir a liderança da Revolução até seus limites. De fato, por um momento, havia-se pensado dentro do núcleo *emenerrista* que, ou assumia as tarefas da Revolução ou, dada a força do proletariado, presenciaria a transformação do movimento numa Revolução para além da democrático-burguesa.

O problema para o núcleo emenerrista estava posto nestes termos: embora a liderança do MNR percebesse a necessidade de modernizar o Estado e transformar a estrutura social e política nacionais, ela não reunia as condições subjetivas para construir esse projeto ou um programa de classe burguês, simplesmente porque não estava preparada para chegar até onde a revolução apontava. A mentalidade oligárquica havia contagiado a elite do MNR com a falta de ambição e disposição para uma reforma intelectual, assim como para uma revolução burguesa no interior de um Estado sem processo industrial iniciado, sem mercados constituídos e com limitados recursos no tesouro nacional. Desse modo, a Revolução Nacional iniciou seu programa de renovação com limitados objetivos e programas difusos.

A estatização das minas foi a base de todo o programa *nacionalista* e alternativo à dependência econômica e ao atraso das forças produtivas no país. O eixo da modernização econômica apoiou-se num projeto de diversificação agrícola e de colonização ou abertura de fronteiras agrárias, que apenas adaptava uma proposta antiga dos Estados Unidos feita para os governos pré-revolucionários.

À medida que o Estado se fortalecia, por outro lado, foi transformando-se em presa cobiçada da nova elite burguesa. A distinção entre o partido e os grupos de interesse, nesse contexto, foi crescentemente diluída numa rede de intercâmbio de favores e de relações clientelistas, que aos poucos se tornaram as práticas mediadoras mais comuns utilizadas pelo MNR para sustentar suas relações com as bases sindicais.

E se num momento inicial permitiram-se alianças interclassiais no Estado, posteriormente verificou-se que por meio delas era possível evitar temporariamente a rearticulação dos setores mais reacionários do exército.

Contradições do novo Estado

Pela grande participação do proletariado mineiro e pela sua capacidade de irradiar suas ações para além da própria classe, a mobilização assumiu um caráter espontâneo, extrapolando as expectativas do MNR.

A força dos mineiros estendeu-se não somente aos sindicatos, mas também ao poder estatal, eliminando a influência econômica e política das oligarquias, impedindo que a mobilização se transformasse em mais um golpe de Estado.

Apesar do papel protagonizado pelos mineiros, entretanto, a Revolução não se configurou como luta proletária porque faltou também um projeto de classe por parte dos trabalhadores, uma vez que eles, sem superar a fase de formação sindical, não conseguiram transformar-se num partido proletário.

As condições em que os mineiros entraram no novo Estado estavam então impregnadas da tradicionalidade marcante da heterogeneidade dos tempos e das classes incompletas na Bolívia. Nesse contexto, os mineiros endossaram sem dificuldade as diretrizes pragmáticas do *Movimiento Nacionalista Revolucionario* entregando o poder ao líder do partido,

Víctor Paz Estenssoro, e assimilando as práticas crescentemente clientelistas do partido. De forma semelhante, na liderança do sindicato, os operários incorporaram um elemento estranho à classe, Juan Lechín Oquendo,[8] que, na condição de membro do *Movimiento*, se transformou no instrumento de diálogo e de negociação dos proletários com a burguesia no poder, e com o MNR.

O prestígio do *movimientismo* dentro do proletariado mineiro havia-se construído desde o Chaco, sendo quase instintivo que os trabalhadores vissem a elite *emenerrista* como aliada política natural, e aceitasse, sem questionamentos, a coexistência com eles no poder.

Durante a primeira fase do governo revolucionário, a força do movimento proletário impôs a existência de um co-governo entre os *emenerristas* e a *Central Obrera Boliviana*,[9] a COB. Foi o momento da decretação da nacionalização das minas e da reforma agrária. Mas à medida que a elite *movimientista* foi se firmando com seu programa limitado de democracia populista, transformando o Estado segundo suas aspirações de classe, a estrutura do poder precisou ser centralizada no núcleo burguês. A presença do proletariado adquiriu, então, uma característica de poder paralelo incômodo.

Ainda durante a reestruturação produtiva, foram inevitáveis a crise recessiva e a explosão inflacionária[10] que contribuíram para piorar o quadro da crise geral e para manifestar a divergência de interesses entre os

---

[8] A aproximação de Lechín com os proletários aconteceu durante a década de 1940, quando, na situação de prefeito de um centro mineiro, apoiou os mineiros numa mobilização contra os donos das minas. Sua influência e liderança foram de uma magnitude tão importante no movimento mineiro e na Central dos Trabalhadores, que se constituiu como liderança inconteste do movimento, e sua direção se arrastou até o final da década de 1980. Paradoxalmente, a influência de Lechín no movimento de trabalhadores não conseguiu impulsionar sua candidatura à presidência, convertendo-se num líder histórico da oposição.

[9] A COB, fundada em 1952, pouco depois do triunfo da Revolução Nacional e a partir das *Tesis de Pulacayo*, foi o instrumento unificador dos sindicatos bolivianos sob a direção de Juan Lechín Oquendo. Entre 1952 e 1958, a COB manteve-se sob controle do MNR.

[10] As transformações revolucionárias provocaram profundos desajustes no sistema monetário e uma grave inflação que desvalorizava diariamente a moeda nacional. Entre 1954 e 1956, a inflação ficou acima de 900% anuais, provocando um efeito devastador nos segmentos urbanos. Paralelamente, a desestruturação dos mercados regionais e rurais após a reforma provocou o desabastecimento das cidades. As classes médias culparam imediatamente o campesinato pela falta de condições para substituir a produção oligárquica.

componentes da aliança revolucionária. A coexistência dentro do Estado foi ficando inviável. No choque inevitável de interesses, o proletariado voltou a acionar as formas conhecidas de pressão da sua organização sindical, até que a mobilização explodiu na forma de greves gerais, de acusações mútuas e de clima intolerável de instabilidade política. As classes médias urbanas começaram então a pressionar o governo por uma abertura econômica e política do país.

Na emergência de uma crise maior, a solução que o *Movimiento* encontrou foi apelar à elaboração de medidas de curto alcance e de fácil execução, destinadas a canalizar as demandas imediatas da sociedade. Paralelamente, o MNR ratificou a figura popular de Paz Estenssoro como líder indiscutível da Revolução.

O modelo de desenvolvimento nacionalista, executado de forma emergencial durante a crise, baseou-se num esboço de abertura de novas fronteiras agrícolas. A substituição de importações e a construção de um mercado interno foram subordinadas ao programa agrícola de colonização. Construíram-se estradas e criaram-se programas de extensão rural com apoio técnico para uma agricultura extensiva. Finalmente, expandiu-se a extração e a indústria do petróleo tendo em vista a diversificação produtiva, introduzindo-se um novo item de exportação. A posição *agrarista*, por muito tempo, foi a única proposta da Revolução para o desenvolvimento econômico interno e para a contenção social.

De fato, para um projeto dessa envergadura não era preciso realizar uma Revolução. Um projeto que não inclui o desenvolvimento de uma burguesia industrial não precisaria acabar com as relações produtivas oligárquicas e seu conteúdo pré-burguês. A hipótese *zavaletiana* de que a Revolução não estava no programa da pequena burguesia se confirma pelo conteúdo conservador e atrasado da nova elite burguesa boliviana, que permite, mesmo após a Revolução, a recomposição oligárquica com seus valores xenófilos, de prestígio de casta e de desprezo pelo conteúdo índio da história nacional.

É o *agrarismo* boliviano e a mentalidade oligárquica da classe chamada a compor a nova burguesia que determinam o destino limitado e a situação de economia de enclave tipificada nos estudos dependentistas sobre a Bolívia. Sendo assim, apesar das pressões imperialistas, foi a mentalidade atrasada das elites bolivianas que atuou decisivamente nos momentos fundadores da história do país, conspirando contra a nação. A recomposição da mentalidade oligárquica impediu o desenvolvimento das forças produtivas e impôs a prolongação da coexistência desarticulada de tempos históricos distintos. Mas também a falta de um programa de classe no proletariado delegou à elite pré-capitalista a iniciativa do processo.

Paralelamente, o destino agrário do país reteve nas áreas rurais a maior parte da população camponesa, adiando a migração para as cidades e os inchaços urbanos típicos das sociedades industrializadas, formando a base do que será no futuro o movimento camponês.

Aos poucos, a Revolução Nacional mostrou mais claramente as conseqüências da falta de programa: pagou indenizações aos investidores estrangeiros pelas empresas nacionalizadas, assinou acordos de cooperação com os Estados Unidos para apoio técnico e inovação de tecnologia, aceitou a participação norte-americana na reorganização e treinamento do exército e acatou as fórmulas de administração da crise e da inflação impostas de fora.

Em troca, no plano político, os Estados Unidos exigiram uma postura mais clara em relação à emergência de células comunistas no país e na América Latina e maior autonomia do governo em relação ao proletariado. Exigiu-se a retomada do controle do partido sobre os sindicatos mineiros e a reorganização da *Corporación Minera de Bolivia* — Comibol —, a fim de coordenar e reativar a produção do setor, como também de inibir a mobilização dos trabalhadores. Finalmente, exigiu a militarização das minas para garantir o controle da produção.

Na década de 1960, a Revolução boliviana entrou na fase claudicante do nacionalismo. A euforia que surgira na Guerra do Chaco, nesta altura — vinte anos mais tarde — ou já tinha desaparecido da mentalidade das elites governantes, para abrir as portas a negociações com capitalistas internacionais, ou tinha adquirido contornos chauvinistas insustentáveis.

Durante o governo de Hernán Siles Zuazo (1956-1960) — primeiro presidente eleito após a Revolução — a tendência à diluição das bases do nacionalismo com os Estados Unidos tornou-se mais acentuada, bem como se reforçou a necessidade de controlar o movimento popular a partir do setor mais reacionário e menos nacionalista das Forças Armadas, a aeronáutica. Finalmente, com o amparo dos militares e do apoio externo, a base do governo deixou de ser o proletariado para ser a classe média urbana conservadora.

Quanto ao campesinato, como veremos adiante, após a recuperação e a partilha das terras do latifúndio, este assumiu uma posição também reacionária e de participação menos ativa na defesa da Revolução.

Volta dos militares conservadores

À medida que a Revolução assumia o caráter limitado da sua burguesia, a frente democrática foi manifestando também a diluição dos ideais nacionalistas e da coesão partidária.

Em 1960, no processo eleitoral, pela primeira vez o MNR apresentou-se dividido em duas correntes de tendências opostas: de um lado, o setor mais à esquerda do partido, com Paz Estenssoro no comando e Lechín na vice-presidência, e com o apoio dos mineiros na base; do outro lado, o setor da direita, com o *emenerrista* conservador Walter Guevara Arce.

Ganharam as tendências de esquerda, no entanto, o segundo governo de Paz não foi muito diferente do mandato de Siles. No meio de uma grande crise e convulsão social, Paz limitou-se a endossar as diretrizes de desenvolvimento norte-americanas e a controlar a crise revolucionária com repressão ao movimento operário, apoiado pelo governo dos Estados Unidos e por um exército reorganizado. A sociedade e os sindicatos dividiram-se em posições que refletiam a cisão dentro do MNR. Era-se pró ou contra o governo.

Nesse contexto, a convulsão social foi maior e a presença do exército fez-se cada vez mais decisiva na governabilidade. O MNR formalizou, então, a incorporação no partido e no governo, do que chamou a "célula militar" do MNR. Desde a Revolução, o braço repressivo do Estado correspondia às milícias de proletários e de camponeses. Estas tiveram de ser agora desmanteladas.

Em 1964, quando chegou o momento de convocar as novas eleições, o perfil do MNR era o dos candidatos conservadores e das Forças Armadas. Paz Estenssoro, acatando o novo quadro de forças políticas, apresentou sua candidatura ao lado da de René Barrientos Ortuño, chefe da "célula militar" do MNR. A incorporação do exército no governo, a partir desse momento, será um componente constante até a década de 1980.

De início, o exército chegou ao poder pelas vias regulares das eleições e levantando as bandeiras do nacionalismo recuperado. Imediatamente, porém, Barrientos buscou a via do autogolpe para firmar a presença das Forças Armadas no governo e cercear a mobilização popular. Nessa nova fase, com o assessoramento político dos Estados Unidos, Barrientos iniciou um programa de abertura de mercado e uma nova aliança popular, desta vez com o campesinato.

Limitado intelectualmente e com uma trajetória nacionalista duvidosa, Barrientos era, no entanto, brilhante na capacidade de canalizar as forças sociais do momento, isto é, de atrair os setores do campesinato e das classes médias urbanas irrequietas com a crise *movimientista*.

A ideologia não nacionalista de Barrientos, no que chamou de *Restauración*, foi delineada durante sua formação militar. Como integrante da Força Aérea Boliviana, setor militar menos participante no Chaco, Barrientos não se impregnou do nacionalismo revolucionário. Pelo contrário, cultivava abertamente um sentimento simpático ao império do Norte. De fato, foi lá, nos Estados Unidos, que realizou uma parte importante da sua carreira e iniciou a sua filiação doutrinária.

No poder, Barrientos encarnou sem limites a figura do homem decidido e corajoso, num momento em que as classes médias ansiavam por uma autoridade rigorosa que "ordenasse a casa". Suas práticas populistas dirigiram-se especialmente aos camponeses, base do seu governo, em programas como a *Acción Cívica*.[11] Com um carisma de caudilho — *"máximo líder de los campesinos"* — e o domínio do idioma nativo, conseguiu que o núcleo de resistência mais organizado do campesinato, o cochabambino, fosse o principal agente político e de apoio ao seu governo, inaugurando assim o Pacto Militar-Camponês.

A fome de poder de Barrientos e a determinação com que administrou a crise estenderam o receituário norte-americano além do exigido, tanto no plano econômico e de abertura dos mercados, quanto na repressão aos movimentos sociais. Durante seu governo aconteceram os mas-

---

[11] O *Plan de Acción Cívica* das Forças Armadas era parte do programa de cooperação do governo dos Estados Unidos. Consistia na construção de estradas, postos de saúde e escolas nas zonas rurais. A *Acción Cívica* claramente continha um projeto de desarticulação dos sindicatos emergentes no campo por meio do clientelismo. Durante o governo de Barrientos, o movimento camponês converteu-se numa organização articulada em torno do governo e formou a base social da *Restauración* (Albo & Barnadas, 1984).

sacres de maior envergadura contra os proletários mineiros, na década de 1960, assim como o engajamento ativo no assassínio de Che Guevara.

Nada disso teria sido possível não fosse a filiação da burguesia às determinações externas e o refluxo dos proletários presos na armadilha que ajudaram a construir no *Movimiento*. Mas é necessário ressaltar também o apoio camponês que, por meio de suas lideranças, tinha, a essa altura, assimilado mais do que nenhum outro setor social as práticas clientelistas do MNR e a política reacionária militar. O Pacto Militar-Camponês foi a base do Estado mais reacionário, pós-Revolução, que vigorou por mais de uma década, até o final do governo de Bánzer.

É desse setor — dos camponeses — que vamos tratar no próximo capítulo.

Capítulo 3
CAMPONESES-INDÍGENAS
NA BOLÍVIA

> Ainda não tivemos contato com os camponeses. . .
>
> — *Diário de* CHE GUEVARA

AFIRMA-SE QUE, À EXCEÇÃO DO CAMPONÊS QUE QUERIA a devolução de suas terras comunitárias, para nenhum outro setor do movimento revolucionário estava claro o que se buscava uma vez no poder.

Há uma controvérsia histórica quanto à participação das *classes nacionais* na Revolução de 52 e que confere ao campesinato a posição de "classe receptora" da Reforma Agrária, ao passo que os proletários representariam a "classe doadora". De fato, tal lineamento enquadra-se num dogmatismo teórico que combatemos.

O campesinato-indígena tem sua própria acumulação histórica, que se construiu por meio de revoltas e levantes violentos contra as formas coloniais e oligárquicas de exploração.

Ele toma contato pela primeira vez com uma forma rígida e distinta de organização na Guerra do Chaco (1931-1935), quando descobre um território nacional e agrega às suas demandas repertórios até então não conhecidos. É da guerra que surgem as primeiras lideranças sindicais rurais, as primeiras alianças dos índios com outros setores da sociedade, assim como é no conflito da guerra que se dá seu primeiro contato com o pensamento nacionalista. Para muitos camponeses-índios, a Guerra do Chaco foi a primeira oportunidade que tiveram de sair das suas comunidades e encontrar outros indígenas como eles.

A preocupação com o papel dos camponeses nas lutas revolucionárias, principalmente em países não industrializados, tem sido um assunto instigante para os teóricos dos movimentos sociais rurais. Wolf (1971), por exemplo, constata que as revoluções mais importantes do século XX — mexicana, russa, chinesa e cubana, entre outras — atingiram as transformações estruturais precisamente porque o campesinato assumiu um papel ativo dentro das alianças de forças revolucionárias. É verdade que, no momento da luta, seu objetivo fundamental foi a recuperação das suas terras e que as conquistas revolucionárias, uma vez atingido o objetivo inicial, não os beneficiaram com as transformações gerais. Assim também, a Revolução Nacional boliviana tampouco introduziu profundas reformas modernizadoras no campo: criou poucas escolas, construiu uma reduzida rede de estradas, não projetou nenhum programa de eletrificação, nem elaborou um projeto sanitário rural. O que nos impõe perguntar, novamente, as motivações e objetivos que trouxeram o camponês para a Revolução.

Shanin (1971) apresenta duas tradições interpretativas para analisar essa questão. A primeira afirma que tradicionalmente o camponês não tem papel ativo na Revolução e coloca o proletariado como a vanguarda fundamental e única classe capaz de realizá-la. Essa análise adapta-se à abordagem sobre as contradições e luta de classes em sociedades desenvolvidas. A segunda análise considera o campesinato como fator essencial na luta revolucionária. Essa tradição de interpretação refere-se, em geral, aos países menos desenvolvidos, onde o campesinato pode não ocupar o lugar do proletariado, mas é muitas vezes parte majoritária da composição de alianças e das forças revolucionárias.

O campesinato boliviano adapta-se a essa segunda linha de análise, uma vez que teve papel ativo dentro do processo revolucionário, como parte do bloco histórico organizado pela nova burguesia.

Marx, em vários estudos econômicos, trata o campesinato como uma forma social pré-capitalista, caracterização clássica, que questiona o grau de consciência cristalizada nos camponeses e regularmente acatada como universalmente aplicável. No *18 Brumário*, no entanto, em que Marx faz uma caracterização de cunho mais social e político, uma visão do campesinato francês de meados do século XIX é apresentada, para explicar o modo como ele se transformou no suporte do regime burocrático e autoritário francês. Nesse trabalho, Marx apresenta a distinção entre *classe em si* e *classe para si*, que permite compreender com maior exatidão o papel histórico dos camponeses. A distinção entre *classe em si* e *para si* faz uma diferenciação essencial entre a situação objetiva de uma classe e a consciência subjetiva dessa situação.

Uma *classe para si* não é algo puramente abstrato, e sim uma *realização* histórica de um segmento social que constrói seus referenciais coletivos com base nas suas lutas. A consciência de classe não está proposta como um fenômeno meramente subjetivo, e sim como algo estreitamente ligado, de algum modo, à organização desse segmento, no caso o campesinato, como classe. Noutras palavras, essa *realização* conjuntural refere-se ao estado subjetivo e difuso como uma classe tem consciência de si própria, dos seus problemas e de seu mundo e, sobretudo, das formas objetivas com que é capaz de se organizar (Dandler, 1984).

É assim que, explorando essa relação entre consciência de classe e organização, Shanin deduz que, pelo fato de os movimentos políticos camponeses lutarem em geral pela terra e não por objetivos políticos mais amplos, suas metas se limitam a seus problemas cotidianos, sem maior preocupação com questões ideológicas de longo prazo, determinando um grau de consciência de classe menos cristalizado e uma organização política precária em comparação com o proletariado. Hobsbawm (1973) complementa afirmando que o campesinato depende de uma liderança não camponesa na sua articulação de poder no plano nacional, o que amplia novamente a controvérsia sobre o papel — ativo ou não — do campesinato nos movimentos revolucionários.

Tentaremos responder então com a análise do caso boliviano.

A Reforma Agrária, um dos pilares da Revolução e que incorpora a principal reivindicação dos indígenas bolivianos — a recuperação das terras — não era prioridade *movimientista*, pelo menos inicialmente. O eixo da disputa para a pequena burguesia do MNR estava no que ela denominava o *Estado mineiro*. Para o MNR, uma proposta de reforma na estrutura agrária desencadearia uma disputa indesejável com um setor nacionalista do latifúndio, o protecionista, aliado importante nas ações do movimento.

Os partidos de esquerda, por seu turno, com um projeto revolucionário mais estruturado, assumiam a reforma agrária subordinada ao programa classista da revolução proletária. O campesinato, nessa perspectiva, era um aliado secundário da Revolução.

Por esses motivos, antes da Revolução, a formação de quadros políticos nas áreas rurais não foi uma prioridade de nenhum dos setores organizados contra a oligarquia. Uma avaliação, de fato equivocada, pois desprezava o setor humano mais expressivo numericamente — dois terços da população —, os camponeses-índios que, conquistando suas demandas, poderiam transformar-se numa importante base social do governo, o que efetivamente aconteceu na ditadura militar dos anos 1960 e 1970.

O único partido a penetrar nas áreas rurais para estabelecer contato com as lideranças indígenas foi o *Izquierda Revolucionaria* (PIR). Contudo, a conjuntura internacional[1] induziu o PIR a uma aliança com a oligarquia, comprometendo definitivamente seu programa no campo e sua legitimidade política no país.

Não foi a filiação ideológica dos camponeses-índios que os inseriu no conjunto de forças sociais em movimento, após o Chaco, a grande população dispersa de camponeses, mas suas próprias demandas. Concretamente, a sua luta antes da Revolução, a restituição de suas terras e o direito ao trabalho não obrigatório nas fazendas, visava apenas retornar à condição anterior de comunidades. Nesse contexto, como *nação subterrânea*, os camponeses-índios entram na mobilização com o mesmo componente conservador e de resistência com que secularmente se opuseram à invasão de suas terras comunitárias. O que não permite concluir que o camponês-índio não tivesse sua própria acumulação, capaz de se adaptar aos novos tempos revolucionários e exigir do Estado a defesa de seus direitos e a devolução de suas terras sob o novo conceito da *Reforma Agrária*.

Em algumas regiões, a partir da experiência recebida dos mineiros, a organização camponesa em sindicatos aconteceu já na metade da década

---

[1] Com formação *leninista* e filiação ao comunismo russo, o PIR quis organizar o campesinato antes da Revolução. No entanto, por endossar as tarefas do antinazismo russo, durante a Segunda Guerra, e lutar abertamente contra o nacionalimo do MNR e de Villarroel, aliando-se ao setor mais conservador da oligarquia, esse partido não conseguiu penetração entre os camponeses. Pelo contrário, o PIR acabou angariando repúdio: Villarroel, que tinha decretado o fim do trabalho servil e criado as condições objetivas da organização camponesa no *I Congreso Indigenal*, tinha garantido a fidelidade camponesa até a sua morte. Com o assassínio de Villarroel, "pai dos camponeses", o alinhamento do PIR com a oligarquia foi interpretado como uma traição ao campesinato, já que, nos anos seguintes, os decretos de Villarroel foram abolidos e os índios retornaram a sua condição prévia de servidão e humilhação.

de 1940. Foi o caso do vale de Cochabamba, em que o sistema patronal estava mais deteriorado e, portanto, os sindicatos se desenvolveram com força, uma década antes da Revolução. Nos vales, o sistema de fazenda foi constituído antes que em outras partes, portanto, era onde se exerciam as formas mais antigas de exploração servil. O confronto com os índios havia desgastado mais o latifúndio e fortalecido a organização camponesa. Em outros locais, a forma comunitária resistiu e persistiu nos padrões historicamente estabelecidos, como no caso de amplas regiões do Altiplano aimará, cuja organização permaneceu praticamente inalterada até 1952.

Participação dos camponeses no Movimento Revolucionário

Desde a proclamação do estatuto da Independência, as principais causas da mobilização dos indígenas foram o avanço do latifúndio sobre as comunidades e as formas de exploração praticadas, dentro das fazendas — com o trabalho servil —, e fora delas, por meio do *tributo indígena* que as comunidades eram obrigadas a pagar.

Nessa fase, que durou do século XIX até a Guerra do Chaco, em 1935, as revoltas indígenas tinham um caráter precário de organização e eram, também, ineficazes como mobilização, limitando suas aspirações.

O princípio de *identidade* vinculado à terra, que unificava e articulava de certo modo as comunidades contra os invasores, ratificava também os vínculos comunitários ancestrais. Poucas vezes os índios conseguiram expressar-se como poder, e quando o fizeram, não manifestaram pretensão coerente de poder. As comunidades em ação podiam assustar e sentir que vingavam a raça, mas não traziam consigo uma promessa de futuro, nem tinham capacidade de se coordenar organicamente como nação política.

Foi a partir do Chaco, inicialmente nas fileiras do exército, e depois com Villarroel na organização sindical, que a mobilização indígena assumiu formas de organização diferentes. A guerra favoreceu o estabelecimento de disciplina militar e coletivização, permitiu níveis de identificação e reconhecimento com outras classes, e forneceu uma nova ideologia nacional, mediante um pacto contra a oligarquia. Com Villarroel, eles conseguiram executar pela primeira vez as técnicas de organização nos sindicatos e em alianças classistas, assumindo definitivamente a sua forma moderna, híbrida, de classe com direitos e conteúdos étnicos.

Se antes do Chaco a nação índia tinha resistido apenas pela rejeição à invasão das suas terras, a partir da guerra, começou a agir deixando de ser a nação factual, para ser uma *nação para si*.[2] Passa do país resistente para o país histórico (Zavaleta Mercado, 1990a), que renega as *classes estrangeiras*, que são as oligarquias, e se reconhece na luta, ao lado das *classes nacionais*.

Utilizamos o conceito de "classe" aqui, sem rigor teórico, para expressar os antagonismos da época em que as "classes" — desta vez no sentido mais estrito, *i.e.*, pelo seu lugar no processo de produção e sua história — na Bolívia, eram "classes indefinidas", notadamente a dos camponeses.

O camponês boliviano, mais que as outras classes revolucionárias, foi a síntese das fases históricas que se sobrepuseram sem se articular. O que existe de carga cultural nele anula a pureza do conceito de classe, mas seus interesses antagônicos aos da oligarquia latifundiária que o destitui do seu excedente e o coloca junto aos setores mais oprimidos do país, evidenciam a luta de classes em que se encontra.

Nessa indefinição e no contexto de heterogeneidade, o camponês-índio constitui-se como sujeito político com contradições, capaz de se transformar, por exemplo, em alvo vulnerável de práticas clientelistas do MNR no poder, do paternalismo militar que sela o pacto militar-camponês, do assistencialismo desmobilizador norte-americano ou da atualização de formas caudilhistas e personalistas de suas lideranças.

Malgrado essas mediações que podem construir o temperamento histórico do campesinato, os anos posteriores à Guerra do Chaco foram de aquisição de eficácia organizativa e autodeterminação, o que demonstrou uma capacidade de acumular conhecimentos, de se adaptar e negociar em favor de seus interesses à medida que as condições externas iam tornando-se favoráveis.

Formas modernas de organização e mobilização foram incorporadas, como a greve e a discussão dos seus direitos com base na interpretação de leis e dos novos códigos constitucionais do pós-Guerra. E, pela primeira vez o índio exigiu do Estado a concretização do papel de intermediador entre ele e os patrões.

---

[2] *Nação para si* é a que está sustentada pelos que se identificam com ela, inspirados na busca da afirmação própria e de estabilidade (Ruiz, 1993).

É nesse contexto que se realiza, em 1945, o *I Congreso Indigenal* com demandas de conteúdo cada vez menos locais. Deixam-se de lado, por exemplo, as manifestações contra o abuso no trabalho em determinadas fazendas para afirmar o direito sobre a terra. A construção de escolas, a liberação do tributo indígena e a legalização dos sindicatos refletiam uma heterogeneidade de demandas e de histórias, e também mostravam os graus diferenciados de reforma moral no interior do mesmo setor, bem como a dificuldade de constituir um universo comum entre eles e uma concepção política própria. Um ano mais tarde, num segundo congresso, os indígenas ratificaram sua capacidade de organização e mobilização.

A aparição de dirigentes indígenas de projeção nacional foi um fato de grande importância para a convocação desse congresso e para a mobilização do campesinato, de modo que, no período entre a Guerra e a Revolução de 1952, os movimentos camponeses alcançaram dimensão nacional, relacionados não tanto com a sua unidade ou organização, mas com a multiplicação de ações de luta por todo o país.

A morte de Villarroel, em 1946, e a volta imediata da oligarquia ao poder, causaram uma série de reações na organização camponesa.[3] Numerosos sindicatos formaram-se em algumas cidades, como Cochabamba, facilitando atos importantes de insurgência. Algo semelhante aconteceu em La Paz e, em menor medida, em Oruro, Potosí e Chuquisaca. Nos casos de La Paz e Cochabamba, as lutas não se limitaram à revolta dentro de uma fazenda ou em regiões reduzidas, mas atingiram repercussão no plano provincial, senão departamental.

A organização dessas manifestações não dependia de um comando único, nem tinha uma forma planejadamente coordenada. A natureza, os

---

[3] Após o assassínio de Villarroel e com o retorno da oligarquia ao poder, em clima de tensão e terror entre os camponeses, desencadeou-se uma série de sublevações nos povoados de Churigua (Cochabamba), Tarvita (Chuquisaca) e Topohoco (La Paz), em 1946. Entre janeiro e março de 1947 a mobilização havia-se propagado a Aygachi, Pucarani e Los Andes, em La Paz, e à província de Ayopaya, nos vales altos de Cochabamba. Em Oruro e na região dos vales — em Cochabamba, sobretudo —, somaram-se à mobilização geral os povoados de Eucaliptus, Aroma, Mohoza, Challa, Tapacarí e Arque. Até julho do mesmo ano, a rebelião já atingia as províncias de Ingavi, Pacajes, Los Andes, Larecaja e Yungas, em La Paz; Cercado, em Oruro; San Pedro de Buena Vista, Charcas e Carasi, em Potosí; Ayopaya, Misque, Aiquile, Arque, Cliza e Tapacarí, em Cochabamba; Aurduy, Padilla, Sud Cinti e Zudañes, em Chuquisaca; e várias fazendas dos vales de Tarija (Antezana & Romero, 1973).

objetivos e os métodos de luta foram muito heterogêneos, e a única característica comum entre as reações foi a simultaneidade dos atos.

Um momento particularmente crítico dos levantes foi 1947, ano em que também a resposta oficial foi mais violenta. Criou-se a Polícia Rural e se incentivou a intervenção de tropas especiais, o uso da aviação para bombardeio dos camponeses e também a formação de milícias civis. Muitas vezes, apenas a fundação de um sindicato ou de uma escola era motivo para desatar a paranóia oligárquica e a repressão.

De fato, a multiplicidade de acontecimentos que se espalharam pelo interior do país, após a morte de Villarroel, nos impede uma interpretação global da diversidade de demandas do campesinato e do tipo de ações pré-revolucionárias. Rivera (1984) arrisca afirmar que havia dois pólos geradores de conflito. No primeiro, nas regiões com baixo grau de atrito interétnico e estrutura de mercado mais aberta, como Cochabamba, o conflito com os patrões foi menos direto e expressou-se na forma de greve de braços cruzados. As soluções para esses conflitos se deram pela intervenção das lideranças sindicais, de ativistas urbanos ou da assessoria jurídica dos sindicatos, que atuaram na via da negociação. No segundo caso, o problema foi mais complexo. No Altiplano e em certos vales de Cochabamba, a presença indígena era mais forte e a tensão entre as fazendas e as comunidades, ou entre os povoados mestiços e as zonas rurais, ocupadas por índios, obrigou-os a táticas de confronto mais diretas, como o assédio e a luta violenta. A resposta da oligarquia foi também menos negociada e mais agressiva.

A resposta repressiva às demandas dos camponeses-índios teve resultado inesperado para a oligarquia: unificou o bloco de oposição e permitiu a disseminação do *movimientismo* no campo. Dois novos congressos indígenas foram realizados na clandestinidade, ocasiões em que a intervenção do *Movimiento* na direção e na organização foi cada vez mais marcante. Da mesma forma, quadros de dirigentes indígenas, que posteriormente ocupariam os altos cargos sindicais oficialistas e a hierarquia miliciana camponesa do governo de 1952, foram formados durante esses anos.

A relação crescente entre o MNR e o movimento camponês-índio nesse período pré-revolucionário se deu principalmente no plano das lideranças e, por isso, foi fundamentalmente ambígua. Os objetivos não eram discutidos nas bases e as demandas negociadas nem sempre correspondiam às da maioria das comunidades.

Desse modo, a aliança MNR e bases camponesas era frágil. O isolamento dos camponeses durante a repressão de 1947 é prova disso. Aqui, a presença proletária, por exemplo, foi praticamente nula. Da mesma forma, a convocação da guerra civil, que se instalou a partir de 1949, teve resposta limitada e uma ação marginal do campesinato.

A verdadeira aliança interclassista pré-revolucionária, aquela capaz de criar um bloco histórico a partir da pequena burguesia, deu-se na clandestinidade ou em cárceres construídos nas zonas de confinamento, onde *movimientistas* — líderes do MNR, dissidentes do exército, proletários mineiros, fabris, ferroviários, entre outros — se encontraram com os ativistas rurais — caciques, professores, migrantes — originando as primeiras "células camponesas" do MNR. Aqui também se assentaram as bases de um projeto de "camponização" dos índios a partir do *movimientismo*, organizando as futuras estruturas de cooptação e controle sindical que transformaram, após 1952, as bases rurais comunitárias em núcleos passivos e receptores das novas propostas civilizadoras do *Movimiento*.

Apesar das formas dispersas de organização incompleta, é um dado que o camponês-índio passa a ser um sujeito indispensável no quadro político de referências. Após a morte de Villarroel, a massa mais densa do campesinato foi cooptada pelo MNR, outro setor foi assimilado por correntes anarco-sindicalistas e um último pelo *Partido Operario Revolucionario*, sob as diretrizes *trotskistas* de aliança proletário-camponesa.

Assim era o movimento camponês boliviano pré-revolucionário. Um setor heterogêneo que entra no cenário político da Revolução de forma dispersa e com o que havia acumulado localmente na luta pelos seus interesses imediatos. Entra com uma capacidade de mobilização ancestral, articulada a práticas novas do sindicalismo ou do clientelismo *emenerrista*.

À exceção de Cochabamba, onde prematuramente se desenvolveu a atividade sindical, os camponeses-índios em geral não estavam integrados, nem antes nem depois do 52, sob qualquer forma organizativa moderna. A Revolução limitou o papel das autoridades comunitárias e facilitou o crescimento dos sindicatos como legítimos mediadores entre os camponeses e o Estado, mas é fato que a assimilação à forma sindical não anulou as estruturas organizativas prévias.

Entre as experiências políticas de repercussão no campesinato que merecem destaque por sua projeção e influência nacional estão as mobilizações de Ucureña, povoado no departamento de Cochabamba. A análise dessas ações em Ucureña é especialmente importante para o caso do estudo desta pesquisa, conforme se explica a seguir.

Em Cochabamba, na década de 1930, o sistema latifundiário, o mais antigo do país, estava em crescente deterioração. Para superar a crise, o latifúndio cochabambino elaborou vários esquemas produtivos alternativos, entre eles o arrendamento de terras às comunidades ou a concessão em usufruto a *colonos*, em troca de trabalho ou de produção. Paralelamente, surgiram *piqueteros* que eram pequenos proprietários camponeses, independentes das fazendas. Essa abertura favoreceu a aproximação dos camponeses-índios com o mercado, outrora monopolizado pelos fazendeiros, e incentivou o intercâmbio de experiências com outros setores da sociedade. Por esse motivo, o camponês pôde organizar-se mais rapidamente em sindicatos e exigir, por exemplo, direitos de posse das terras em termos não comunitários.

Ao passo que, em 1952, no altiplano, os índios comunitários respondiam de forma tardia ao chamado revolucionário, em Cochabamba, os camponeses de Ucureña haviam já executado seu próprio programa de transformações radicais, expropriando terras do latifúndio e declarando por si mesmos, em 1953, a Reforma Agrária boliviana.

Ucureña, desde os tempos de Villarroel, foi um núcleo vanguardista do movimento revolucionário camponês e por isso mesmo, vítima prioritária da repressão da polícia rural. O MNR, desde a década de 1940, também buscou em Ucureña a base camponesa do *Movimiento* e trabalhou a partir dos seus líderes, cooptados por favores pessoais, o controle de uma parte fundamental do movimento camponês. Foi a partir de Ucureña que se instaurou o *sindicalismo paraestatal* do MNR após a Revolução e finalmente, foi no povoado cochabambino que se assinou o pacto militar-camponês.

De fato, o campesinato nunca esteve unificado, nem no *movimientismo* nem fora dele. Havia na organização camponesa o reflexo das divisões internas no MNR, e a influência de outros partidos com tendências indigenistas, o que em muitas situações resultou em lutas internas entre territórios políticos rivais.

Da dissidência camponesa do *movimientismo* emerge uma oposição que, anos mais tarde, constituirá a liderança futura do novo movimento indígena e campesino. É o caso dos *kataristas*, no altiplano, e dos cocaleiros, no trópico cochabambino.

Índios, camponeses e cidadãos

Antes de analisarmos essa nova fase do movimento camponês, alguns aspectos dentro do processo que envolveu a reforma agrária devem ser ressaltados, pois determinaram, de certo modo, o comportamento futuro do campesinato. O primeiro elemento a se explicar é a pauperização das zonas rurais após a Revolução, ainda que o campesinato constituísse a base social do *emenerrismo* da década de 1960.

Dois foram os motivos do empobrecimento rural: a falta de projetos nas políticas agrárias para incentivar o desenvolvimento da economia pequeno-fundiária e a subordinação dos interesses do camponês-índio ao projeto nacionalista, privilegiando as cidades e os pólos novos de abertura econômica.

Passado o primeiro qüinqüênio, após a Reforma Agrária, houve forte queda na produção rural, ao mesmo tempo que os mercados agrícolas e a comunicação com os mercados centrais foram desarticulados. Quanto à principal conquista do camponês, a terra recebida em concessão, após uma ou duas gerações, foi transformando-se em minifúndio cada vez menos produtivo.

A pobreza rural nessa circunstância não foi resolvida pela Reforma Agrária. Pelo contrário, duas tendências opostas ao desenvolvimento do nacionalismo foram observadas: renovaram-se formas solidárias características da lógica comunitária, assim como tendências conservadoras e de resistência a transformações no camponês-índio foram estimuladas. Explica-se, assim, a imobilidade do camponês para preservar os ideais da Revolução, e também se entende a transformação do camponês em base conservadora do Pacto com Barrientos.

Aos poucos, a precarização das condições de vida no campo foi empurrando o camponês para as cidades ou para as zonas de abertura de fronteiras agrícolas. A migração rural na Bolívia, conseqüentemente, não foi produto de um projeto de industrialização que absorvesse a mão-de-obra do setor rural nas cidades, mas da precarização da economia agrícola, que levou à extrema pobreza o campesinato, provocando um êxodo de camponeses em busca de formas alternativas de recursos.

Outro elemento a ser ressaltado é o fato de a subordinação camponesa ao *movimientismo* não ter sido homogênea nem passiva. Durante os primeiros anos pós-Revolução, um importante setor do campesinato, principalmente em Cochabamba, "se submeteu ativamente" ao MNR (Rivera, 1993) adquirindo, com isso, um grau de experiência de cidadania e de capacidade de negociação com o Estado, que potencializou o alcance de suas ações, ampliando seu repertório de demandas. Assim, por exemplo, conseguiu-se a construção de escolas e a implementação de um programa para a alfabetização rural. Além disso, os sindicatos organizados também em milícias remodelaram as formas de relação tanto no interior das comunidades quanto destas com as cidades.

Disso se originou uma tendência a cultivar os valores da democracia representativa e a incorporar novas práticas de exercício do poder no campesinato. A fase da "subordinação ativa" caracteriza-se então pelo tipo de articulação sindicato-partido-Estado e durou até, aproximadamente, 1958, quando começa uma segunda etapa de subordinação, a passiva, à medida que aumenta a expressão das forças armadas no *Movimiento*.

Nesta segunda fase, simbolizada pelo *barrientismo*, a ação direta da grande maioria do campesinato nas milícias mudou para formas mais simbólicas de exercício do poder por meio do clientelismo paraestatal. O movimento camponês passou, então, a optar pela fidelidade ao setor mais reacionário e conservador do MNR, o exército. Nessa fase, houve uma clara divisão entre o movimento de base e as lideranças sindicais camponesas, ou entre os sindicatos de base e as instâncias nacionais da organização. O controle paraestatal não foi nem pacífico nem homogêneo, e sua eficácia se estendeu apenas às regiões de Cochabamba e Potosí, e, em menor escala, ao resto do país.

Desse modo, há fortes evidências da falta de uma hegemonia *emenerrista* no movimento camponês, ficando mais aparente no final dos anos 1960, quando Barrientos pretende introduzir um imposto sobre a produção da terra e provoca uma explosão de protestos em toda a área rural. Surge então no campesinato um setor que logo se caracterizou pela oposição ao Pacto, o *Bloque Independiente Campesino* (BIC), assumindo em La Paz a liderança da oposição camponesa e filiando-se às diretrizes proletárias da COB.

De fato, no final da década de 1960, o desgaste do governo militar e do MNR, as brigas internas no partido e a repressão cada vez mais violenta à população criaram um ambiente favorável para o surgimento de frentes nacionalistas de oposição ao governo, centralizadas particularmente no movimento operário e nos setores progressistas do exército.

Foi o grupo que, após a morte de Barrientos, ocupou o poder entre 1970 e 1971, com Juan José Torres, e que estruturou a partir da COB as forças sociais emergentes na *Asamblea Popular* e nas *Tesis Socialistas*. Com as teses, em 1970, o movimento sinaliza uma virada para o marxismo, assumindo que a *Central Obrera* é, a partir desse momento, um órgão de poder real e um mecanismo para a transformação socialista do governo, por meio da luta de classes.

À exceção do BIC, aliado à COB, o grosso do campesinato manteve-se alheio ao ressurgimento da esquerda nacional. O BIC participou de modo ativo — mesmo que em proporção reduzida em comparação com os proletários — em cada discussão e proposta da *Asamblea Popular*, acatando as diretrizes ideológicas do marxismo, sendo por muito tempo representante do conjunto heterogêneo do movimento camponês boliviano, na COB. Não foi o *Bloque Independiente*, entretanto, quem conseguiu fundamentar as bases do novo perfil do campesinato na Bolívia.

Na década de 1970, originário da localidade de Achacachi, em La Paz, um novo setor do campesinato acumulou os elementos subjetivos necessários para centralizar a mobilização indígena e camponesa durante os próximos quinze anos. Foi o movimento katarista.

Katarismo e surgimento do movimento indígena contemporâneo

A partir da década de 1970, e aproveitando a curta fase de abertura política depois da morte de Barrientos, surgiu dentro da oposição ao sindicalismo paraestatal uma corrente indigenista, no departamento de La Paz, que aglutinou o campesinato pacenho e também setores aimarás urbanos, da cidade de La Paz e de Oruro, sob antigos referenciais culturais comunitários. Identificados com as lutas anticoloniais de Túpac Katari, o movimento teve desde sua fundação o imperativo da liberação dos povos indígenas e a vontade de voltar à condição original comunitária. Em contato com outros movimentos emergentes, e articulado com setores das cidades, o katarismo ramificou-se em pouco tempo em outras organizações, suavizando o caráter radical das suas demandas iniciais.

Com um horizonte de visão mais amplo, incorporou a defesa dos setores explorados e discriminados em geral, acusando os novos agentes da dominação: os nacionalistas do MNR e seu projeto de homogeneização em torno dos valores ocidentais. Na mesma perspectiva, o katarismo apontou o Pacto dos camponeses com os militares como uma atualização *emenerrista* das relações oligárquicas índio-senhor e as denominou *"pongueaje* político", novo servilismo índio às vontades políticas dos novos senhores do *Movimiento*.

No plano político, o katarismo aimará colocou-se em ação pela reforma de uma nova moral no campesinato e uma ética diferenciada ao nacionalismo *emenerrista*. A reforma moral foi simbolizada a partir dos códigos éticos[4] do incário e da luta contra as diversas formas de submissão e de opressão ao povo índio —fazendo a imagem de Katari ganhar atualidade. Mas a verdadeira transformação foi a conquista de valores democráticos.

A importância e a força do movimento catarista vão sendo construídas ao longo da década de 1970, à medida que o movimento amplia sua ação nas cidades e no campo e passa a articular-se com outros setores da sociedade, como os proletários na COB.

Um elemento fundamental da organização katarista é o conteúdo étnico do movimento que surge não só no campo, mas também nas cidades, onde o confronto e a discriminação cultural são mais evidentes. O katarismo estabelece, então, uma ponte entre os indígenas andinos, sobretudo aimarás, das cidades e do campo, entre os que reivindicam as formas comunitárias de organização e de algum modo ainda vivem sob essa lógica, e os que já se desprenderam deste horizonte. Nas cidades, eles introjetaram conceitos como democracia, desenvolvimento nacional e participaram na luta contra a exploração social, a opressão política e as diversas manifestações de discriminação cultural desde a Revolução de 1952.

---

[4] Os códigos éticos do incário são "ama sua" (não seja ladrão), "ama llulla" (não seja mentiroso) e "ama khella" (não seja preguiçoso).

Nessa perspectiva, o movimento conclui que na base da estrutura piramidal da sociedade boliviana está o camponês-índio, e que sua exploração deve ser aniquilada, não apenas com uma política econômica de modernização agrícola, como por meio de projetos sociais igualitários, democráticos, pluriculturais que aceitem o conceito de multietnicidade. Para o katarismo, o projeto nacionalista, a *castelhanização* forçada, a incorporação da proposta de homogeneização cultural mestiça do MNR, a reforma agrária e o desenvolvimentismo foram tentativas de *mestiçagem discriminatória* e recolonizadoras por meio da educação e do paternalismo. Como o sistema em que o camponês estava sendo incorporado e submetido era o capitalismo, devia este ser combatido, para que os problemas "modernos" da migração, do desequilíbrio na distribuição de riqueza e da desigualdade na definição de políticas econômicas fossem resolvidos. O katarismo definiu-se desse modo, como organização anticapitalista, oposta a qualquer partido de direita — em especial o nacionalismo do MNR — e contrário a qualquer partido de esquerda que submetesse o índio a um projeto acima da sua especificidade étnica e social. Essas propostas foram resumidas, em 1973, no *Manifesto de Tiawanaku*.

Algumas datas são históricas para o katarismo, como 1971, quando o movimento elege um representante como secretário executivo da organização máxima camponesa, a *Confederación Nacional de Trabajadores Campesinos de Bolivia*, ainda fortemente influenciada pelo sindicalismo paraestatal *emenerrista*. Em 1977, a organização introduz na sua sigla as iniciais do movimento Túpac Katari, CNTCB-TK. Em 1979, quando a democracia começa a se reconstituir no país, e o katarismo reunifica os camponeses na *Confederación Sindical Única de Trabajadores Campesinos de Bolivia* (CSUTCB), sob a direção do presidente do movimento, Jenaro Flores, que por um ano, entre 1980 e 1981, ocupa o cargo de secretário-geral da COB. Pela primeira vez — e a última até agora — um camponês assumiu o cargo máximo da Central Operária.

Desse modo, a influência do katarismo foi crescendo em importância, dentro dos movimentos populares e na vida política nacional. A COB, que de início havia aceitado com certo menosprezo a presença de camponeses nas plenárias da central sindical, aos poucos foi se *indianizando* na forma de vestir e no uso das línguas originais nas reuniões do sindicato, o que simboliza a principal contribuição do katarismo aos proletários bolivianos: o resgate e a aceitação da memória ancestral como parte das suas mediações identitárias. Paralelamente, a forma de organização na CSUTCB é influenciada pela COB na estrutura hierárquica sindical, tornando possível ao katarismo mobilizar-se nacionalmente. A forma sindical permite, também, melhorar sua relação de forças dentro da COB, quanto à autonomia do movimento e negociar com os partidos políticos em geral.

De fato, este é o momento de maior crescimento do movimento. Em 1993, após sucessivas candidaturas individuais, o movimento katarista é finalmente cooptado pelo MNR, sob uma forma neoliberal, elegendo o candidato indígena, Víctor Hugo Cárdenas, ao cargo de vice-presidente. A importância crescente da presença indígena na política nacional é indiscutível. Entretanto, a cada avanço indígena tem-se verificado a recomposição das classes dominantes, tentando impor uma nova forma de "*pongueaje* político", criticado pelos kataristas da década de 1970.

O prestígio do katarismo no movimento camponês reside definitivamente no fato de ele ter posto em pauta nos sindicatos, nos partidos e na própria sociedade a questão do índio como elemento constitutivo da identidade nacional, fato combatido desde a construção do ideário revolucionário e desprezado antes dele. Introduzir a questão índia na discussão política e social foi o modo como os camponeses conseguiram superar a fase nacionalista revolucionária na sua forma militarista.

Também potencializou a autonomia do setor diante da esquerda e dos operários. Da esquerda, pelo seu projeto de homogeneização que excluía do debate, novamente, a questão étnica. Dos operários e sindicatos de trabalhadores porque, viciados pelo discurso *obreirista*, reduziam o movimento camponês à "retaguarda rural", utilizando a mobilização massiva do campesinato para reivindicações estranhas ao índio.

A dimensão katarista é introduzida em todas as instâncias da organização social no país, na reivindicação cultural da identidade, na projeção política do movimento, dentro de outras organizações, na formação de um partido político com programa próprio e pela via sindical, como modo de articulação com os setores externos ao movimento e instrumento de luta de classes.

O significado da Revolução de 1952, para o katarismo, foi completamente reelaborado. Assume-se a sua importância pela devolução das terras, liberação do trabalhador rural e incorporação do direito a voto dos índios. Mas os kataristas observam que o nacionalismo *emenerrista* foi basicamente discriminador e neutralizador das energias sociais emergentes.

Nessa perspectiva, o katarismo percebe a necessidade de estabelecer uma nova aliança com os proletários na condição étnica do índio, e não na condição classista do proletariado mineiro, bem como acatar o movimento democratizante emergente na mobilização popular convocada pela central de trabalhadores. Assim, em 1980, os kataristas protegem os mineiros, durante o golpe de estado de García Mesa, não apenas para reafirmar a aliança com os trabalhadores como também para defendê-los, pela primeira vez, com seus próprios métodos ancestralmente constituídos, de sítio às cidades e bloqueio de caminhos. Mas seus métodos amparam, também, o direito de organização e um processo político além dos historicamente existentes nas suas comunidades.

É fundamental entender que a resistência contemporânea, na Bolívia, surge dos movimentos sociais, sejam estes sindicais ou de identidade, e não num partido político, como em 1952, o que significa que não é um movimento *criollo*, mas indígena. A democracia instala-se na Bolívia por uma mobilização maciça num novo bloco histórico composto pela COB com os mineiros, mas que não teria sido possível sem a resposta dos camponeses na sua recomposição identitária democrática.

Nesse sentido, é que se deve observar que na recomposição da identidade indígena há dois horizontes possíveis de memória (Rivera, 1993). O *horizonte longo*, em que o índio constrói seus referenciais com base nas formas de organização e produção pré-coloniais, e nas formas de resistência durante a colônia contra a exclusão e a exploração. Na *memória longa*, o katarista redescobre a própria história e se reencontra com seus líderes históricos, recuperando seus símbolos libertários.

A segunda dimensão da sua identidade é o *horizonte curto*, aquele que se inicia em torno dos acontecimentos de 1952, definindo suas formas de organização em sindicatos e milícias, numa nova forma de relacionamento com a terra, redistribuída na reforma agrária. Aqui, o katarismo descobre que há um princípio libertário que, contudo, é abortado pela recomposição oligárquica e o racismo dos líderes *criollos* do MNR. Esta memória, para o katarismo, não é mais importante que a primeira, pois 1952 seria apenas uma pausa entre dois períodos ou duas formas de exploração e discriminação.

Nesse sentido, a cisão do katarismo com o *emenerrismo* é fundamentalmente uma ruptura da mobilização popular contra o nacionalismo revolucionário, porque incorpora os indígenas com seu conteúdo étnico e classista no debate político, e porque opera essa incorporação partindo de uma crítica ao capitalismo e às formas de exploração e exclusão geradas após 1952.

O debate que inaugura o katarismo revela características profundas do anacronismo *emenerrista,* que é a opressão racial e a corrupção do Estado novo inaugurado em 1952. De fato, a origem do katarismo está numa região aimará que nunca endossou o pacto militar-camponês e sempre foi reticente perante o MNR. Essa característica permitiu que o katarismo mantivesse certa autonomia com respeito ao *movimientismo* e ao sindicalismo paraestatal. O que na realidade não ocorreu com o campesinato cochabambino, que foi a vanguarda rural do MNR e acreditou ser representado pelo partido e pela Revolução. Acordar do sonho revolucionário foi um processo mais demorado para o movimento camponês cochabambino que para o katarismo. Por esse motivo, o Pacto durou até meados da década de 1970 pelo apoio em Cochabamba, quando os camponeses dessa região foram fortemente reprimidos durante a ditadura de Bánzer, nos episódios históricos de Tolata e Epizama,[5] em 1974, fraturando definitivamente o pacto militar-camponês.

Os kataristas, pelo contrário, incorporam-se ao projeto de 1952 de modo incompleto. O MNR penetrou no altiplano ou por meio dos sindicatos, que logo foram violentamente reduzidos a redutos do *caciquismo emenerrista,* ou então nunca penetrou porque, armados, os comunitários opuseram resistência efetiva. O que se observa é que a forma sindical não conseguiu estruturar-se nas organizações comunitárias e a *memória longa* permaneceu com maior força no katarismo que a de 1952.

---

[5] A ditadura de Bánzer (1971-1978) renovou burocraticamente o Pacto Militar-Camponês, mas se apoiava na burguesia agrícola emergente no oriente do país e no exército. Economicamente se consolidou com o fluxo de capitais internacionais em forma de créditos — produto da explosão da exportação do petróleo — e pelo crescimento, dentro do país, da economia do narcotráfico. Desse modo, o campesinato perdeu interesse pelo governo militar e foi sistematicamente ignorado por ele. Em 1974, o governo tentou introduzir uma reforma tributária que atingiria as zonas rurais. Como resultado ocorreu uma reorganização do campesinato, bloqueando as principais artérias que integravam o país. A mobilização foi controlada com os massacres de Tolata e Epizana.

São ambos os horizontes, o das revoltas anticoloniais e o da reconquista da terra e da liberdade em 1952, que formam a base do atual movimento camponês. Em 1977 recompõe-se a aliança com o operariado, para em 1979, responder à convocação dos aliados na COB. Os camponeses unificados exigem com bloqueios de estradas e isolamento das cidades o fim da ditadura. No mesmo ano, fundam uma nova *Central Sindical Única de los Trabajadores Campesinos de Bolivia*, a CSUTCB, sob comando katarista, e com um conteúdo que equilibra valores nacionais, classistas, étnicos, econômicos, culturais, sindicais e políticos do índio-camponês (Rivera, 1984).

As mobilizações de 1978-1980 passaram para a história do país como o momento da constituição de uma nova substância social, por meio de um bloco histórico que uniu camponeses e operários. Zavaleta Mercado (1983a) afirma que a crise de 1978-1980 representou na história boliviana a conquista do campesinato de uma nova consciência política, de fato resultado acumulado desde 1952, e cuja principal característica é a assimilação da democracia representativa como valor incorporado pelos indígenas. A crise de final da década de 1970 representa, também, a fratura do nacionalismo revolucionário.

Por outro lado, a capacidade de negociação, principalmente dos termos da sua identidade e margem de autonomia do movimento, é uma característica que os camponeses, sejam os do altiplano, sejam os do vale, vêm desenvolvendo em maior ou menor grau, desde os tempos de Villarroel.

Assim, por exemplo, um dos sujeitos com quem eles mais tiveram de dialogar foi o *emenerrismo*, e o fizeram sob formas de submissão ativa, algumas vezes, e passiva, outras. Perante a COB e as esquerdas, os camponeses confrontaram o *obreirismo* revolucionário e as formas de oposição ao governo. Se do MNR e dos partidos de esquerda exigiram que se "mestiçassem", da COB esperaram que se "indianizasse".

Em 1977, mulheres mineiras kataristas iniciaram uma greve de fome pelo retorno da democracia e pela anistia aos exilados políticos. A manifestação começou nas minas e se estendeu logo por todo o país, até culminar com uma paralisação total da Bolívia, evidenciando uma crise inevitável, que pôs em xeque o governo militar. Um ano mais tarde, Bánzer teve de renunciar.

O katarismo teve seu principal momento de crescimento no final da década de 1970, na liderança da central sindical dos camponeses e durante o difícil período que caracterizou a volta à democracia, que se estendeu até 1982. Uma vez amadurecida sua proposta sindical, os kataristas dividiram-se em várias opções políticas, expressivas dos diversos modos como percebiam a articulação entre a dimensão étnica e a dimensão classista e político-partidária da luta camponesa-indígena. A mais representativa dessas opções foi o *Movimiento Revolucionario Túpac Katari* (MRTK), cujos principais dirigentes encabeçaram a confederação camponesa entre 1979 e 1988 (Rivera, 1993), fato que se repetiu intermitentemente ao longo da década de 1990.

Em 1993, em aliança partidária com o MNR, os kataristas elegem seu representante, Víctor Hugo Cárdenas, para a vice-presidência da República, que, mesmo com limitada atuação política, conseguiu introduzir modificações substanciais de corte multicultural para a sociedade boliviana. A primeira delas foi o reconhecimento das línguas originárias dentro do programa pedagógico nacional, que a partir dessa data passa a implementar uma educação bilíngüe nas áreas rurais. Em segundo lugar, introduziram-se na constituição nacional as definições de multietnicidade e pluriculturalismo como característica oficial do país, reconhecendo a diversidade cultural e étnica local como parte *formalmente* constitutiva da identidade nacional.

Com a descentralização administrativa, que forma parte das políticas de reestruturação econômica, implementou-se a *Participación Popular*, permitindo que as comunidades originárias fossem legalmente reconhecidas como instâncias político-administrativas e núcleo de produção e reprodução cultural e social. A Participação Popular, introduzida no plano das políticas neoliberais a partir de 1985, corresponde ao projeto de transformação do Estado mais ativo num "Estado mínimo" que se, por um lado, retirou do governo algumas das suas tarefas sociais, por outro reconheceu um nível autogestionário para as comunidades. Potencializou, assim, a incorporação política de amplos setores sociais. Com isso, o catarismo tornou-se, sem dúvida, um dos movimentos indígenas de maior envergadura na década de 1990.

Sindicatos camponeses independentes

O sindicalismo camponês independente, finalmente, teve uma outra corrente importante formada pelos colonizadores das zonas tropicais dos departamentos de Santa Cruz, La Paz (Alto Beni), a *Unión de Campesinos Pobres* (Ucapo), e no departamento de Cochabamba (Chapare), a *Federación de Colonizadores*, em 1971.

A Ucapo e a *Federación de Colonizadores* organizaram-se contra a subordinação da economia familiar camponesa à estrutura monopolista do mercado e a proletarização do trabalhador agrícola nas terras da emergente indústria agrícola oriental de cana-de-açúcar, soja e algodão. Desde as suas origens, esta vertente do movimento camponês manteve-se desvinculada do oficialismo sindical, especialmente porque eram grupos compostos por ex-mineiros, expulsos das minas durante o *barrientismo*, e por sindicalistas camponeses que não aceitavam o Pacto. Tal história deu ao movimento disponibilidade de mobilização e autonomia ideológica, fundamentais à sua organização e a uma aliança classista com a COB.

Os colonizadores assim se organizam, desde a década de 1960, em inúmeras federações e confederações. Em fevereiro de 1971 foi criada a *Confederación Nacional de Colonizadores de Bolivia* (CNCB), filiada à COB. Foi a partir da CNCB que se estruturou o movimento cocaleiro na Bolívia, objeto de estudo dos próximos capítulos.

Capítulo 4
MASSA E ACUMULAÇÃO NO SEIO DA CLASSE

> O fatalismo do camponês é o primeiro momento da tomada de consciência.
>
> — Antônio Gramsci

NAS ANÁLISES ATÉ AQUI EXPOSTAS, TENTAMOS ENFATIzar o papel histórico de dois sujeitos fundamentais à história boliviana: o operário mineiro e o camponês-índio.

O primeiro porque desde a Guerra do Chaco até a década de 1980 sempre assumiu a iniciativa das principais ações e mobilizações do século XX, entre as quais se destacam os avanços da Revolução Nacionalista.

O segundo sujeito, o camponês-índio, porque deste setor surge a resistência contra as diversas formas de dominação, desde a colônia até o período pós-1952. Da acumulação de experiências e da memória de luta coletiva, os camponeses-índios conseguiram desenvolver um importante componente de senso democrático pela participação e representação políticas, que na Bolívia vai se concretizar nas mobilizações do período 1978-1980. Finalmente, nas últimas décadas do século XX, será este setor o protagonista das principais iniciativas que configurarão um novo cenário de agendas e atores políticos para os próximos anos.

Um ponto que ressaltamos constantemente é o fato de essas mobilizações — as de operários e de camponeses-índios — terem ocorrido num cenário caracterizado por forças produtivas incipientes. Foi o caso da Revolução de 1952, que acontece num país cujo desenvolvimento baseava-se na extração de minério e na produção agrícola latifundiária, com relações de produção servis e trabalho obrigatório. Sem um projeto industrial, não se constituíram classes modernas no país. No entanto, na mão-de-obra das minas desenvolveu-se a semente revolucionária capaz de organizar os mineiros em classe proletária e irradiar suas ações ao resto da sociedade, transformando o que originalmente seria um golpe de Estado, numa Revolução Nacionalista.

De modo semelhante, o campesinato boliviano, respondendo ao chamado dos sindicatos mineiros na Revolução, conseguiu, por si mesmo, executar suas próprias tarefas revolucionárias na Reforma Agrária. Nessa experiência, cujos resultados imediatos foram a recuperação de terras, a conquista do trabalho livre e do domínio do mercado rural, os camponeses atingiram níveis de reforma moral que, anos mais tarde, se manifestariam na grande mobilização de 1978 pelo retorno da democracia e pela defesa do voto popular.

Nesse período, pela primeira vez, a mobilização popular unifica os métodos de insurreição dos operários com as formas de ocupação de espaços, tática comum de ação dos camponeses. Desse modo, ao conseguir fazer o movimento exceder as diretrizes proletárias, o camponês-indígena manifesta para si e para os outros, que assimilou valores democráticos na sua memória coletiva. A principal expressão social desta fase é o já mencionado movimento katarista, agora claramente estruturado como um movimento social forte e com organização partidária, com a principal tarefa de introduzir na agenda política nacional o conteúdo étnico da história boliviana.

Nesse contexto, cabe perguntar até que ponto há uma correspondência — reconhecidamente necessária — entre o desenvolvimento das forças produtivas e o grau de autodeterminação, expressa em conquista de valores democráticos e consciência de si.

Partindo deste pressuposto, devemos considerar se esse grau de autodeterminação e se essa capacidade de irradiar as ações de uma classe para além dos limites da própria classe correspondem à sua colocação na estrutura de produção. Ou seja, se a *centralidade* política de um ator coletivo — no caso o operariado mineiro ou o camponês — responde à sua situação como proletariado ou camponês, enquanto *classe*.

Essa questão nos parece pertinente uma vez que o conceito de classe foi central na análise dos movimentos sociais ao longo do século XX e também na definição de estratégias de ação do Estado e dos partidos políticos.

Sendo assim, gostaríamos de nos deter um pouco mais para considerar as implicações do conceito de classe e da sua aplicação em sociedades heterogêneas. Posteriormente, queremos propor uma ampliação do conceito à luz de novas ferramentas de interpretação das sociedades multiculturais.

Aplicação do conceito de classe

Numa primeira definição clássica, que tomamos emprestada de Weber (1982, p. 459), observa-se que classe é uma das dimensões da estratificação social — as outras seriam o *status* e o *partido* — cujo conteúdo é estritamente econômico e que resulta principalmente das oportunidades distintas de acesso a bens — familiares, profissionais, capital, entre outros —, gerando também possibilidades distintas para novos bens.

Nesse sentido, *classes* são grupos de pessoas que, do ponto de vista de interesses específicos, têm a mesma posição econômica a partir da qual tomam consciência e tentam organizar-se. A propriedade ou não de bens materiais ou habilitações definidas constitui a sua "situação de classe", ou melhor, a "situação no mercado", o que significa que antes do capitalismo, para Weber, não haveria classes.

O operariado mineiro, sob este conceito, seria uma *classe* determinada pela sua situação de trabalhador, com um nível de vida depauperado por exíguos recursos obtidos em troca da sua força de trabalho. Perto dele, embora não exatamente na mesma *classe,* estariam outros trabalhadores, urbanos ou rurais, cuja fonte de renda proviria de um salário reduzido em meio a um cenário caracterizado pela não-propriedade dos instrumentos com que trabalham, ou da terra, de onde retiram sua subsistência.

De quaquer modo, *classe* para Weber é uma realidade empírica social observável e determinada pelo acesso a bens, propriedades e serviços, bem como pela situação diferenciada na concorrência do mercado e do trabalho. Conclui-se, então, que pode haver várias *classes* na sociedade. Todavia, a luta de classes teria um componente de interesses objetivamente definidos, uma tomada de consciência desses interesses por cada *classe*, uma transparência nas causas que explicam a situação diferenciada de oportunidades, e uma orientação comum para a ação que se dá na "situação de cada classe".

Já as correntes marxistas se negam a aceitar definições de *classe* a partir do nível de renda ou da parcela de participação de cada setor social no produto nacional, uma vez que nesta linha de raciocínio, por exemplo, médicos e funcionários públicos pertenceriam a duas classes distintas, já que as fontes de renda de ambos seriam diferentes. E sem chegar a um consenso sobre, por exemplo, o lugar desses profissionais na estrutura social, os marxistas são claros ao afirmar que o conceito de classe é mais complexo como para ser reduzido à questão da renda.

Entretanto, não há na corrente marxista uma definição clara ou consensual quanto à abrangência do conceito. De fato, Marx teria morrido antes de escrever o capítulo de *O Capital* em que definiria o conceito de *classe*. Dessa maneira, as interpretações do conceito de Marx têm sido um tanto arbitrárias.

De qualquer modo, sabe-se que a *classe* social não é definida em Marx pela profissão, a distinção de rendas ou pelo problema da propriedade, uma vez que esta tipificação leva a uma infinidade de interesses e posições que a divisão do trabalho social provoca entre os trabalhadores, assim como entre os capitalistas e os proprietários fundiários. Pelo contrário, uma interpretação possível do esquema de Marx é de que "a parcela de uma pessoa na renda nacional não determina sua posição no sistema de classes, mas é determinada por ele" (Kolakowski, 1985, p. 356), o que indica que em princípio, uma *classe* está definida pelo *lugar que ocupa no processo de produção*, e nesse contexto, o que define uma *classe* é sua relação com as outras: o que uma *classe* tem em comum não são os profissionais que agrupa, mas a situação de exploração por outra classe (Mendras, 1971). Não seria possível concluir, então, que uma *classe* possa determinar o sistema de produção e a distribuição da riqueza nacional, conforme a definição weberiana de classe induz a pensar, pois, de fato, o que acontece é o contrário: o sistema de produção e de distribuição, com sua divisão social do trabalho, é o que determina as *classes*.

Por outro lado, as relações de produção não são estáveis, mas dinâmicas, em que a tendência, dada a acumulação crescente de capital, é caminhar para os extremos e não para o equilíbrio. Nesse sentido, o conceito é abstrato — ao contrário do weberiano que permite uma verificação empírica — e baseia-se nos critérios de exploração/luta e propriedade, o que implica que haveria duas *classes* fundamentais: a dos proprietários, não produtores, que monopolizam os meios e se apropriam do produto excedente, e uma maioria de produtores, despossuídos dos meios e do excedente do seu trabalho (Galliano, 1981). No linguajar correto, a *burguesia* e o *proletariado*.

Esta oposição clássica, evidentemente, não nega a existência de outras classes, notadamente o campesinato e a pequena burguesia e/ou classe média. Entretanto, não se situando no eixo da oposição fundamental, elas são definidas como classes em *transição* ou *quase-classes*, cujo destino é ou virar uma classe fundamental, ou perecer, ou não conseguir chegar a estar no eixo da oposição fundamental, limitando-se a compartilhar dos valores e dos interesses de alguma das classes fundamentais (Galliano, 1981).

Em síntese, *classe* é a *sua colocação estrutural mais sua história* de luta, conceito que destaca o papel da *classe* na produção, a determinação do sistema sobre a *classe* e ressalta, também, a situação de *conflito* e *contradições* que configuram a história da *classe*. Finalmente, a *classe* não é uma realidade empírica, mas uma abstração que permite uma leitura das sociedades a partir da macroestrutura econômica e social.

Nesse contexto, a teoria social tem tido certa dificuldade de analisar com base nas ferramentas conceituais do marxismo, realidades sociais mais complexas em que existem mediações outras de identidade — como etnia ou gênero —, ou de nações cujo estágio limitado de desenvolvimento impediu a formação clara das *classes* fundamentais.

Quem abre de modo mais flexível o conceito de classe numa perspectiva marxista interessante para este trabalho é E. P. Thompson, na obra *The Making of the English Working Class*. Para Thompson, o caráter polarizado entre *classes* sugere que uma *classe* se define a si mesma no percurso da própria história e pela equação histórica das suas relações de produção em conflito com os interesses das outras. A luta de classes aconteceria então dentro de uma totalidade que funcionaria como um campo de força social ou um *pano de fundo* histórico em que cada *classe* e cada formação social se desenvolve.

A definição de *classe* "só pode ser feita relacionada ao *tempo*", afirma Thompson (1982), isto é, "ação e reação, mudança e conflito" (grifo do autor), o que coloca o conceito para além das questões econômicas e da luta de interesses:

Quando falamos de uma classe, estamos pensando num corpo de pessoas vagamente definido, que compartilham o mesmo conjunto de interesses, as (mesmas) experiências sociais, as tradições e o sistema de valores, que têm uma disposição para se comportar como classe, para definir a si mesma em suas ações e em sua consciência, em relação a outros grupos de pessoas nas formas de classe. Mas, em si, classe não é um objeto, é um acontecimento (Thompson, 1982, p. 939).

Nesse contexto, o conteúdo que Thompson propõe para o conceito de classe resgata mediações distintas daquelas cuja ênfase estava na posição estrutural do indivíduo e nas suas lutas antagônicas. Ele se detém também em fatores de ordem cultural.

Uma classe, nesses termos, não é um fato dado — lembrando Durkheim — mas um sujeito cujas ações e cujo comportamento apresentam um modo mutável e diferente à medida que diferentes contextos aparecem. Isso nos coloca diante da "particularidade" ou "especificidade" de cada *classe*, e nos permite afirmar que o conceito não é universalmente aplicável, a não ser como um referencial teórico que deve ser ajustado às realidades locais.

Nessa perspectiva, podemos sentir-nos mais confortáveis com o conceito e com sua aplicabilidade nas sociedades complexas ou heterogêneas. Com isso, um desdobramento da aplicação do conceito de classe a sociedades complexas pode ser afirmado da seguinte forma:

As relações de conflito interclasses são uma preocupação teórica fundamental das vertentes marxistas que interpretam as sociedades modernas, cientes de que o antagonismo de *classes* nem sempre implica um confronto violento. Pelo contrário, o domínio de uma classe sobre outra "não se reduz ao simples domínio da força e da violência, mas implica uma função de direção e uma função ideológica particular, por meio das quais a relação dominantes-dominados se funda num "consentimento ativo" das classes dominadas" (Poulantzas, 1997, p. 171). E vai ser nesse consentimento ativo que se consolida o que Antônio Gramsci (1891-1937) chama de *hegemonia*, e que Poulantzas recupera como sendo a "ideologia-consciência-concepção do mundo da classe sujeito da história, da classe hegemônica, que serve de base para a unidade de uma formação, uma vez que determina a adesão das classes dominadas num sistema determinado de domínio" (Poulantzas, 1997, p. 171).

Talvez nesse ponto valha a pena considerar de modo mais detalhado as contribuições de Gramsci para a análise de classes e a formação da hegemonia de *classes*, de modo que relacione esse debate com o tema deste trabalho.

Afirma-se que um projeto hegemônico se fundamenta no consenso das *classes* subalternas. Sabe-se que a adesão dos setores dominados a esse projeto realiza-se durante a fase de subordinação real do trabalhador ao sistema imposto, quando "livremente" ele assimila novos saberes produtivos e novas formas de organização no cotidiano e no coletivo da fábrica, e adapta os elementos de realidades culturais anteriores ao novo tipo de sociedade. A extensão da hegemonia, a sua universalidade e o grau de intensidade com que se projeta na sociedade são elementos que divergem em cada caso, e são elementos de fundamental importância na definição do grau de reforma moral e intelectual, no advento do racionalismo e na transformação ideológica necessários para a realização do mundo moderno e da produção capitalista. Para qualquer efeito, pode-se concluir que nas sociedades capitalistas que conseguiram consolidar um projeto hegemônico entre setores sociais antagônicos, a forma estatal sintetiza e representa a pluralidade nacional.

Hoje sabemos que talvez não exista nenhuma sociedade em que a expressão teórica das *classes* tenha-se materializado completamente. No entanto, a história de algumas sociedades pode ser compreendida pela luta de *classes*, e o exemplo típico seria a Inglaterra do século XIX, em que um projeto burguês consolidou novas *classes* antagônicas e uma hegemonia duradoura para o próximo século.

O caso que estudamos é distinto. Na Bolívia, o modo como mineiros e camponeses indígenas foram coercitivamente submetidos ao trabalho, dificultou o desenvolvimento de uma hegemonia burguesa e a construção de um consenso. Isto mesmo após a Revolução, quando houve uma tentativa de articular uma forma de dominação baseada no *consentimento ativo* de um setor do campesinato.

Sem uma elite de inspiração moderna, sem um projeto hegemônico de pretensão nacional, o que se tem na Bolívia é a formação incompleta de um Estado burguês não hegemônico, uma nação de identidades múltiplas e uma sociedade com divisões mais complexas que as das questões classiais.

Os desafios teóricos que aqui se põem têm no mínimo duas alternativas: adaptar as ferramentas de análise dos conflitos sociais e os conceitos pensados para sociedades com um projeto burguês hegemônico a formações heterogêneas, correndo o risco de uma generalização que não se ajuste à realidade local, ou propor novos instrumentos de análise específicos para cada caso, perdendo a necessária generalização teórica.

Preferimos optar por uma terceira alternativa, qual seja a ampliação das ferramentas conceituais com novos instrumentos descritivos a partir da observação das especificidades locais. Para tal fim, apelamos novamente a Zavaleta Mercado e ao desdobramento que ele propõe para o conceito de classe, sob uma redefinição do conceito de massa.

Massa como desdobramento do conceito de classe

Havíamos observado que, pela coexistência de tempos históricos distintos numa mesma história local, como ocorre na Bolívia, as *classes* sociais são incompletas, porque conjugam matrizes culturais, bem como formas de organização e relações de produção tradicionais aliadas às modernas. Esta constatação nos permite afirmar que as *classes* sociais na Bolívia não se adaptam de modo confortável à fórmula marxista de "*posição estrutural + história*", e o problema aqui se põe nos seguintes termos: de que modo caracterizar como classe os proletários ou os camponeses-índios, num país em que o Estado não consolidou uma hegemonia nacional, e portanto não representa a diversidade social, quando não dificulta a sua manifestação. E como analisar os conflitos de interesses num país cuja mediação étnica se impõe sobre outras características do conflito social?

Para permitir que uma sociedade *abigarrada* seja conhecida de um modo empírico-verificável, Zavaleta Mercado (1983a) propôs, como vimos no Capítulo 1, o estudo das sociedades a partir das *crises* como o momento de fratura das mediações entre o Estado e a sociedade, e a ocasião em que os setores submersos da sociedade podem se exteriorizar e expor suas experiências e seus conhecimentos coletivos, seus interesses e horizontes, e podem expressar sua *acumulação no seio da classe*.

Partindo do pressuposto de que, numa sociedade *abigarrada*, a *condição indefinida* das *classes* dificulta o alcance e limita o conceito de *classe*, Zavaleta assume que o conceito seja apenas uma referência formal ou uma média ideal, com base na qual possa analisar a história concreta e local de cada *classe*. Dessa perspectiva, ele estudará a *classe proletária mineira*, sua trajetória de luta e capacidade de organização e de projeção para o resto da sociedade.

Submetido às histórias locais e mediações culturais específicas das sociedades *abigarradas*, o conceito de classe perde logo seu caráter generalizador. Ciente desse problema, Zavaleta propôs uma nova ampliação do conceito a partir da noção de *massa*, como fenômeno empírico que se evidencia apenas nos momentos da *crise*.

Ao contrário do que Marx entende como *massa*, *i.e.*, uma composição social sem organização,[1] para Zavaleta *massa* é um fenômeno que se manifesta no momento de crise e que implica conceitualmente um grau de *articulação interna* com níveis de *consciência* e *autoconhecimento*, procedentes da *posição estrutural de classe*, e também de uma *memória coletiva* e de uma forma de *intersubjetividade* construídas entre os sujeitos que compõem a *massa*. Essa discussão, trabalhada por Zavaleta a partir do conceito de *acumulação no seio da classe*, remete a uma "relação entre memória coletiva, supressão-consagração e enunciação ativa, ou seja, [. . .] os mecanismos de seleção positiva e negativa nos movimentos do conhecimento coletivo" (Zavaleta Mercado, 1983b, p. 231), e que se cristalizam nos momentos de crise.

Esse conhecimento, coletivamente adquirido, motivaria as ações sociais dos sujeitos da *massa* a partir das histórias particulares e da *persistência* com que ele se mantém na memória coletiva, ou seja, como *acumulação no seio da classe (ou massa)*. Como conhecimento coletivo, a *acumulação*

---

[1] Marx afirma que "o princípio subjacente à sociedade civil não é nem a necessidade, um momento natural, nem a política. É uma divisão fluida das *massas* cujas várias formações são arbitrárias e sem organização" (Marx, 1977b, p. 146). Mais recentemente, no século XX, o conceito de massa foi fortemente utilizado nas teorias da sociedade de massa que descrevem o homem-massa como sendo a antítese da figura do humanista culto; e na teoria crítica, segundo a qual a indústria cultural provocou a perda do senso crítico dos indivíduos, tornando-os incapazes de ter autonomia e de resistir aos valores impostos pelo capitalismo (Wolf, 1995). Quem atualiza contemporaneamente esta leitura da massa é Jean Baudrillard, no livro *À Sombra das Maiorias Silenciosas* (1985), em que reafirma o caráter anônimo e amorfo da massa. Evidentemente, nenhum desses sentidos tem que ver com o conceito de massa proposto por Zavaleta Mercado.

no seio da classe pressupõe uma *aquisição social, i.e.*, uma incorporação — consciente ou inconsciente — das experiências comuns, depois de feita a seleção, para torná-las parte do *bom senso geral* ou *pré-conceito*[2] *popular* (Zavaleta Mercado, 1983b). Nesse ambiente articula-se o ideológico da *massa*.

Na explosão da crise, a condensação de conhecimentos coletivos se transforma num tipo de *intersubjetividade*,[3] pois cada sujeito entra na crise com o que acumulou durante seus percursos particulares, e, no encontro da crise, modifica e ratifica suas valorações pela troca de sentidos e de experiências com os outros sujeitos. Forma-se, então, uma nova diversidade que redefine as subjetividades particulares e também a totalidade subjetiva maior. Assim sendo, *massa* nos termos de Zavaleta é um conceito qualitativo da sociedade civil e não apenas uma agregação quantitativa.

Por esse motivo, afirma-se que um sujeito coletivo, *i.e.*, a *massa*, não é um acordo de indivíduos, mas uma relação em que se elaboram novos códigos sociais, pragmaticamente estruturados (Antezana, 1993), que mudam no contato dos sujeitos da *massa*, e definem — e redefinem — sua substância futura.

Numa sociedade heterogênea — na qual o Estado e suas elites não articularam a sociedade civil com o Estado —, não haveria, *a priori*, uma intersubjetividade mestre ou dominante, mas possivelmente várias em convergência histórica. Tudo dependendo do conhecimento acumulado no seio da classe, bem como do grau de autodeterminação e das limitações do uso e manejo dos códigos sociais e/ou dos conhecimentos relativos. Assim, temos uma "classe subordinada a uma história concreta, em que se entrelaçam a posição estrutural e a constituição de um determinado grau de intersubjetividade — autodeterminação e conhecimentos relativos — formuladas em "acumulação no seio da classe (e da *massa*)" (Antezana, 1993, p. 268).

---

[2] Traduzimos como *pré-conceito*, o termo espanhol *prejuicio* que tem dupla carga valorativa. Uma negativa, como preconceito ou avaliação negativa antes da experiência, e a segunda, que acreditamos se ajusta melhor ao conceito de conhecimento coletivo, como uma sentença ou opinião sobre algo, antes de tornar-se um verdadeiro conhecimento.

[3] *Intersubjetividade*, segundo Habermas (1995), seria um ato comunicativo, lingüisticamente estruturado, que se manifesta individualmente, mas que pressupõe códigos sociais e pragmáticos construídos em relação com o outro.

A crise é então um método que possibilita conhecer de modo empiricamente observável a composição heterogênea da *massa*. Permite, também, que a *massa* se reconheça e avalie suas forças, estimando seu poder e sua eficácia: a partir da sua práxis, da sua atuação e da verificação dos seus atos, "a *massa* conhece aquilo que é, aquilo que pode e que não pode" (Zavaleta Mercado, 1983b), atingindo, finalmente, um novo grau de acumulação.

É a partir dessa "condensação e exame pragmático", operados na crise, que se pode avaliar — diz Zavaleta Mercado (1983b) — o percurso prévio das classes e a caracterização dos modos de produção que entram em "situação de catástrofe". O pressuposto histórico é que, de certo modo, o presente crítico permite entender o processo histórico passado,[4] das diversidades evidenciadas na crise, pois, somente o posterior explica e contém o anterior.

Zavaleta Mercado parece utilizar a idéia marxista de que o passado se condensa no futuro de forma *desenvolvida, atrofiada ou caricatural, mas sempre com uma diferença essencial* (Marx, 1977a, p. 107). Assim, ao se realizar a autocrítica do modo presente, obtém-se o entendimento dos modos passados:

> A sociedade burguesa é a mais desenvolvida e a mais complexa organização histórica de produção. As categorias que expressam suas relações, a compreensão de sua estrutura, cuja compreensão também permite discernimentos sobre a estrutura e as relações de produção de todas as formações sociais desaparecidas, sobre cujas ruínas e elementos se edifica a sociedade burguesa, que convive com os resíduos ainda não subjugados, com meras nuanças adquirindo significado explícito nela, etc. A anatomia humana contém uma chave para a anatomia do macaco. As notificações de desenvolvimento posterior entre as espécies animais subordinadas, de todo modo, podem ser entendidas somente depois que o desenvolvimento posterior já for conhecido. A economia burguesa, dessa forma, fornece a chave para a antiguidade,

---

[4] Como Antezana (1993) nota, a necessidade de referenciar uma classe com sua própria história, em Zavaleta Mercado, não é apenas um argumento simples de causalismo ("a história explica tudo"), agora no contexto local e não mais no plano geral. É uma reflexão concreta a partir dos fatos objetivos e da carga social.

etc. Mas de maneira alguma da forma como aqueles economistas que confundem todas as diferenças históricas e vêem relações burguesas em todas as formas de sociedade (Marx, 1977a, p. 107).

Essa percepção apurada deveria ser vinculada, por sinal, com a já mencionada caracterização das classes não somente na sua estrutura, mas também — e fundamentalmente — na sua história concreta/local, onde se constitui e opera, pois "cada classe é o que foi a sua história" (Zavaleta Mercado, 1990b). Isso quer dizer que as capacidades de mobilização e de convocação do operariado em 1952, seguidas do ato de delegação do poder à pequena burguesia, demonstram o alcance da centralidade proletária e seus limites, que resulta da imperfeita formação da classe. De tal modo, pode-se pensar que a centralidade dos mineiros e sua projeção social foram antes uma acumulação como *massa*, *i.e.*, da colocação estrutural + sua história particular/concreta de diversidade de tempos históricos, que como *classe*. Noutras palavras, os mineiros atuaram com capacidade de irradiação proveniente não somente da sua condição central de classe, mas também da sua diversidade social acumulada, produto das suas intersubjetividades passadas — relações familiares e de vizinhança com setores rurais ou com as comunidades de imaginários míticos semelhantes, por exemplo — o do bom senso e pré-conceitos sociais que condensaram e projetaram noutros setores da sociedade.

Do mesmo modo, a ruptura iniciada em 1978, que articula um novo bloco histórico, fraturando o Estado nacionalista de 1952, é a recomposição da aliança mineiro-camponesa com a fusão das suas estratégias. Representa a nova qualidade social que se constrói na *massa*, com componentes da memória curta dos direitos e da liberdade adquiridos na revolução, e também da memória longa andina de resistência à colônia.

Finalmente, a *qualidade social* acumulada na *massa* pode ter uma prolongação quantitativa, apresentada na capacidade de convocatória de grandes contingentes sociais e na manifestação de diversas "massas" e várias acumulações intersubjetivas, *i.e.*, há a possibilidade de existência, numa sociedade *abigarrada*, de possíveis "massas", qualitativamente percorrendo, cada uma, sua própria *história*. Essa perspectiva permite entender as articulações classistas, étnicas e/ou regionais que nem sempre andam juntas numa sociedade heterogênea (Antezana, 1993).

Massa, sociedade civil e bloco hegemônico

Pelo fato de a *massa* ter-se constituído, na Bolívia, historicamente em torno do operariado, e pelo modo como se organizou contra o Estado, dois conceitos são fundamentais na definição de *massa*: sociedade civil e bloco histórico.

Sabe-se que classe é uma manifestação historicamente determinada pela divisão social do trabalho com suas lutas e histórias particulares. Nas sociedades *abigarradas* em que as classes estão indefinidas, o antagonismo social não coincide com o da divisão do trabalho. Sendo assim, junto à luta de classes aparecem os conflitos de raça e cultura, como outros divisores importantes da sociedade.

Do mesmo modo, nas formações *abigarradas*, as esferas do espaço público e privado estão também sobrepostas.

Na *Crítica à Doutrina de Estado de Hegel*, Marx afirma que a divisão entre a vida política e sociedade civil ocorreu a partir da Revolução Francesa, com o surgimento da divisão de classes sociais e a dissolução dos Estados da sociedade feudal. As diferenças sociais na vida privada perderam qualquer significância no plano político (Marx, 1977b). Decorrem daí a autonomia estatal e o antagonismo entre a sociedade civil e o Estado, entre o não-político e o político. Nas palavras de Marx, "a *constituição* do *Estado político* e a dissolução da sociedade civil em *indivíduos* independentes [. . .] são alcançados num *único* e *mesmo* ato. Mas o homem, como membro da sociedade civil, inevitavelmente aparece como homem *não-político*, como homem *natural*" (grifos do autor) (Marx, 1977b, p. 233).

Se aceitarmos como em Marx um certo antagonismo entre as esferas pública e privada, impõe-se considerar que no caso boliviano essa separação também é incompleta: o Estado foi a prolongação do poder oligárquico até a década de 1950, e posteriormente não mudou muito, pois a incorporação da democracia representativa na Revolução foi sistematicamente suprimida pela lógica do golpe de Estado, como mecanismo de mudança de governos. Não por acaso, a contraposição entre Estado e sociedade civil praticamente se reduziu às ações da classe operária que, historicamente, foi o sujeito antagônico ao Estado, e o setor que mais lutou contra ele. Nessa perspectiva é que Zavaleta Mercado (1983b) afirma que na Bolívia os proletários mineiros são a síntese da sociedade civil.

Embora a separação Estado/sociedade civil, em Gramsci, pareça ser meramente metodológica, Anderson (1986, pp. 15-6) afirma que nos escritos desse autor há três posições possíveis entre Estado e sociedade civil: ou o Estado se contrapõe à sociedade civil, ou o Estado engloba a sociedade civil ou o Estado é idêntico à sociedade civil.

Levando-se em conta que na Bolívia o Estado nunca representou a totalidade da sociedade civil, e que as classes dirigentes nunca construíram uma hegemonia plena, parece-nos que a relação entre Estado e sociedade civil ajusta-se ao primeiro caso, em que o Estado se contrapõe à sociedade civil, e a nega.

Quando se introduz o conceito de *massa*, em contraposição ao Estado, no caso boliviano, é coerente concluir que a *massa* é sinônimo de sociedade civil. No entanto, Zavaleta Mercado (1990b, p. 83) afirma: *massa é a sociedade civil em ação*. Isto é, a forma organizada da sociedade contra o Estado, no momento da crise.

Em 1952, a *massa* unida em torno dos operários mineiros organizou, contra o Estado oligárquico, outros operários, artesãos, *lumpen*, pequena burguesia e estudantes. Em 1978, a *massa*, centralizada pela COB sob comando dos mineiros, interpelou o Estado militarista, trazendo um novo componente no embate político, os camponeses.

Nesse contexto específico, a *massa* seria um setor menor da sociedade civil, constituído num bloco histórico. Segundo Gramsci, um bloco histórico se forma a partir de uma das classes fundamentais — o proletariado ou a burguesia —, numa relação de subordinação e consentimento.

Como componente de um bloco histórico, a *massa* seria um tipo de intersubjetividade composta por várias classes, a partir da centralidade de uma delas, no momento da crise, e constituída num bloco histórico. A *massa* de 1952, bem como a de 1978, seria a fusão dos subalternos, que agregam suas acumulações e métodos numa nova intersubjetividade.

Vale observar que *massa* não é o mesmo que bloco histórico, pois este admite a formação de blocos sociais apenas em torno de uma classe fundamental. A *massa* pode constituir-se em torno de outros sujeitos que não sejam os operários ou a burguesia, por exemplo. Sendo assim, *massa* não é um bloco histórico, mas uma aparição deste no momento da *crise*.

Autodeterminação, democracia e massas

Na capacidade de articulação da *massa* há um grau de autoconsciência e autoconhecimento não explicados pela posição estrutural dos seus componentes, mas pela condensação de conhecimentos coletivos, que Zavaleta denominou *acumulação no seio da classe* (ou da *massa*). Esse conhecimento é o resultado das experiências de luta, das formas organizativas prévias, dos valores herdados, enfim, daquela aquisição horizontal e dos saberes populares, que não dependem do conhecimento ou da análise de um especialista ou um acadêmico.

O relevante desses saberes reorganizados na *massa* e em novas intersubjetividades é que, na crise, eles se apresentam com um grande conteúdo de *autodeterminação*. Assim, a crise é não apenas a manifestação dramática da luta de classes como também a evidência do movimento das sociedades *abigarradas*.

Na Bolívia, antes de 1952, essa luta adquiriu a forma de um confronto entre índios e oligarquia. Depois da Revolução, o antagonismo manifestou-se entre as *classes nacionais* e as *estrangeiras*, para desembocar por fim num conflito entre brancos e índios-mestiços, permeado por um discurso classista. Ainda hoje, as questões étnicas respondem pelas divisões mais evidentes na sociedade, aprofundadas pela separação cidade/campo e por regionalismos, como símbolo do moderno/atrasado.

Independentemente das formas que assumam a luta e os antagonismos sociais na Bolívia, é no momento da crise que eles se manifestam, quando as *massas*, com grande senso prático, se unificam e mostram de modo condensado o que acumularam nas suas histórias locais, sua disposição para a autodeterminação e sua capacidade de autodesenvolvimento. Nesse contexto, no plano do autoconhecimento de uma classe ou da *massa*, é que se afirma que a crise se mostra como o próprio "movimento" das sociedades *abigarradas* (Zavaleta Mercado, 1983b).

Isso posto, verifica-se que o atraso das forças produtivas não interrompe, necessariamente, o avanço das transformações intelectuais e da reforma moral dos sujeitos da história boliviana. Pelo contrário, observa-se que, nessa luta, a *massa* consegue definir a si mesma a partir das suas ações e do grau de consciência com que se relaciona com os outros setores da sociedade, adaptando-se aos termos em que Thompson (1984) define a luta de classes.

Um outro componente fundamental da *autodeterminação* das massas é a sua capacidade de canalizar os anseios dos setores dispersos da sociedade, convocados na mobilização contra a forma estatal existente. Na história boliviana, os momentos de maior mobilização e transformação sociais — a Revolução Nacionalista e as mobilizações de 1978-1980 pela volta da democracia no país — se originaram pela iniciativa dos operários mineiros, num momento de grande intensidade da sua centralidade e irradiação. Nestes casos, as ações dos operários podem ser analisadas pelo prisma da luta de classes, mas não apenas por ela. No momento em que a classe operária assume seu papel antagônico ao sistema e se revolta contra o Estado, irradiando seus valores e canalizando as demandas do contorno social em que se projeta, ela responde às demandas so-ciais a partir da sua situação dentro e diante da *massa*. Situação trabalhada com muita anterioridade.

Nesse sentido, pode-se afirmar que o núcleo da *massa* tem sido o proletariado, mas não apenas como classe, e sim, como um sujeito social que traduziu as diferentes temporalidades e vontades do momento histórico, comportando-se como *massa* em ação.

Mas o rumo e os resultados que posteriormente assumirão os atos da *massa* dependerão da acumulação no seio da massa e não mais do núcleo que a convocou. Finalmente, o setor que armazenará o conhecimento coletivo também pode sintetizar os anseios comuns e expressá-los. Entretanto, este setor pode ser o proletariado, mas não apenas ele, ou melhor, não ele como *classe*, mas como *massa*:

> [. . .] um número não demasiado grande de homens, com sentido da concentração e algum grau de temeridade tática, pode expressar tendências que estão escondidas no "sonho" da sociedade. [. . .] Uma parte dela quer ("querer" equivale a querer de modo estatal, a vontade de poder) em nome da outra ou, de alguma maneira, manifesta o que a outra contém e não conhece ainda [. . .]" (Zavaleta Mercado, 1990b, p. 83).

Na Bolívia, o setor que melhor sintetizou o papel da sociedade civil pela sua oposição constante ao Estado foi o operariado mineiro. Por esse motivo, foi também o principal alvo da repressão e da violência estatal pelo uso da força militar. Desse modo, se o proletariado atuou como síntese da sociedade civil, o exército atuou como síntese do Estado e como principal mediador deste com a sociedade.

A tese que Zavaleta sustenta é que o exército não apenas foi o ponto de atrito entre a classe dominante e a *massa*, bem como que sua forma repressiva sintetizou o tipo de Estado e de governo que se implementou historicamente na Bolívia, mesmo após 1952. A relação entre sociedade política e sociedade civil mediada pelo uso das forças armadas explica tanto o divórcio do Estado com a sociedade, como o tipo de acumulação subjetiva que se desenvolveria na sociedade após 1952.

Esta tese nos permite entender por que a mobilização operária que forçou em 1952 a transformação revolucionária, posteriormente delegou o poder à elite nacionalista; e também que, apesar das iniciativas populares pela volta da democracia em 1978, o movimento social acabará confiando o governo à esquerda recomposta do MNR.

Para entendermos os alcances e limitações dos atores coletivos de 1952 e das décadas posteriores é necessário compreender então qual teria sido o grau de incorporação das principais mudanças subjetivas em cada setor. Em princípio, observa-se que para além das transformações estruturais da Revolução de 1952, introduziu-se na política nacional o procedimento da democracia representativa e a reforma que ela implicava pelo seu caráter igualizador e universalizador.

Os encarregados dessa transformação de método de representação e da institucionalização dos procedimentos democráticos foram a elite do MNR e o operariado mineiro. Entretanto, nem a elite *movimientista*, nem o operariado assimilaram tais valores e procedimentos, pois em nenhum deles a substância democrática ficou realmente incorporada (Antezana, 1993): a elite *movimientista*, porque não se dispôs a abandonar sua carga senhorial, e o movimento operário, porque seu horizonte era a superação desse "instrumento burguês", sem ter clareza quanto às ações que deveriam ser realizadas para esse fim, pois "aprender a mandar é talvez o problema mais profundo que deve encarar em qualquer época, toda classe que queira ser livre" (Zavaleta Mercado, 1983a, p. 12).

A instituição da democracia, na Bolívia, deve ser compreendida nesses limites do Estado que não incorporou esse valor e da massa que luta e se expressa com elevado conteúdo de *autodeterminação*, mas que, ao final, acaba acatando um Estado que não a representa.

A explicação possível para tais limites de horizontes está no fato de, na Bolívia, o método de golpe de Estado não ser visto necessariamente como uma anomalia, mas como uma praxe — pelo menos até a década de 1980 — de sucessão do poder, incorporada no hábito coletivo. Aliás, a incapacidade das oligarquias bolivianas para impor uma hegemonia fez do golpe de Estado — cujo sujeito empreendedor tem sido o exército — um "*habitus*[5] de classe", como *modus operandi* na superação das crises sucessivas advindas de sua debilidade orgânica.

O que aqui se deseja afirmar é que na constituição moderna do poder, o critério de *legitimidade* é algo que ainda deve ser *verificável* como pertinente, pois a estruturação dos suportes do Estado — a sociedade civil como *retaguarda*[6] do Estado — decorre do advento da igualdade jurídica dos indivíduos, compreendida na cidadania (Zavaleta Mercado, 1983a). Há assim uma relação entre o grau de democracia e o nível de desenvolvimento da cidadania. Nas sociedades, como a boliviana, em que o critério universal da igualdade política não foi acompanhado do conceito de igualdade social, a questão da *legitimidade* da democracia representativa[9] teve valor relativo. É por isso que o golpe de Estado até a década de 1980, na Bolívia, tinha "algo de inevitável, senão um tom de hábito social. . . O azar, o confronto carismático, a enunciação patrimonial do poder e sua discussão regional eram mais eloqüentes que o fator numérico de um escrutínio" (Zavaleta Mercado, 1983a, p. 15).

O segmento em que as conquistas democráticas exerceram maior impacto foi o campesinato indígena, e se deu por dois caminhos. Primeiro, pelo fim da servidão, e posteriormente pela apropriação do mercado

---

[5] Tomamos emprestado o conceito de *habitus* de Bourdieu, no sentido da força formadora de hábitos, ou princípio operador que leva a cabo a interação entre dois sistemas de relações, o das estruturas objetivas e o das práticas (cf. Miceli, in: Bourdieu, 1999).

[6] Numa das acepções que Gramsci dá à sociedade civil, nas sociedades mais avançadas, é a de que ela se torna uma estrutura muito complexa e resistente às irrupções do elemento econômico imediato — crises, depressões, etc. — em que o Estado seria apenas uma *trincheira avançada*, por trás da qual estava uma robusta cadeia de *fortalezas e casamatas*, que é a sociedade civil (Bobbio, 1994, p. 17).

[7] Como já se explicou no Capítulo 3, um governo que chegou ao poder por meio de golpe como Villarroel tinha mais legitimidade popular que um governo como Barrientos, que entrou inicialmente pela via eleitoral.

interno e das terras, ações capazes de processar no imaginário destes atores, a memória ancestral vinculada à dimensão andina, junto com a nova intersubjetividade do processo democratizador de 1952 (Antezana, 1993). Essa convergência manifestar-se-á, anos mais tarde, a partir de 1978, na luta pela volta da democracia representativa ao país, inaugurada pelos operários e levada às últimas conseqüências pelos camponeses ou posteriormente na interpelação camponesa na política nacional, já no final do século XX e início de XXI, sob a liderança de Evo Morales.

Nesse contexto, cabe perguntar que tipo de incorporação democrática se deu no campesinato, em 1952, que posteriormente, no período 1978-1980, desencadearia a luta pela democracia representativa, para finalmente no final do século XX articular um partido com lideranças indígenas?

Zavaleta Mercado (1983a, p. 40) responde que, em 1952, a aquisição da democracia ter-se-ia dado, entre os camponeses, pela distribuição da terra como requisito da independência pessoal, *i.e.*, democracia como conquista da sua liberdade, do seu direito sobre a terra e como resultado da sua organização.[8] Posteriormente, as derivações da conquista da terra foram maiores: permitiu um princípio organizativo distinto — no sindicato e nas milícias — e a conquista do mercado, como participação — a única real participação — no ciclo produtivo. A incorporação da substância democrática no campesinato realiza-se dentro do seu universo conceitual, *i.e.*, relacionada à recuperação da terra e da liberdade.

Outros sentidos da democracia, entretanto, seja o da democracia representativa, seja o da igualdade dos homens como pré-conceito incorporado no indivíduo desprendido e livre, são concepções ainda alheias a este momento constitutivo. De fato, a democracia representativa será um princípio amadurecido no seio do campesinato ao longo das décadas pós-Revolução, e como uma conseqüência indireta da instalação na massa dos princípios, assimilados em 1952, do indivíduo juridicamente livre e do direito de organização, *i.e.*, dos princípios de cidadania.

Mas a democracia representativa acontece nos limites dados pela massa. Isto é, nos limites do atraso das forças produtivas e de reforma profunda no plano moral e intelectual. De tal modo, anos mais tarde, o

---

[8] Diferentemente do que acontece com as sociedades avançadas, em que o advento do homem livre é o requisito para a constituição do eu individual e a organização social, na Bolívia, a recuperação da parcela de terra foi a conquista da independência pessoal e a possibilidade da sua organização.

poder vai ser delegado novamente à elite *emenerrista*,[9] ratificando o antigo pacto hierárquico sucessivo.

O desenlace conservador dos momentos heróicos da massa nos força a pensar num conceito fundamental para explicar o que entendemos por *autodeterminação das massas*, como resultado de acumulação de um conhecimento coletivo e de um grau de autodesenvolvimento a partir das suas ações.

Parte da resposta a esta preocupação se encontra em Marx, na análise que ele fez do camponês francês no *18 Brumário*:

> Os pequenos camponeses constituem uma imensa massa, cujos membros vivem em condições semelhantes, mas sem estabelecerem relações multiformes entre si. Seu modo de produção os isola uns dos outros, em vez de criar entre eles um intercâmbio mútuo [. . .]. A grande massa da nação francesa é, assim, formada pela simples adição de grandezas homólogas da mesma maneira que batatas em um saco constituem um saco de batatas. Na medida em que milhões de famílias camponesas vivem em condições econômicas que as separam umas das outras, e opõem seu modo de vida, os seus interesses e sua cultura aos das outras classes da sociedade, estes milhões constituem uma classe. Mas na medida em que existe entre os pequenos camponeses uma ligação local e em que a similitude de seus interesses não cria entre eles comunidade alguma, nem organizações políticas, nessa exata medida não constituem uma classe. São, conseqüentemente, incapazes de fazer valer seu interesse de classe em seu próprio nome quer através de um Parlamento, quer através de uma Convenção. Não podem representar-se, têm que ser representados. Seu representante tem, ao mesmo tempo, que aparecer como seu senhor, como autoridade sobre eles, como um poder governamental ilimitado que os protege das demais classes, e que do alto lhes manda o sol ou a chuva. A influência política dos pequenos camponeses, portanto encontra sua expressão final no fato de que o Poder Executivo submete ao seu domínio à sociedade (Marx, 1997, pp. 127-8).

---

[9] Siles Zuazo, em 1982 assume finalmente o governo, após sucessivos golpes de Estado que impediam que o voto popular, que o elegeu como presidente, se cumprisse. Siles era do setor de esquerda do MNR. Posteriormente, em 1985, quem assume o governo pela quarta vez será Paz Estenssoro, o líder histórico do Movimiento.

Nesta passagem há uma noção de classe "objetivamente dada", segundo Eder Sader (1995, p. 49), definida pelas condições de existência e uma outra noção "subjetiva", dependente da organização dos sujeitos implicados. Na tradição marxista, essas duas noções se articulam em dois momentos indissolúveis: a realidade objetiva criando uma "classe em si", e a tomada de consciência dessa realidade, criando a "classe para si".

A discussão, iniciada por Marx, e posteriormente desenvolvida por outros teóricos, discorre sobre o princípio de que uma classe que existe empiricamente somente pode defender seus interesses se adquirir consciência de si mesma, *i.e.*, se se transformar de classe em si em classe para si. A forma de organização da classe, a partir da sua consciência de si mesma, definiria o êxito — ou fracasso — da luta na defesa dos seus interesses de classe de longo alcance.

Observamos com Shanin (1971), no Capítulo 3, que pelo fato de os movimentos camponeses lutarem geralmente por objetivos limitados — como a terra — e não por finalidades políticas mais amplas, suas lutas acabam adquirindo um caráter imediato desenvolvendo um pequeno grau de consciência de classe com formas organizativas precárias. Numa interpretação semelhante, para o caso latino-americano, considerando o indígena nas suas lutas, em 1929, Mariátegui afirmava que "a luta dos índios contra os caciques tem residido, invariavelmente, na defesa das suas terras contra a absorção e o despojo. Existe, portanto, uma instintiva e profunda reivindicação indígena: a reivindicação da terra" (Mariátegui, 1999). Na falta de desenvolvimento desses níveis de autoconsciência poderia estar a explicação para a freqüente transferência da sua representação a outros segmentos da sociedade.

Como entender esse fenômeno à vista do que se discutiu até aqui?

No modo de produção capitalista, a não-propriedade ou exclusão do controle dos meios de produção induz o proletariado a se organizar como classe, primeiro em relação ao capital, tornando-se uma *classe em si*. Posteriormente, a defesa sistemática de seus interesses, a um só tempo fruto e motor do desenvolvimento de sua consciência de classe, permite-lhe tornar-se uma *classe para si*, com a conseqüente tomada de consciência de sua posição na estrutura social e respectivas formas de organização.

Nas sociedades *abigarradas*, essa fórmula clássica não se aplica adequadamente. Na teoria desenvolvida por Zavaleta Mercado, durante os enfrentamentos decisivos, o sujeito histórico é a massa, que ingressa na luta com uma determinada *acumulação no seio da massa*. Essa acumulação tem um valor tático, com conseqüências tão importantes quanto o fato de que o conceito de *classe para si* tem um valor estratégico dentro do desenvolvimento da consciência plena de classe.

Enquanto que a *acumulação no seio da massa* baseia-se num certo grau de pré-conceito, senso comum e de valores culturais não necessariamente racionais, classe para si pressupõe alguma elaboração racional, com uma preocupação de longo prazo. Há uma espontaneidade na *acumulação no seio da massa* que explode durante a crise, revelando a história das classes e define a correlação de forças na sua história futura. Em outras palavras, a crise nas sociedades *abigarradas* é o elemento revelador do passado e determinante do futuro.

Nesse sentido, Zavaleta Mercado (1986) atribui um caráter constitutivo aos momentos de crise, porque neles os sujeitos sociais se encontram e instauram um novo programa social, baseado em seus conhecimentos coletivos, predispondo-se a articular, a partir das suas experiências políticas, sociais e culturais, novas intersubjetividades. O momento da crise é um momento de construção política e de produção ideológica que definirá a história posterior da sociedade, assim como o papel futuro das classes.

Na crise de 1978, o despertar dos índios revelou o que tinham acumulado em autodeterminação durante o sonho do nacionalismo revolucionário, e abriu o caminho sobre o qual irá desenvolver o movimento camponês das próximas décadas.

É dessa acumulação e do seu desenvolvimento que iremos tratar nos próximos capítulos, considerando no núcleo do debate um setor do campesinato, o cocaleiro, que foi capaz de melhor acumular os conhecimentos e anseios da sociedade e, por isso, de se situar no centro irradiador das principais ações políticas do final do século XX e princípio de XXI.

ICONOGRAFIA

Em dezembro de 1995, as mulheres cocaleiras marcham 31 dias, partindo do Chapare até a cidade de La Paz. A marcha por uma vida digna e sem violência inaugura uma nova fase da ação popular em que as mulheres se incorporam ativamente na política e também nas mobilizações. Foto: Alex Contreras Baspineiro, 1996.

Os levantamentos indígenas foram constantes desde os tempos da colônia. Entre as estratégias usadas, o cerco às cidades era o método que a elite crioula mais temia.
Foto: Grupo Canelas, 1999.

Em 1941, nasce o *Movimiento Nacionalista Revolucionario*, liderado por Víctor Paz Estenssoro, líder histórico do MNR e da *Revolución Nacionalista* de 1952. Na década de 1940, as questões indígenas tomam o cenário político, e o indígena transforma-se em interlocutor válido para o governo. Foto: Grupo Canelas, 1999.

Em 1945 realiza-se na cidade de La Paz o I Congresso Indígena com apoio e incentivo do governo de Gualberto Villarroel (1943-1946). O curto período de reconhecimento de direitos indígenas foi abortado violentamente pela oligarquia latifundiária e os setores conservadores da política. Em 1946, Villarroel é assassinado e as leis que aboliram o trabalho gratuito e obrigatório são revogadas. Foto: Grupo Canelas, 1999.

A Revolução Nacionalista de 1952 desmonta o exército, base repressiva dos governos oligarcas. A sociedade então se organiza em milícias que até meados da década de 60 se encarregam da defesa da Revolução. Foto: Grupo Canelas, 1999.

Ao longo da primeira metade do século XX, nem analfabetos, nem mulheres podiam votar. A instituição do voto universal é uma das principais medidas da Revolução, e a primeira eleição geral acontece em 1956. Foto: Grupo Canelas, 1999.

O governo de Juan José Torres (1970-1971) retoma os ideais da Revolução e propõe um co-governo com a central sindical operária. Em 1971, no Palácio Legislativo, cria-se a *Asamblea Popular* formada predominantemente por operários mineiros e fabris, além de professores e intelectuais, porém sem presença indígena. Torres é retirado do governo por um golpe militar liderado pelo general Hugo Bánzer (1971-1978), e morto no exílio em 1976.

Em 1990, as etnias do Oriente boliviano protagonizam uma marcha que começa na cidade de Trinidade (Beni) e vai até La Paz. Sob o mote "Pelo Território e pela Dignidade", as etnias endossam pela primeira vez os métodos de mobilização e protesto dos quéchuas e aimarás, do ocidente, conseguindo o reconhecimento dos territórios ancestrais e o direito ao seu controle. Foto: Grupo Canelas, 1999.

Capítulo 5
ECONOMIA DA COCA E MIGRAÇÃO

> Uma luta política é, em sua essência, uma luta de interesses e forças, não de argumentos.
> — Trotsky. *A Revolução Traída*

PARA ENTENDER O CAMPONÊS INDÍGENA BOLIVIANO DEDIcado à plantação de folha de coca e de que modo este sujeito pôde irradiar suas ações políticas para outros setores da sociedade, analisaremos primeiro o caráter de sua atuação e suas escolhas fundadas nos seus interesses imediatos: a economia da folha da coca.

O marco histórico referencial serão os anos 1980 e a crise desencadeada nesta época, que redefiniu diversos aspectos importantes da vida política e econômica na Bolívia. Dentro de um marco histórico mais amplo, observa-se globalmente a falência dos modelos nacionais de desenvolvimento auto-sustentado e da noção de Estado como instituição que promove o desenvolvimento das forças produtivas nacionais e o bemestar social.

De modo geral, este momento corresponde a uma nova fase de desenvolvimento do capitalismo, caracterizada por uma grave crise no sistema produtivo e industrial. O crescimento da área de serviços, do setor financeiro e o alcance global dos capitais gerenciados por corporações transnacionais desencadearam uma forte crise social paralelamente a um aumento do desemprego. No âmbito local dos Estados nacionais, o fenômeno da globalização de capitais exigiu a abertura de mercados internos com o conseqüente enfraquecimento da indústria nacional e da produção interna.

No plano político, o fim da Guerra Fria iniciou um novo momento nas relações internacionais, caracterizado por tendência à unipolaridade e ao predomínio norte-americano sobre outras forças políticas nacionais, ao mesmo tempo que se verificou a formação de blocos supra-estatais com poder político, econômico e também militar. Entre eles, a comunidade européia como principal instância a contrabalançar a supremacia norte-americana.

Na América Latina, de modo geral, as reformas estruturais locais paralisaram as economias dentro de um processo que ficou conhecido como *a década perdida*, a década de 1980. Paralelamente a estas transformações, e no âmbito da política, as nações iniciaram movimentos de redemocratização dos Estados, enquanto se abria o diálogo com a insurgência organizada nas décadas anteriores contra as ditaduras da região.

A Bolívia acompanhou essas transformações mundiais e tendências regionais.

Em 1986, iniciam-se reformas estruturais tendo em vista menor intervenção estatal e maior abertura para a atuação de leis do mercado, bem como se instaura uma democracia representativa como método de organização da política nacional e de troca de governo. O nacionalismo revolucionário, cuja base era a aliança popular, foi substituído pela proliferação de partidos e pela inauguração de uma nova prática política, as alianças partidárias no Congresso, ao passo que a mobilização popular com seus métodos obreiristas e com os mineiros no centro das ações, progressivamente, é dissolvida.

Durante a crise política que marca a difícil transição à democracia na Bolívia, no início da década de 1980, e que na economia se agrava por uma hiperinflação e uma recessão, observamos que novos sujeitos fundamentais tomam parte na vida política nacional a partir da sua posição no processo produtivo e da acumulação de experiências coletivas. Foi o caso dos camponeses que, respondendo ao chamado operário-mineiro, intervieram no cenário político com seus próprios métodos de ocupação de espaços físicos e de poder, paralisando o país e exigindo o respeito ao voto popular e à democracia.

A interpelação política dos camponeses é o elemento novo das mobilizações populares bolivianas, suas limitações e alcances que desenharão o pano de fundo das lutas e contradições das próximas décadas.

Quando a base da economia estatal boliviana, apoiada na exportação de minérios, foi desarticulada nas décadas de 1980 e 1990, o eixo do sindicalismo boliviano também sofreu um processo de desmonte, com demissões e deslocamento de operários mineiros[1] para novas áreas produtivas ou para o desemprego. O eixo da organização social da resistência, o sindicalismo operário mineiro, perdendo sua colocação na estrutura produtiva do país, perdeu também sua capacidade de pressão, seu referencial de mobilização e de irradiação social. A conseqüência imediata foi a despolitização do debate e das discussões no âmbito da sociedade civil.

Nesse contexto, as modalidades de organização da resistência e da mobilização social boliviana ficaram por conta do campesinato, cujos métodos foram incorporados à organização sindical, mas com características fortemente permeadas pelos seus próprios tempos históricos. Dentro dos setores camponeses, um segmento que se desenvolveu com rapidez, com elevado senso prático de mobilização e de canalização das demandas sociais, foi o dos produtores de folha de coca. A originalidade do movimento e o desempenho do seu papel protagonista na sociedade boliviana têm que ver com sua composição interna e sua forma de organização, bem como com seu envolvimento com a economia de mercado, a partir da plantação de folha de coca para diversos usos, sejam tradicionais, sejam para a produção de sulfato de cocaína.

Sendo a Bolívia um dos países mais pobres da América Latina, o narcotráfico tem encontrado nele um território de fácil penetração, principalmente pela fragilidade econômica do país e facilidade com que a corrupção se dissemina nas classes dirigentes. O fato de se produzir no país a matéria-prima da cocaína, a folha de coca, funciona como um elemento que predispõe a manifestação do narcotráfico na Bolívia, situação que é facilitada pela existência de amplas populações empobrecidas e preparadas para produzir a folha. Entretanto, o elemento que mais tem trabalhado em favor do estabelecimento do narcotráfico no país é a conivência das elites.

No que se segue, trataremos de dois aspectos fundamentais para entender esse novo momento na Bolívia, a saber: o momento produtivo da folha de coca e o modo como ela determina a organização jurídica e política dos cocaleiros. Analisar o crescimento do narcotráfico no país a partir

---

[1] Afirma-se que 50.000 mineiros foram despedidos desde que começaram as políticas de ajuste estrutural e as privatizações, reduzindo a outrora poderosa Comibol a 15.000 operários, que passam a trabalhar para empresas multinacionais estrangeiras (Fazio, 1997).

da sua formação, abrangência econômica, das pressões interna e externa e conseqüências, enfim, a partir de um elevado número de fatores, é um objetivo que foge ao escopo deste trabalho.

De fato, há um contexto histórico em que o movimento cocaleiro surge e se fortalece, o das reformas estruturais neoliberais, que trataremos de analisar em seguida.

Entre o neoliberalismo e o narcotráfico

Sabe-se que o crescimento mundial do narcotráfico, a partir da década de 1970, foi um condicionante importante para a emergência de um setor de camponeses bolivianos dedicados à produção de folha de coca. No plano internacional, sabe-se também que as políticas internacionais de controle do tráfico de drogas foram incrementadas à medida que se substituía a doutrina de segurança nacional norte-americana contra os movimentos armados de esquerda. Nesse sentido, não poucos autores[2] interpretaram que o *discurso de combate ao narcotráfico* surgiu como um novo pretexto para manter regiões como a América Latina sob a pressão econômica, política e militar de países centrais, em particular dos EUA.

Por outro lado, ainda no plano internacional, na década de 1980, as pressões democratizantes sobre toda a América Latina[3] atingiram a Bolívia, impulsionando os anseios nacionais pela democracia. As influências externas introduziram também concepções políticas e econômicas de acordo com as novas redefinições táticas, projetadas e estruturadas nos países desenvolvidos, especificamente nos Estados Unidos e na Inglaterra. Consolida-se, nos anos 1980, o que ficaria conhecido como *neoliberalismo*.[4]

A Bolívia foi um laboratório inicial para a aplicação das reformas

---

[2] Ver Levine (1994) e Román (1996), entre outros.

[3] O crescente isolamento dos governos autoritários que se sucediam na Bolívia, nas décadas de 1960, 1970 e início de 1980, não foi apenas uma especificidade da correlação de forças locais. O fenômeno atingiu boa parte da América Latina.

[4] O neoliberalismo surge após a Segunda Guerra Mundial, como um conceito distinto do liberalismo clássico do século passado, e no seio dos países capitalistas europeus e dos EUA. Emerge como uma reação teórica e política contra o Estado intervencionista e de bem-estar social (Anderson, 1995). O pensamento neoliberal dos anos 1980, a que fazemos referência, consolida-se na nova "direita" dos países ditos do Primeiro Mundo — sobretudo na Inglaterra, na pessoa da primeira-ministra Margareth Thatcher e, de Ronald Reagan, nos Estados Unidos — e se fortalece com a queda do Bloco Soviético. Sobre o "neoliberalismo", consultar Sader & Gentili (1995).

estruturais na política e na economia. Contribuíram para este projeto as crises que atingiram o país até 1985. Primeiro, no plano político, o processo de redemocratização do país não foi tranqüilo. Foi seguido de um desarranjo econômico e de forte desequilíbrio social. Historicamente, a crise boliviana dos anos 1980 trouxe a mensagem do fracasso do Nacionalismo Revolucionário, da falta de políticas desenvolvimentistas, e foi a conseqüência de anos de desvio de recursos públicos e de corrupção estatal, notadamente durante o governo do general Bánzer (1971-1978).

O ápice dessa crise ocorreu em 1982, após sucessivas eleições convocadas e abortadas por golpes militares relâmpagos, no período de transição política que se iniciou em 1978. Em 1982, finalmente Siles Zuazo, vencedor das últimas eleições em aliança de partidos de esquerda,[5] foi empossado no governo, num contexto hiperinflacionário[6] que provocaria forte estagnação e a maior recessão econômica do país desde 1952. Apesar do apoio inicial de camponeses e proletários mineiros, a crise econômica provocou uma oposição intensa da população urbana e, principalmente, das classes médias. Paralelamente, no Congresso, facções de direita do MNR puseram em prática uma política de boicote às medidas administrativas e às tentativas de controle econômico. Finalmente, o apoio do movimento operário foi retirado e substituído pela imposição de programa de demandas pontuais, salariais, e uma sucessão de atos de pressão, mobilizações e greves que acabaram por provocar a renúncia de Siles, em 1985, um ano antes de completar seu mandato.

A saída de Siles teve significado maior que o fim de uma carreira política. Por um lado, representou o fracasso do nacionalismo revolucionário e evidenciou os limites da mobilização operária e camponesa, na COB. Por outro, criou as condições para o estabelecimento de novas formas de fazer política a partir de alianças partidárias no Congresso.[7] Segundo este mo-

---

[5] A *Unidad Democrática y Popular* (UDP) era uma coligação de três partidos de esquerda, o *Movimiento Nacionalista Revolucionario de Izquierda* (MNRI), o *Movimiento de Izquierda Revolucionaria* (MIR) e o *Partido Comunista de Bolivia* (PCB). A UDP lançou-se às eleições de 1978, reinvindicando os pressupostos da Revolução de 1952.

[6] No momento de maior crise, a inflação na Bolívia chegou 24.000% anuais, causando queda do PIB e da renda *per capita* aos níveis semelhantes aos da época da Revolução.

[7] Ocorre que na Bolívia, quando nenhum candidato à presidência consegue ser eleito por maioria absoluta de votos, o Congresso, mediante alianças partidárias, decide quem será o novo presidente. Nas últimas duas décadas do século XX, na

delo de democracia, quando o voto popular não produz maioria absoluta para a eleição de novo mandatário, a escolha passa para o Congresso, onde as alianças partidárias são mais importantes que a vontade popular. Esse modelo tem facilitado formas de clientelismo e de pressões de interesses partidários, trocas de votos por cargos ou comissões, e favorecimentos particulares, constituindo-se no modo de fazer política na Bolívia que irá durar por muitos anos ainda. Por último, a crise do governo de Siles preparou as bases para a realização de reformas estruturais profundas, impostas pelos organismos de crédito internacional.

No plano político, dois partidos foram fortalecidos, a *Acción Democrática Nacionalista* — ADN — de Hugo Bánzer, porque a crise calou as críticas contra a ditadura militar, e o MNR, de Paz Estenssoro, porque canalizou novamente para o partido as forças sociais dispersas do campesinato e do operariado nas eleições de 1985. Ambos os partidos e o *Movimiento de Izquierda Revolucionário*[8] —, passaram a coordenar no Congresso a sucessão presidencial até o final da década de 1990 e início do novo século.

No novo cenário de ações, o conflito político e de equilíbrio de forças transferiu-se das ruas para o Congresso, fenômeno que só foi possível pela valorização da democracia representativa e desqualificação das mobilizações populares, impedindo a articulação das demandas sociais a partir da base sindical.

Sob essa lógica é que foram introduzidas as reformas econômicas de controle inflacionário e de reestruturação produtiva, a partir de 1985, inspiradas no programa neoliberal: abertura ao mercado externo e desregulamentação da economia mediante a redução da intervenção estatal e da ampliação dos espaços de atividade da iniciativa privada. O governo procurou restringir sua ação ao controle da inflação e ao equilíbrio do déficit público, com cortes drásticos nos gastos estatais — sobretudo nas áreas sociais, na folha de pagamentos e nos subsídios —, além de redefinir sua

---

Bolívia, o porcentual eleitoral dos três grandes partidos era semelhante, o que na prática significou que somente eles podiam ascender ao poder, por meio de alianças entre eles ou com os partidos menores, numa troca de favores políticos já institucionalizada. Desse modo, as elites recompostas do *emenerrismo*, bem como a burguesia financeira e agrícola da ADN ligada ao MIR, compartilharam o governo nesse fim de século.

[8] O MIR congrega os social-democratas da Bolívia e está aliado, desde 1989, à ADN.

política de arrecadação fiscal, mediante a reforma tributária e o aumento do preço da gasolina (Mayorga, 1988). Por último, na década de 1990, iniciou-se um programa de privatizações — ou "capitalização" — das empresas estatais.

As conseqüências imediatas do neoliberalismo foram o aumento do desemprego, causado pelas demissões das estatais,[9] pela falência das já reduzidas indústrias e pela precarização da economia camponesa, além da redução de créditos e de incentivos. Cresceu o investimento nas áreas financeiras, mas diminuiu nas áreas produtivas, criando deficiências da demanda agregada no mercado de bens e de oferta de trabalho. Finalmente, se incrementaram os fenômenos da informalização e da terceirização da economia.

Nesse contexto, decorre um novo fenômeno migratório de trabalhadores das minas para as cidades, para fora do país e, em menor escala, para as zonas de colonização agrícola, onde se estabeleceram novos assentamentos e colônias de monoprodutores da folha de coca.

Do mesmo modo, regiões rurais empobrecidas transformam-se em zonas de expulsão social para as cidades e também para os locais de produção de folha de coca. Assim, verifica-se que as crises econômica e política, da década de 1980, estão na base da nova problemática social boliviana, cuja marca característica será o êxodo rural e a expulsão social em direção à marginalidade.

Migração e organização das colônias de produtores de folha de coca

A pobreza rural na Bolívia, entretanto, inicia-se muito antes, nas estratégias assumidas no período de colonização espanhola quando a organização produtiva do Império Incaico, o *ayllu,* que garantia o acesso à diversidade de produtos durante o ano todo, é desorganizado. A colonização empurrou progressivamente as comunidades a territórios geograficamente limitados ou dentro das fazendas, na condição de servos. O

---

[9] Mediante o programa de "demissão voluntária", geralmente nas minas, o governo, principal empregador até esse momento, desonerou-se de 10% das obrigações do governo com salários, originando uma massa de 23.000 novos desempregados (Mayorga, 1988; Anaya 1987; Sánchez, 1987).

resultado foi a precarização do sistema produtivo e o surgimento da fome e da miséria rural que fazem da Bolívia atualmente o país mais pobre da América do Sul.

A Reforma Agrária também produziu distorções na economia camponesa. O Decreto Oficial transformou os camponeses comunitários e servos em pequenos agricultores em posse de uma propriedade individual, mas a reapropriação de suas terras não mudou a situação de indigência rural. Pelo contrário, as comunidades foram desagregadas, de modo mais radical, ao substituir os laços comunitários por propriedades individuais sem um programa concreto de rearticulação da economia rural num mercado nacional.

Por outra parte, desde a colônia, a economia rural esteve subordinada ao mercado mineiro de Potosí. Posteriormente, na constituição republicana, a função das áreas rurais foi satisfazer a demanda das cidades e do eixo mineiro. Desse modo, ela cresceu dependente dos centros econômicos mineiros ou sustentando as diversas crises e recessões bolivianas. Na Revolução Nacional, e nas décadas posteriores, tampouco a situação de pobreza dos indígenas foi contornada, uma vez que houve controle de preços de produtos agrícolas e outras medidas que acabaram privilegiando o desenvolvimento urbano e os serviços para trabalhadores das cidades. Finalmente, a abertura de fronteiras agrícolas no leste do país como política de desenvolvimento das áreas rurais, fomentou a agricultura de extensão e o grande produtor, em detrimento dos pequenos produtores.

O camponês foi então paulatinamente destituído do seu excedente e empurrado abaixo da linha de pobreza a tal ponto que na década de 1980, época da pior crise na Bolívia, 95% da população residente nas áreas rurais estava em situação de indigência, e 35,7% deles vivia em circunstâncias de extrema indigência, *i.e.*, sem satisfazer sequer a terça parte das suas necessidades básicas de subsistência (Urioste, 1996). O informe do Programa das Nações Unidas para o Desenvolvimento para 2002 afirma que nas zonas rurais, a ampla maioria da população (82%) acumula carências monetárias e não monetárias, comparativamente com as zonas urbanas que apresentam número maior de não-pobres (55%) (Pnud, 2002).

A lógica dominante na atividade econômica do camponês, nessas condições, foi a da reprodução da força de trabalho para assegurar a manutenção dos membros da família nos níveis de reprodução historicamente estabelecidos e sem grande perspectiva de acumulação. A expansão da propriedade, paralelamente ao crescimento da família era impossível, como o era evitar a minifundização e a transformação das suas terras em parcelas improdutivas.

Desse modo, a positivação dos direitos do camponês-índio na Reforma Agrária, que o transformou em pequeno produtor rural, de fato limitou-se a ser um instrumento classificatório de grupos humanos com objetivo apenas metodológico, sem conseguir explicar a complexidade e diversidade que foram surgindo no processo secular de desarticulação das comunidades camponesas, e muito menos, sem conseguir superar a condição de pobreza rural. Atualmente, observa-se no campo a existência de produtores rurais minifundiários, comunitários indígenas com produção vinculada ao mercado, camponeses com uma economia de reprodução basicamente familiar, comunidades com organização produtiva nos moldes do *ayllu*, enfim, uma diversidade de relações produtivas de venda ou troca de mão-de-obra para trabalhos rurais.

Outro elemento que dificultou o melhor desenvolvimento das forças produtivas na região foi o tipo de vínculo entre camponeses e *emenerristas*, representantes do governo e responsáveis pela articulação com as cidades. O *Movimientismo* impôs a mediação do sindicato oficialista e do partido nas relações com o camponês, o que institui as práticas do clientelismo, assistencialismo e dos favores pessoais que regularam o desenvolvimento econômico e político do setor. Nesse contexto, as lutas contemporâneas do campesinato boliviano para superar a situação de pobreza têm-se dado em torno de uma divisão campo/cidade, que ressurge com grande importância, principalmente, após 1952.

No caso boliviano, a divisão campo/cidade é mais evidente quando se observa a concentração populacional rural. Até início da década de 1980, mais da metade da população — 55,56% — vivia nas zonas rurais. A partir daí, o quadro veio mudando progressivamente. Se em 1980 a população urbana era de 44,44%, progressivamente foi crescendo para 48,36% em 1986, para 57,50% em 1992, até chegar a 62,43% da população nacional, em 2001, data do último senso. Conseqüentemente, a população rural passou de 55,56% em 1980 para 37,57% em 2001 (Instituto Nacional de Estadística, 1993; 2002).

A análise do contingente rural torna-se mais complexa com o elemento étnico que afirma que, do total nacional, 34,3% têm o quíchua como língua mãe e 23,5% o aimará[10] (INE, 1993), dado que não considera o enorme contingente populacional descendente de índios, de segunda geração.

Nesse contexto, o perfil dos movimentos camponeses contemporâneos, congregando demandas sejam econômicas, étnicas ou autogestionárias, contém no fundo a crítica contra um Estado que representa apenas as demandas urbanas e dos setores de maior influência econômica. Por isso, as mobilizações rurais contemporâneas têm progressivamente um conteúdo também antiestatal.

Essas razões e a constatação de que os minufúndios serão incapazes de garantir o sustento dos camponeses no pós-1952 são os fatores que provocam o êxodo de indígenas das áreas rurais em busca de alternativas de sobrevivência em setores nem sempre relacionados com a agricultura. Em algumas regiões de tradição rural, a agricultura tornou-se fonte secundária de renda do pequeno produtor, realizando cumulativamente trabalhos artesanais, de comércio e de prestação de serviços.

A migração para as zonas de colonização, nas fronteiras agrícolas, foi também um modo freqüente de diversificação da economia camponesa (Flores & Blanes, 1984). O Chapare Tropical,[11] no departamento de Cochabamba, pelo atrativo do cultivo da folha de coca, foi na década de 1980 um dos locais receptores dessa população. Dados de início da década de 1970 afirmam que nessa época o Chapare tinha apenas 25.000 habitantes, e que cinco anos mais tarde, quando se deflagra a demanda de folha para o narcotráfico, explode para 140.000 habitantes (Weil & Weil, 1993), a maior parte do próprio departamento de Cochabamba. O Chapare chega a concentrar 20% da população do departamento (Flores & Blanes, 1984).

---

[10] De fato, entre aimarás e quíchuas bolivianos não há grande diferença étnica. Antes da chegada dos incas, essas etnias estavam unificadas sob o império tiahuanacota. Quando o império entrou em decadência, alguns séculos antes da invasão inca, ele se dissolveu em comunidades dispersas. Algumas dessas comunidades foram conquistadas pelos incas e transplantadas para outras regiões, como o vale de Cochabamba, depois de incorporada a língua dos conquistadores. Desse modo, quíchuas transplantados e aimarás têm o mesmo tronco comum no Tiahuanaco (Guzmán, 1990).

[11] O Chapare Tropical, região situada ao norte de Cochabamba, é o modo genérico como três províncias, Chapare, Carrasco e Arani, do departamento de Cochabamba são conhecidas. É nessa região que se cultiva a folha de coca para o narcotráfico. O uso passou a denominar esta região como Chapare, forma como a designaremos.

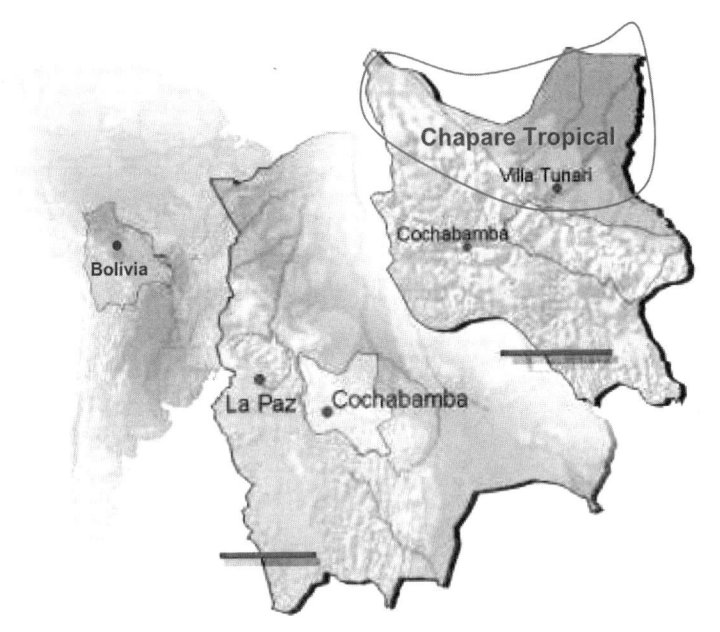

O Chapare Tropical compreende as províncias de Arani, Tiraque e Chapare. A região é a maior produtora de folha de coca na Bolívia e o lugar onde se originou o movimento cocaleiro.

Aqui, de início, o produtor quis alternar a produção da folha com outros produtos para seu sustento. A partir da década de 1980, porém, ele especializou-se na folha de coca para o circuito internacional de cocaína, passando a ser consumidor dependente de outros produtos agrícolas no mercado.

A Bolívia é um país secularmente produtor da folha de coca, usada na mastigação[12] e nos rituais da cultura andina[13]. Sabe-se que ela começou a ser plantada e sintetizada como sulfato base de cocaína, na década de 1940,

---

[12] A mastigação — ou melhor, o *acullico* da coca — é a forma mais antiga de consumir a folha. Colocada junto com um preparado de cal, na parede interna da boca, molha-se a coca com a saliva e suga-se seu líquido. Seus resultados imediatos manifestam-se como estimulante moderado que dá ânimo para o trabalho, posterga o desejo de comer e acelera a digestão (Carter & Mamani, 1986; Carter, 1996 e Laserna, 1996).

[13] O *acullico* pode ser realizado de modo individual — especialmente no momento do trabalho e do esforço físico — ou de modo coletivo, em cerimônias e rituais de comunhão grupal, ou quando a comunidade está reunida para discutir questões políticas internas. Neste contexto, o símbolo da coca é de prestígio e hierarquia,

incrementando essa produção nos anos 1960. O aumento no cultivo da folha para elaborar a cocaína, nessa época, foi resultado das políticas internas de abertura de fronteiras agrícolas, após a Revolução de 1952, e também do crescimento no consumo internacional da droga.

Por questões geográficas e por características típicas da folha, na Bolívia, a plantação de coca concentrou-se em duas regiões distintas: nos Yungas de La Paz, onde a folha se caracteriza por um sabor mais agradável para a mastigação e por isso, destinada ao consumo tradicional, e no Chapare de Cochabamba, onde a folha contém teor maior do alcalóide da cocaína e, por esse motivo, é destinada basicamente ao processamento da droga.[14]

Na década de 1970, o crescimento da plantação de folha de coca foi induzido pelo estabelecimento do narcotráfico como crime organizado no país, incentivado ou tolerado por setores do governo na época do mandato de Bánzer. Posteriormente, na década de 1980, a crise política e econômica paralela ao crescimento da demanda internacional de cocaína, provocou uma explosão na produção da folha, atraindo milhares de plantadores de coca, de todos as regiões rurais e urbanas do país. Estes novos produtores organizaram-se em colônias de famílias migrantes e passaram a se autodenominar *cocaleros*.

O final da década de 1970 foi a época de maior fluxo migratório para o Chapare, chegando a concentrar 20% da população do departamento de Cochabamba. Desse contingente, 70% era migrante de colonização recente (Flores & Blanes, 1984). O colonizador típico do Chapare na época era um migrante de colonização espontânea, que começou a chegar a partir da década de 1970, nascido sobretudo no departamento de Cochabamba, e que, na maioria dos casos, ou não possuía terras no seu lugar de origem, ou estavam localizadas em zonas áridas, ou se constituíam em minifúndios menores que um hectare.

Tratava-se de um setor da sociedade, que passou a maior parte de sua vida na agricultura, na reprodução do trabalho familiar e que não aceitaria

---

quia, podendo envolver cerimônias místicas. Outro uso importante da folha é o medicinal (Carter & Mamani, 1986; Carter, 1996 e Laserna, 1996) e como complemento alimentício (Laserna, 1996). Em nenhuma situação o *acullico* é utilizado como substituto da alimentação, e tampouco há registros de que tenha efeitos alucinógenos ou semelhantes a drogas psicotrópicas.

[14] Sabe-se que 80% da folha de coca destinada à cocaína, durante as décadas de 1980 e 1990, eram produzidos no Chapare, correspondendo o restante 20% à região de Yungas (Laserna, 1996).

perder o estatuto de produtor independente (Flores & Blanes, 1984), negando-se a vender sua força de trabalho em troca de um salário. Entretanto, a necessidade de satisfazer a demanda crescente do seu produto para o mercado forçou, continuamente, o produtor familiar a contratar serviços de pessoas alheias ao seu grupo doméstico, fossem elas parentes, vizinhos ou visitantes que chegavam das suas comunidades de origem.

Essa lógica de relações de organização na produção criou redes sociais, fundindo um imbricado sistema capitalista e tradicional, e misturando, por exemplo, formas de troca de serviços, como um dia de trabalho por outro, contratos monetários diversos, ou simplesmente pagamentos em produtos.[15] Em todas as tarefas de serviços, quem geralmente participa é o chefe da família (Weil & Weil, 1993).

Para o colonizador, a produção para o mercado é mais importante que a de subsistência e dentre os produtos que ele escolheu pela facilidade de venda e de produção está a folha de coca. Uma das características mais importantes do setor está no fato de o cultivo da folha acabar tornando-se centro do sistema produtivo, notadamente a partir da década de 1970. Com a coca, o produtor da folha conseguiu no mercado uma margem de autonomia maior que a de qualquer outro camponês, preservando sua relação de propriedade direta da terra.

Foi também com a folha e no ato de defesa dos cultivos, que o cocaleiro conseguiu articular-se com outros produtores de coca, constituindo associações com organização e base social cada vez mais sólidas.

As primeiras associações de produtores de coca datam do início da década de 1970, durante a curta fase de abertura política, interrompida pelo golpe de Estado de Bánzer. Em 1971, convocados por partidos de esquerda, com apoio de estudantes universitários e de sindicatos operários, instalou-se a primeira *Federación de Colonizadores*, constituindo-se aí uma efetiva alternativa independente às organizações oficialistas. De início, a *Federación* limitou-se a reivindicações básicas e imediatas. Mas, à medida que o narcotráfico se expandia, no início dos anos 1980, e o governo implementava reformas nas políticas de Segurança Nacional (Aguiló, 1992) sob

---

[15] Num estudo realizado na década de 1980, afirma-se que a lógica de organização do trabalho, naquela época, era do seguinte modo: 42% dos casos realizavam-se com troca de serviços, 38% das vezes tratava-se de contratos monetários diversos, e 17% das situações referiam-se a pagamentos que se realizavam na forma de produtos (Weil & Weil, 1993).

pressão dos Estados Unidos, o sindicalismo cocaleiro teve de elaborar um discurso mais coerente de legitimação social e articular suas ações sindicais, para além das demandas corporativas. Transformações que, junto com a composição familiar-comunitária e a organização sindical, formaram a estrutura embrionária do movimento cocaleiro.

Em meados dos anos 1980, a chegada de novos componentes sociais — principalmente de ex-mineiros e de setores urbanos — potencializou os atributos de experiências heterogêneas do movimento cocaleiro, criando as condições para que no futuro eles pudessem transformar-se num bloco histórico capaz de interpelar a ordem estatal.

Desde o início, os cocaleiros como coletivo entraram na corrente do tráfico de cocaína na função de produtores de folha e não como fabricantes ou transportadores da droga, o que lhes permitiu negociar com o governo a margem de legalidade das suas plantações, conforme veremos no Capítulo 6.

Pela sua colocação na cadeia produtiva do narcotráfico, é reservada a eles a menor parte dos lucros gerados pelo negócio da droga, suficiente, entretanto, para sair das estatísticas de *extrema pobreza* em que se encontram os camponeses bolivianos, ficando apenas no quadro da *pobreza* (Urioste, 1989). Estudos do Programa das Nações Unidas para o Desenvolvimento, de 1995, indicam que o índice de desenvolvimento humano, no Chapare, região de produção de coca para o narcotráfico, estava abaixo da média departamental[16] (Laserna, 1996). Contudo, comparando-se a situação do cocaleiro com a de outros produtores tradicionais do campo, pode-se observar que nas colônias houve incremento de renda do produtor de coca e um fluxo de dinheiro impensável noutras áreas rurais. Por ter uma economia vinculada diretamente com a produção da folha, observa-se que o cocaleiro é altamente dependente de produtos adquiridos apenas no mercado, o que limita sua margem de acumulação de capital. Isso explica em parte a pouca mobilidade social do cocaleiro, bem como a falta de investimento na sua qualidade de vida.

---

[16] As províncias com áreas tropicais propícias ao cultivo de coca encontram-se abaixo da média do departamento de Cochabamba. Enquanto o IDH de Cochabamba foi calculado em 0.612, o de Chapare Tropical apenas atingiu valores entre 0.583 (Chapare), 0.542 (Carrasco) e 0.503 (Tiraque). O interessante é que a diferença urbano/rural é muito alta para o departamento no seu conjunto. O IDH urbano é 1,5 vezes mais alto que o rural, e do Chapare é o menor, com diferença de 18% em favor das áreas urbanas.

De fato, a vantagem de se relacionar com o mercado do narcotráfico, para o cocaleiro, reside na possibilidade de dispor de um fluxo de capital que seria muito difícil nas suas regiões de origem. Em contrapartida, o cocaleiro tem tido de confrontar indiretamente a crescente repressão contra o tráfico, sendo o elo mais frágil da cadeia.

Em princípio, a plantação de coca na Bolívia não está proibida, desde que se restrinja às áreas consideradas legais, *i.e.*, às regiões onde historicamente se produz a folha para o consumo tradicional dos índios. O resto do território nacional foi dividido em zona de produção excedentária — cujos cultivos deveriam ser erradicados até final de 2000 — e zona ilegal, de cultivos novos ou de novos territórios utilizados para a plantação da folha.

Dubiedade de posturas

As políticas governamentais e as ações dos *cocaleros* têm-se concentrado até o final da década de 1990 na discussão de alternativas de cultivo e formas de compensação econômica, gerando uma postura dúbia no tratamento e na solução do problema da plantação de coca. Verifica-se essa dubiedade entre todos os envolvidos com o problema, os cocaleiros, o governo boliviano e os responsáveis pelas políticas internacionais de controle do tráfico.

No plano internacional, durante o governo norte-americano de Ronald Reagan e, posteriormente, com o presidente George Bush, foi decretada, pela primeira vez, a "Guerra contra as Drogas", cujo principal instrumento coercitivo era o condicionamento de créditos e de negociação da dívida externa — Plano Baker, Plano Brady —, ao combate do narcotráfico. O acordo previa a criação de forças antidrogas de caráter multilateral, e o incremento da assistência militar norte-americana aos países da região (Youngers, 1990). Afirma-se que os objetivos eram vários: evitar a emergência de um novo foco de instabilidade das democracias nacionais emergentes, combater a relação do narcotráfico com a guerrilha, coibir a organização do crime organizado, etc. De fato, essas políticas coincidiam com o fim da Guerra Fria, exigindo uma redefinição das funções das forças armadas e da doutrina de "segurança nacional", até então justificadas pelo combate à guerrilha de esquerda.

Grosso modo, a "Guerra contra as Drogas" foi o eixo de uma nova articulação das relações interamericanas que, a partir da década de 1980, passou a qualificar as políticas nacionais de controle do narcotráfico sob a coação de "certificação" — ou não — dos países que lutam contra o narcotráfico. A concessão de créditos, a negociação da dívida externa e a definição de programas de cooperação e ajuda internacional passaram a ser condicionadas à certificação de um país.

Teorias "conspiracionistas", que não endossamos, falam dos interesses norte-americanos para controlar o segundo maior negócio do mundo (Mills, 1986; Woodward, 1987; Delpirou & Labrousse, 1988). Entretanto, acreditamos que a necessidade de introduzir um programa de reformas estruturais nos modelos nacionalistas de capitalismo estatal latino-americanos seria uma motivação maior que justificaria a interferência norte-americana na região.

Assim, por exemplo, governos como o de Siles Zuazo, cuja simpatia com a esquerda e com o nacionalismo popular incentivava a intervenção das massas nas políticas governamentais, tiveram mínimas possibilidades de obter apoio internacional. Por isso, independentemente da ratificação de convênios internacionais na luta contra o narcotráfico e da elaboração dos primeiros programas formais de redução de cultivos, o Plan Qüinqüenal do governo Siles teve escasso amparo econômico internacional para o controle inflacionário (Prado, 1986). Por outro lado, o governo de Paz Estenssoro, que introduziu o neoliberalismo no país, conseguiu assinar importantes acordos com o FMI para novos créditos, e também para a renegociação da dívida externa (Prado, 1986; Anaya, 1987; Sánchez, 1987), mesmo após ter legalizado o branqueamento das contas nacionais do narcotráfico, sob a ampliação do sigilo bancário.

Além disso, a falta de empenho dos países consumidores em diminuir a demanda interna pela cocaína corrobora a inconsistência nas posturas políticas sintetizadas na dubiedade de uma *responsabilidad compartida*.

Não menos dúbia tem sido a atuação do Estado boliviano quanto ao tratamento dos problemas internos relacionados à produção de coca. Pressionado por duas forças contrárias, a interna e a externa, o governo regularmente tem aceitado o apoio internacional condicionado à luta contra o narcotráfico, mas reajustando os convênios às pressões sociais internas dos produtores de coca, canalizando o dinheiro circulante do tráfico e desregulamentando a política cambial, a fim de fomentar o depósito de dólares sem justificativa de origem.

Siles foi quem inaugurou o condicionamento do controle da coca aos convênios e liberação de verbas internacionais (Quiroga, 1990; Aguiló, 1988; Laserna, 1996), e Paz Estenssoro foi quem legitimou a mediação do dinheiro do narcotráfico, como colchão financeiro de suporte do modelo econômico (Mayorga, 1988). No relacionamento com os cocaleiros, o governo do MNR combinou a violência da erradicação, com programas de *Desarrollo Alternativo,* cujo princípio era indenizar os produtores que ajudassem o governo a atingir as metas estabelecidas para a erradicação e a certificação.

Já na década de 1990, e como produto da falência do modelo neoliberal, observou-se uma virada nas táticas de captação de capitais externos. A recessão produtiva crescente desestruturou o país economicamente, paralisando a escassa indústria nacional e abandonando as iniciativas econômicas ao capital financeiro internacional. A reduzida atividade econômica provocou a reorganização popular em movimentos sociais de crescente importância em força política, em cujo centro se encontrava regularmente o movimento cocaleiro. O governo precisou, então, renegociar suas dívidas e conseguir novos empréstimos para conter a insatisfação social crescente, conveniando principalmente a erradicação dos cultivos de coca e o desmonte do movimento cocaleiro, que nesse momento adquiria matizes políticos socialistas. A virada nas políticas estatais de controle da folha de coca significou não apenas negociar a governabilidade contra a crescente insatisfação popular, como também conter a ascendente influência política nacional do movimento cocaleiro, de forma que neutralizasse sua projeção nacional.

Ambígua também foi a atuação dos cocaleiros. Desde o primeiro momento, o sindicato de colonizadores aceitou que o inimigo comum com o governo e a sociedade era o narcotráfico, e submeteu-se ao programa de substituição de cultivos por um "desenvolvimento alternativo". Consentiu, voluntariamente ou não, a erradicação dos cultivos em troca da indenização das perdas, condicionando o diálogo com o governo à execução de amplos repertórios de demandas, obtendo conquistas para o setor muito além das reivindicadas, mas mantendo a produção da folha nas suas terras ou em novas regiões. Desse modo, o volume total de produção de coca até o ano de 1997 foi mantido, apesar da erradicação crescente implementada pelo governo.

Desde o início dos programas de controle e de combate ao narcotráfico, em meados dos anos 1980, apesar da redução dos preços da coca,[17] não se verificou diminuição de terras cultivadas,[18] pelo menos até 1997, data a partir da qual a erradicação é mais violenta e efetiva. A lógica aparentemente era que, para se manter os lucros da coca, apesar da diminuição dos preços, incrementou-se a produção.

Por outro lado, o programa de compensações que o governo criou para os erradicadores da folha, segundo o qual a substituição de cultivos seria acompanhado com indenização de US$ 2.000 por hectare — programa que durou até 1998 —, originou, primeiro, um setor privilegiado de camponeses, os *erradicadores*, com acesso a créditos, apoio tecnológico, investimento comunitário em infra-estrutura social e produtiva, e em seguida incentivou camponeses não produtores de folha a ingressar no ciclo produtivo da coca (Laserna, 1996). Finalmente, permitiu que os cocaleiros erradicassem, voluntariamente, os cultivos na época de queda dos preços, e rejeitassem o programa, no momento de alta.

Desse modo, pode-se observar que a migração para as regiões de cultivo de coca não era somente resultado dos fatores de expulsão das zonas de origem, mas também da atração crescente que o círculo vicioso exerce. O cocaleiro está consciente desse fenômeno no momento em que negocia a erradicação de cultivos por "desenvolvimento alternativo". Também estão conscientes o governo e os órgãos financiadores externos, quando condicionam o investimento na área de controle e substituição de cultivos.

Finalmente, a dubiedade das políticas de substituição e desenvolvimento alternativo resulta da não-execução efetiva de programas de desenvolvimento nas áreas de produção da coca, deixando mais evidente a inconseqüência das ações do governo e a falta de visão dos cocaleiros.

---

[17] Até meados de 1986, observa-se uma alta sustentada dos preços da folha de coca. O topo teria sido em agosto de 1986, quando 100 libras da folha chegaram a custar Bs. 282,24 (US$ 117,60). Em 1987, o preço mais baixo foi de Bs. 52 e o mais alto de Bs. 242. Em 1988, os extremos oscilaram entre Bs 29 e Bs. 369. As informações são da Direco, órgão oficial que controla dia a dia as flutuações de preços nos principais mercados do Chapare (Quiroga, 1990).

[18] Segundo o *Ministerio de Assuntos Campesinos*, em 1985 havia 64.542 hectares de coca cultivadas na Bolívia. Em 1986 esta superfície teria subido para 70.995 hectares (Quiroga, 1990). Outros dados mostram que, enquanto em 1991 62% dos produtores tinham cultivos de coca de extensões inferiores a dois hectares, essa proporção aumentou em 1996 a 72,4% (Laserna, 1996).

Por último, em 2001, o governo afirmou que atingiria a meta de "coca zero", ou a erradicação total dos cultivos ilegais e excedentários, sem direito à compensação. De fato, tal meta não foi atingida, embora a erradicação da folha tenha atingido a sua maior expressão nesta época.[19] Isto nos põe diante da seguinte questão: qual é o horizonte construído pelos cocaleiros para superar sua dependência econômica do círculo vicioso do cultivo-erradicação/compensação-cultivo?

Deixamos a pergunta para balizar a principal limitação do movimento cocaleiro, cuja defesa enviesada a seus interesses imediatos simboliza a contradição fundamental da sua luta e do seu horizonte de classe, revelando ainda quanto ele precisará desenvolver-se para se transformar num setor que se fortalece e luta para si.

Impacto da coca e da cocaína na economia nacional e na dos cocaleiros

Apesar de não ser possível estabelecer o grau exato da penetração do capital do narcotráfico e da dependência da Bolívia em relação a essa economia, pode-se afirmar que, sendo o país um dos mais pobres da América Latina,[20] essa dependência não é pequena. Baseando-se em levantamento de dados não rigorosos para o final da década de 1980, momento da maior crise social, concluiu-se que a Bolívia era o país mais dependente da economia do narcotráfico na América Latina[21] (Hardinghaus, 1989). Tomando como exemplo o PNB oficial de 1989, de aproximadamente US$ 4 bilhões, só o mercado da droga teria gerado um equivalente de pouco menos que US$ 3

---

[19] Informes da *Drug Enforcement Administration* (DEA) indicam que a partir da metade da década de 1990 e até 2000, a área de cultivo de coca na Bolívia estava em diminuição. Entretanto, a partir de 2001, o volume de plantação da folha começa novamente a crescer: em 1995 havia 48.600 hectares de plantação, em 1998, a superfície havia-se reduzido para 38.000 hectares. Em 2000, a extensão de plantação da folha conseguiu atingir um nível mínimo de 14.600, para voltar a crescer em 2001 e 2002, quando a superfície de coca volta a ser 19.900 e 24.400 hectares respectivamente (Cultivo de coca cresce na Bolívia e inviabiliza meta. *FSP*, São Paulo, 29/12/2002).

[20] A Bolívia é uma das nações mais pobres da América do Sul, com a maior taxa de analfabetismo e o menor índice de desenvolvimento humano da região, segundo dados do Programa das Nações Unidas para o Desenvolvimento, em 2000.

[21] Hardinghaus adverte que o caráter ilegal do negócio do tráfico impede uma quantificação exata da sua influência nas economias nacionais. Por isso, afirma, deveria ser chamada de economia *underground* (Hardinghaus, 1989).

bilhões, dos quais somente a metade teria sido incorporada, de algum modo, aos cofres do país. Desse montante, cerca de 80% teriam origem nas exportações da folha, da base e da pasta de coca.

No mesmo período, José Antonio Quiroga (1990) realizou um levantamento comparativo de estudos e cifras sobre o lucro do narcotráfico, chegando a dados diferentes. Ele afirma que encontrou, por exemplo, um informe da DEA para o Congresso dos Estados Unidos, segundo o qual, a cada ano, ingressavam na Bolívia, US$ 900 milhões por conta da exportação de cocaína, o que, comparando com o valor das exportações legais, teria significado que regularmente se exportava para os Estados Unidos dois *cocadólares* por dólar legal.

Um estudo com objetivo de medir o impacto do complexo coca-cocaína na Bolívia ao longo da década da crise econômica e social, realizado pela *Unidad de Análisis de Políticas Económicas* (Udape, 1985), afirmou que, do lucro gerado pelo circuito coca-cocaína, permanecia no país unicamente o valor da folha de coca. O valor agregado da cocaína seria um lucro nos mercados externos que, em 1985, teria representado US$ 5,732 bilhões, dos quais apenas ficaram no país 15%.

O porcentual que permanecia no país, isto é, 367 milhões, financiariam as atividades formais e informais da economia boliviana, o que viria a explicar o porquê de a queda do PIB formal, até 1985, não ter detido a diversificação das atividades dos outros setores,[22] além de justificar a estabilidade cambial, desde 1986.[23] Esses dados, entretanto, não estariam inteiramente corretos, pois desconsideravam aspectos importantes como o fato de que nem todo valor agregado da cocaína saiu do país, uma vez que no processo intervieram atores intermediários como a burocracia corrupta e o favoritismo do funcionalismo público. Também são desconsiderados os investimentos na agroindústria, na pecuária, na especulação imobiliária e financeira, todas elas usuárias dos capitais provenientes da cocaína e não do excedente da coca.

---

[22] Apesar da queda do PIB formal (mais de 25% entre 1980 e 1985), existem atividades que crescem e se diversificam como o contrabando, o consumo suntuoso, o setor financeiro especulativo e outros (Quiroga, 1990).

[23] O fluxo de divisas proveniente sobretudo do narcotráfico manteve a estabilidade do dólar quando no mercado internacional a cotação do estanho se reduziu notavelmente, a partir de outubro de 1985, e o preço do gás caiu no início de 1986. Este fato explicaria ainda o incremento ostensivo na reserva de divisas que se deu durante os primeiros meses de 1986 (Quiroga, 1990).

A diminuição do PIB durante 1985 contrastou com o aumento do cultivo da coca. Enquanto as zonas de cultivo mostraram, entre 1978 e 1986, um crescimento populacional de 366%, a taxa de desemprego aberto entre 1980 e 1986 cresceu de 5,7% a 20%. O índice do *quantum* do setor agrícola, com a inclusão da cocaína nos cálculos, mostrou crescimento de 61%, entre 1980 e 1986. Sem a sua inclusão, o crescimento chegava somente a 4% (Quiroga, 1990). Assim, adotando os mesmos critérios da Udape (1985), o governo do MNR afirmou que, descontando o capital da cocaína que sai do país, ficaram na Bolívia entre US$ 1,78 e US$ 2,3 bilhões, em 1986.

Quanto à influência da coca na economia do cocaleiro, foram confrontados vários estudos da década de 1980 (Quiroga, 1990), incluindo famílias de produtores da folha, em áreas típicas, que contratavam mão-de-obra assalariada regularmente nas épocas da colheita. Concluiu-se que, em 1986, cerca de 71.000 hectares de coca foram plantados na Bolívia, envolvendo 355.000 pessoas, cuja principal fonte de renda dependia do cultivo da folha. Noutro estudo, Aguiló (1988) situou tal cifra em torno de 300.000 pessoas; um dado próximo ao fornecido pelo governo do MNR, para a elaboração do *Plan Trienal*, que calculou em 350.000 indivíduos mobilizados no cultivo de coca, para a mesma época (Udape, 1985).

A partir desta última cifra, o MNR fez um cálculo de progressão do crescimento de cultivos de coca, comparando os anos de 1978 e 1986. Segundo esse estudo, em 1978, ano do censo, haveria 15.000 famílias dependentes do cultivo da coca, que em 1986 teriam aumentado para 70.000 famílias — 85% situadas no Chapare —, o que significa que houve um crescimento populacional, da ordem de 366% ou 21% anuais. Ainda, em 1986, mais de 5% da população boliviana, pelos dados do governo, dedicar-se-ia ao cultivo da coca (Quiroga, 1990).

Ao levar em conta a produção e também a comercialização da folha, Aguiló (1988) afirmou que, em 1985, meio milhão de habitantes foram mobilizados, ou seja, 7,1% da população boliviana, abrangendo os encarregados de comprar e vender a coca, os que a transportavam para os mercados e feiras, os que elaboravam o sulfato, no Chapare, e os que se empregavam no transporte do alcalóide,[24] desde a plantação, até a distribuição.

---

[24] Neste cálculo, Aguiló não inclui ainda os consumidores, que somados com os dados anteriores, passam da cifra de 700.000 pessoas no "macrocircuito da coca-cocaína" (Aguiló, 1988).

Destacamos os dados da década de 1980 e do crescimento da plantação da folha, porque eles relatam o momento da maior crise registrada no país desde a década de 1950; e também porque coincidem com o aumento da demanda do cloridrato de cocaína e do narcotráfico.

Dados mais atuais, apesar de mostrarem algumas mudanças nos preços e nos níveis de cultivo, não são mais otimistas quanto à dependência econômica. Assim, por exemplo, em 1996, o número de famílias que dedicavam mais de dois hectares à produção de coca atingia 27,56% do total, número inferior ao de 1991, que alcançava 37,8%, mas muito superior a 1981, quando da explosão da cocaína, em que somente 5,5% das famílias destinavam esse território para o cultivo da folha (Laserna, 1996) no Chapare. Desse modo, a superfície plantada com a folha elevou-se de 25.800 hectares, em 1986, para 32.900 em 1993 e 34.900 em 1994. Em 1995, caiu para 30.805 hectares, uma área ainda maior que a da década anterior, em 1986, quando foi inaugurado o programa de erradicação durante a expansão da demanda, com os preços da folha no ápice, ainda que a superfície dedicada ao cultivo atingisse somente 25.800 hectares (Laserna, 1996).

A importância da economia da coca-cocaína no PIB total apresentou considerável queda na década de 1990. Estimativas demonstram, em cifras mínimas e máximas, que a porcentagem que diz respeito ao PIB nacional, proveniente do circuito do tráfico, era em 1981 de 20,5% a 40,3%, aumentando em 1986 para um valor entre 53,4% e 64,6%. Em 1990, a importância do tráfico atingiria unicamente de 3,7% a 12,9%, em 1991 seria menor ainda, de 3,4% a 6,0% e em 1993 cairia para 2,9%. A grande diferença entre os dados da década de 1980 e 1990 foram analisados por Laserna (1996), que observou, que durante o primeiro período da expansão do tráfico, isto é, de 1980 a 1986, os dados estavam fortemente superestimados, o que de fato não acontecia a partir de 1987, quando o programa de estabilização econômica e reforma estrutural começavam a ser executados. Assim, concluiu que a produção e exportação de cocaína são uma fonte importante de recursos para o intercâmbio internacional e representam oportunidades de ingresso e emprego para uma quantidade considerável de pessoas.

Não se sabe com certeza qual é a real significação econômica dessas atividades, mas se aceita a existência de indícios sobre a sua grande importância, mesmo que a incidência tenha diminuído à medida que a economia foi sendo estabilizada (Laserna, 1996). Estimativas oficiais foram manipuladas com um objetivo fundamental: apresentar dados sobre os esforços bolivianos para estabilizar e reativar a economia, em que os ingressos e divisas perdidos na repressão ao tráfico deveriam ser compensados com apoio econômico e créditos internacionais.

No final de 2000, e após um agressivo projeto de erradicação forçada de cultivos de coca, conseguiu-se erradicar praticamente toda a plantação ilegal, algo em torno de 4.000 hectares de cultivos ilegais, pouco mais de 11% do que havia cinco anos antes. Em virtude da violência aplicada na implementação do projeto de erradicação de cultivos nos últimos anos, a população do Chapare diminuiu de 350.000 pessoas — ou 70.000 famílias — em meados da década de 1990, para 200.000 — ou 40.000 famílias[25] — no início de 2000.

Da mesma forma, no final dos anos 1990, a participação da folha de coca na economia nacional também teria diminuído. Com PIB de US$ 8 bilhões e exportações em torno de US$ 1,2 bilhão, acredita-se que com a erradicação da folha, a Bolívia deixou de ter circulando na sua economia US$ 500 milhões, ou 6% do PIB, segundo dados oficiais.

Há grande dificuldade de estabelecer dados confiáveis para calcular a importância da produção da coca-cocaína na economia nacional. Pode-se observar que ela movimentou diretamente uma quantidade importante de divisas no mercado nacional. Pode-se afirmar, igualmente, que a economia da coca permitiu ao cocaleiro adquirir certa capacidade de consumo de bens industrializados. Por outro lado, independentemente das políticas de compensação e erradicação, a substituição dos cultivos de coca não se realizou totalmente, como tampouco foi possível levantar significativamente os índices de qualidade de vida do cocaleiro. Não houve investimento nas zonas de expulsão da população agrícola e não foram propostos, nos últimos quinze anos, projetos viáveis para o desenvolvimento rural. A inoperância e a insensibilidade das elites dirigentes, ante os mais graves problemas sociais, tem sido uma forte característica na história boliviana. Mas, por que os produtores de coca, com todo o seu dinamismo, disposição de luta e criatividade tampouco encontraram formas alternativas de sobrevivência?

---

[25] Piden un "qhato" legal. *Presencia*, La Paz, 26/9/2000.

Capítulo 6
COMPOSIÇÃO HETEROGÊNEA E MEMÓRIA COLETIVA DO MOVIMENTO COCALEIRO

> Misturando-se os ecos das paixões do passado aos preconceitos do presente, a realidade humana reduz-se a um retrato em branco e preto.
>
> — MARC BLOCH

NO CAPÍTULO ANTERIOR ANALISAMOS AS QUESTÕES DE ordem estrutural que determinam a pobreza rural na Bolívia e condicionam setores camponeses à migração e à produção da folha de coca. Os determinantes econômicos por si só, não obstante, não explicam o surgimento do movimento dos produtores de coca, e não ilustram seu crescimento e sua singular projeção política nacional.

A transformação dos sujeitos de outrora, aventureiros migrantes, ou perseguidos políticos em atores sociais, interventores ativos da história desse país, tem que ver com seus percursos particulares e com os eventuais fracassos ou as minguadas conquistas do seu movimento, que se originou com os segmentos mais pobres da sociedade boliviana. *Desenvolvimento humano, qualidade de vida* e *modernização* são parâmetros alheios à rotina do tempo em que os cocaleiros se reproduzem, assim como *modernidade tardia* ou sociedade *pós-industrial* são conceitos vagos em seu mundo e distantes de suas aspirações.

O materialismo histórico como ciência social é tão estranho à sua ideologia quanto são os referenciais teóricos leninistas ou gramscianos para sua revolução rural e cultural. A inclinação política assumidamente de "esquerda" e suas críticas ao capitalismo, ao neoliberalismo ou ao imperialismo tem-se referenciado em sua memória ancestral pré-colombiana de luta contra a conquista ou pela recuperação incompleta do nacionalismo perdido. Só mais recentemente, sua projeção política buscou um pacto nacional que superasse seus horizontes de interesses imediatos.

Quais são então os parâmetros de partida para reconstituir a história das lutas e acumulações particulares que colocaram os cocaleiros como protagonistas do movimento social contemporâneo boliviano? De que modo transformar o espanto do *Angelus Novus* em uma análise crítica da diversidade? Como evitar que a perda do sujeito da Revolução, o *proletariado*, não nos leve a substancializar movimentos populares contemporâneos — rurais, urbanos, indígenas, estudantis —, como *"germes futuros da revolução socialista"*?

A intelectualidade de esquerda boliviana, não poucas vezes, ficou tentada a comparar as conquistas do movimento cocaleiro com o passado notável do operariado revolucionário. Afirmou-se que os cocaleiros seriam sucessores do *agônico proletariado mineiro*,[1] se constituindo então em objeto de desejo da esquerda desagregada, do obreirismo da elite sindicalista decadente, bem como da intelectualidade acadêmica desnorteada. Setores mais cautelosos e reticentes preferiram ignorar suas conquistas ou os julgaram incapazes do fim a que se propunham.[2]

De fato, os cocaleiros são herdeiros diretos do sindicalismo operário, não apenas pela estrutura organizativa de seu agrupamento, como pela incorporação das experiências de luta operária trazidas ao Chapare pelos mineiros desempregados, em meados da década de 1980. O legado político do proletariado, entretanto, forma apenas um componente — nada desprezível, é verdade — da acumulação histórica deste povo que se reproduz economicamente como campesinato e se identifica como índio. Na sua luta ininterrupta contra o neoliberalismo, o movimento cocaleiro define-se mais como sujeito antagônico ao Estado boliviano imperante até limiares do século XXI, sob a orientação externa norte-americana e contra o narcotráfico instalado há mais de vinte anos no governo do que como classe, caracterizada pela sua colocação estrutural na cadeia produtiva.

---

[1] "Cocaleros, los sucesores del agónico proletariado minero?". *Hoy*, 4/9/1994, pp. 6-7.

[2] Ver por exemplo Aguiló que, em 1991, afirmava que a resistência do sindicalismo cocaleiro estaria se acabando, incapaz de resistir à violência política estatal (Aguiló, 1992). No início da década de 1980, no maior influxo da migração, Flores & Blanes (1984) concluíram que a falta de terras novas para colonização e expansão, o desmatamento e problemas causados ao ecossistema, a economia baseada no monocultivo da coca, entre outros, determinariam o fim do apogeu da economia da coca e a saída do cocaleiro da região do Chapare.

Sendo assim, é a partir da sua relação antagônica com o Estado que analisaremos a emergência do movimento cocaleiro e o modo como ele articula internamente a composição heterogênea dos seus membros, superando a dificuldade de se definirem sob uma identidade única e estável.

Da associação à sindicalização

É a Revolução Nacional e seu programa de abertura de fronteiras agrícolas que promovem a migração incentivada e dirigida para o Chapare, e organiza os produtores da folha pela primeira vez na *Asociación Nacional de Productores de Coca* (Anapcoca), entidade cooperativada controlada pelo Estado. À medida que este controle foi dificultando o desenvolvimento autônomo e político dos colonizadores, os migrantes foram assumindo a via sindical.

Na base da organização das colônias[3] de cocaleiros, há dois elementos fundamentais para compor a identidade futura do movimento: a estrutura familiar e os sindicatos.

A família é o motor impulsor da organização das colônias emergentes na década de 1980. Verifica-se que em 68% dos casos de colonizadores nesse período, eles chegavam para se estabelecer perto de familiares já residentes no Chapare. Com eles, era possível adaptar-se à colonização, ocupando novos espaços e construindo suas residências perto de conterrâneos, de vizinhos das localidades de origem e de parentes (Laserna, 1996). Desse relacionamento se estabeleceu uma prolongação natural dos valores comunitários e familiares transplantados, bem como se construiriam os novos referencias identitários e de relações produtivas.

O sindicato também foi fundamental na composição da idiossincrasia dos cocaleiros, pois ele foi o instrumento legal que permitiu a transformação das terras abertas em novas colônias. A criação do sindicato é o momento fundacional da nova colônia. Por intermédio dele, define-se a distribuição de terras, elegem-se os dirigentes, os componentes da colônia-sindicato são escolhidos bem como o nome do novo assentamento. As primeiras tarefas comunitárias, como a abertura de estradas, legalização

---

[3] Sobre a colonização agrícola para o leste do país, ver os trabalhos de Blanes (1983); Blanes et alii (1980) e Flores & Blanes (1984). Sobre a história das migrações nesta região, consultar Henkel (1977).

de terrenos, inscrição na Central Sindical, entre outras, serão tarefas também organizadas a partir da estrutura sindical (Flores & Blanes, 1984). O conjunto família-comunidade-sindicato forma o pano de fundo da heterogeneidade do movimento cocaleiro.

Entre os colonizadores pioneiros da década de 1960, havia uma fração importante de lideranças camponesas de oposição ao pacto militar-camponês. Perseguidas pelo sindicalismo paraestatal, estas lideranças fugiram dos centros de atividade política rural nos vales e no altiplano para as zonas de abertura de fronteiras agrícolas, aí se estabelecendo com suas famílias. Por isso, o referencial sindical, o nacionalismo revolucionário, a filiação às políticas ditadas pelo operariado mineiro foram importantes constitutivos da organização política pioneira dos cocaleiros.

Ao longo da década de 1970, entretanto, o distanciamento físico desses colonizadores do resto da atividade política nacional fez que seu discurso nacionalista revolucionário cedesse a uma nova ordem de interesses, basicamente econômicos, acompanhando a explosão na demanda internacional de coca pelo narcotráfico. O fluxo de capitais nas mãos dos produtores da folha agrupou os primeiros sindicatos dispersos em centrais e federações, ainda sem coesão interna, dividindo por alguns anos o movimento entre os defensores incondicionais da economia da coca contra os dispostos ao diálogo com o governo e à substituição dos cultivos. Sem uma linha de ação consensual, e lutando apenas por seus interesses imediatos, os cocaleiros ingressaram na década de 1980 distantes das tensões do pacto militar-camponês e indiferentes aos ventos democráticos do indigenismo katarista. A incorporação na mobilização popular nacional aconteceu para os cocaleiros somente alguns anos mais tarde, com as novas migrações, desta vez causadas pela crise econômica neoliberal.

Assim, foi aos poucos que na defesa de seus interesses particulares os cocaleiros articularam uma interseção discursiva entre os diversos sindicatos a partir da exaltação da economia da coca. Do mesmo modo, paulatinamente, as colônias foram articulando-se com o movimento camponês nacional e com a COB, filiando-se em centrais sindicais.

Seus argumentos e demandas estavam, entretanto, ainda limitados à defesa dos recursos econômicos provindos da folha de coca, tática que teve de ser paulatinamente mudada quando no plano nacional o Estado passou a assumir como política contra o narcotráfico a ideologia de segurança nacional concebida nos Estados Unidos. Violentamente reprimidos e convertidos em "inimigos internos" do Estado (Aguiló, 1992), os cocaleiros organizaram-se, então, em grupos de autodefesa dos seus cultivos, e na denúncia do intervencionismo externo na política nacional.

Porém, logo tiveram de compreender que a relação inerente entre a produção da folha e da droga representava um beco sem saída para o movimento e que novas táticas deveriam ser pensadas na sua organização. Ultrapassando os limites das questões econômicas da coca, os plantadores assumiram então a defesa do Estado boliviano, contra um inimigo comum para ambos, o narcotráfico (Quiroga, 1990) e acataram condicionalmente a substituição dos cultivos. Essa tática foi implementada em 1983, no primeiro congresso dos produtores de coca, na cidade de Cochabamba, em que os cocaleiros manifestaram seu repúdio ao narcotráfico e convidaram o governo para definir em conjunto um plano de combate. Paralelamente, introduziram o conceito da *responsabilidade compartilhada* no debate, segundo o qual exigiam dos países consumidores da droga — especialmente dos Estados Unidos — a co-responsabilidade no combate ao tráfico e a solução da dependência econômica da Bolívia.

As demandas de cunho assistencialista foram sendo substituídas por bandeiras de defesa da "soberania nacional", enquanto as propostas de autonomia política se sobrepuseram às posturas corporativas iniciais. Assim, o movimento dos cocaleiros começou a ter uma repercussão nacional. Em 1983, com presença coesa, os cocaleiros participaram do *II Congreso Nacional Campesino* e do sindicalismo nacional, afirmando uma problemática distinta para o movimento camponês e uma nova bandeira de conteúdo indígena para o movimento operário: a defesa da folha sagrada, símbolo da identidade ancestral.

A partir de 1985, o movimento cocaleiro recebeu um reforço fundamental para a politização do movimento: a migração de ex-operários mineiros e de setores urbanos desempregados, bem como de camponeses provindos de diversas regiões empobrecidas do setor rural.

O êxodo para o Chapare, desde a crise que começa em 1982 e cujo ápice coincide com as reformas estruturais nacionais de 1985, é o momento constitutivo do movimento cocaleiro. Em 1986, as disputas entre sindicatos cocaleiros[4] conseguem ser superadas pela unificação do movimento e criação da *Federación Especial de Trabajadores Campesinos del Trópico Cochabambino* (FETCTC), sob o comando do setor mais combativo e de oposição ao governo, liderado por Evo Morales.

A figura de Evo Morales Ayma nas ações dos cocaleiros é fundamental para entender não apenas os alcances do movimento, como as particularidades desses sujeitos como atores no quadro político geral. Por esse motivo, devemos fazer um parêntese nas nossas análises para considerar um pouco a história e a personalidade deste político que contribuiu decisivamente para a projeção nacional de um movimento local, simbolizando nas suas demandas as das populações mais carentes da nação.

Líder inconteste do movimento cocaleiro desde 1986, quando da unificação da *Federación*, Morales migrou para o Chapare em 1978, oriundo do pequeno município aimará de Orinoca, no departamento de Oruro, e de uma família de camponeses produtores numa região com forte presença da mineração. A comunidade em que nasceu carecia então, como até hoje, início do século XXI, de serviços básicos como água, iluminação e serviços sanitários, aspectos que se refletem no baixo índice de qualidade de vida das populações locais e dos camponeses em geral. A taxa de mortalidade infantil na Bolívia, por isso, tem sido das mais altas: entre mil crianças nascidas vivas, morrem 67, o dobro do índice regional que seria, para 1999, de 32. A família de Morales não conseguiu fugir a estas estatísticas: três dos sete irmãos de Evo Morales não sobreviveram às condições de vida da região.

Filho de pai aimará e mãe quíchua, Evo Morales apreendeu a se comunicar nas duas línguas originárias do país, e também no espanhol na escola, aspecto que, como veremos, o caracteriza como representante da heterogeneidade de atores que conformam o movimento cocaleiro.

Meses antes da migração para o Chapare com sua família, Morales havia ingressado no exército durante o governo *de facto* do general Padilla (1978-1979) — sucessor de Bánzer —, e, como soldado, participou na repressão aos camponeses e aos cocaleiros dos Yungas, província no depar-

---

[4] Entre as diversas federações que constituíam o sindicalismo cocaleiro no início da década de 1980, a *Federación de Carrasco Tropical* e a *Federación Especial del Trópico* foram as que marcaram as diretrizes do conflito. A primeira subordinada ao programa de governo de substituição das plantações, em troca de US$ 2.000 e do desenvolvimento alternativo, e a segunda em franca oposição ao Estado. O descumprimento do governo com o desenvolvimento alternativo levou as federações a se unificarem sob um comando radical de oposição estatal.

tamento de La Paz, nas grandes mobilizações populares democratizadoras de 1978. Ele afirma que da sua participação no exército e no funcionamento da estrutura de poder no governo, na situação de repressor, compreendeu "as injustiças que se cometiam contra os mais despossuídos". No mesmo ano, em 1978, saiu do exército e partiu para o Chapare para plantar a folha de coca, pois somente nessas "regiões poderia progredir".[5] Os caminhos oblíquos que levaram Evo Morales à reflexão sobre sua condição de vida e sua situação como produtor e como indígena são difíceis de serem determinados, mas se sabe que na nova residência, ele teria de enfrentar penúrias e desafios, uma vez que como produtor da folha de coca passará agora a ser vítima também da repressão policial.

É nessas condições que Morales inicia suas atividades no sindicato, inicialmente, em 1983 como secretário de esportes e posteriormente, em 1985, como secretário executivo da Federação do Trópico.

Desde a defesa dos seus interesses imediatos, relacionados com os recursos econômicos provindos da folha, o líder dos cocaleiros realizou um longo percurso para se converter em defensor dos recursos naturais, dos direitos humanos e da justiça social. Passou dos sindicatos de cocaleiros para a federação que congregava as diversas centrais locais de cocaleiros. Nesse processo que durou vários anos, ele pôde conhecer outros migrantes do campo e das zonas de mineração, acumulando com eles as experiências sindicais do movimento.

O confronto com o Estado e contra sua subordinação aos interesses externos do país, passou a ser, desde então, o temperamento político futuro do movimento e o discurso cotidiano da sua liderança.

Sob o mote *Hoja de Coca, 500 Años de Resistencia*, os cocaleiros iniciam em 1987 um plano de conquista da opinião pública, num período que se estende até o início da década de 1990. O objetivo de articular o movimento com a sociedade e legitimar a defesa da folha como resgate e luta pela soberania nacional, de fato, é a segunda grande transformação do mo-vimento após sua unificação. Apresenta desde então uma tendência à ampliação de seus referenciais e um processo de reforma interna.

A articulação interna do movimento e a vontade de confluir com os interesses dos outros setores oprimidos da sociedade permitiram que os

---

[5] "El trompetista cocalero". *Hoy*, 15/1/1995, pp. 8-9.

cocaleiros se projetassem incorporando as demandas de sindicatos, trabalhadores de outros segmentos sociais, estudantes, intelectuais, partidos de esquerda e que conquistassem aliados, para a luta, como a Igreja Católica. Com alguns setores da sociedade, o envolvimento deu-se naturalmente, como ocorreu originalmente com o *campesinato katarista* e com a central operária. Com os primeiros se relacionaram por intermédio do líder histórico do katarismo, Jenaro Flores, no final da década de 1980, e com a Central desde 1990 quando Evo Morales passa a incorporar posições de importância na COB. Com os setores urbanos, o processo foi mais negociado, vistos os empecilhos da moral cristã e do antigo racismo das classes médias e da burguesia. Nos setores intelectuais, de início, houve uma tendência a tratar o problema como fenômeno que refletiria a desagregação da estrutura social e sindical, desconsiderando os aspectos originais do movimento, ou tratando-os apenas como uma manifestação temporal de cunho populista. A Igreja Católica, pelo seu lado, entrou na disputa com simpatia pelo movimento, mas limitou-se a ser mediadora dos conflitos entre o Estado e os cocaleiros.

Os desacertos do governo contribuíram para o crescimento do movimento ou pelos consecutivos erros políticos no tratamento do problema cocaleiro, ou pelas denúncias constantes de envolvimento e conivência estatal com o narcotráfico,[6] que colocaram a sociedade contra o governo e em simpatia com os cocaleiros.

---

[6] Desde Siles Zuazo várias denúncias de envolvimento do governo com o narcotráfico não foram nunca explicadas. Siles (1982-1985) não conseguiu nunca justificar a proteção oficial do seu governo a narcotraficantes ex-carcerários, as fugas repentinas, as pseudo-incinerações de droga e outras irregularidades. Durante o governo de Paz Estenssoro (1985-1989), a política de branqueamento do dinheiro do narcotráfico foi o suporte do modelo econômico e de controle recessivo, assim como o caso Huanchaca demonstrou o grau de omissão ou envolvimento do governo boliviano e norte-americano na proteção do narcotráfico, deixando escapar os narcotraficantes instalados na maior fábrica de cocaína na Bolívia. Paz Zamora (1989-1993) não fez melhor, na metade do seu mandato foi obrigado a demitir um ex-colaborador de García Meza — o último general golpista (1981-1982) apoiado na estrutura do narcotráfico —, que havia sido delegado para a chefia da luta contra o narcotráfico. Igualmente, sob pressão dos Estados Unidos, o ministro do Interior, Capobianco, foi obrigado a renunciar por seu envolvimento com o narcotráfico. O caso mais importante do governo de Gonzalo Sánchez (1993-1997) foi a denúncia de envolvimento do ministro do Interior, Sanchez Berzaín, com o caso do "Narcoavion", uma carga de 40 t. de cocaína retida no Peru e que provinha do principal aeroporto boliviano e de maior segurança, da cidade de El Alto. Banzer (1997-2001) é o caso mais gritante dos vínculos presidenciais com o narcotráfico, pois foi ele o presidente que abriu o país para a instalação da indústria da cocaína, na década de 1970 (Mesa, 1997; Morales, s.d.; Lanza, 1995).

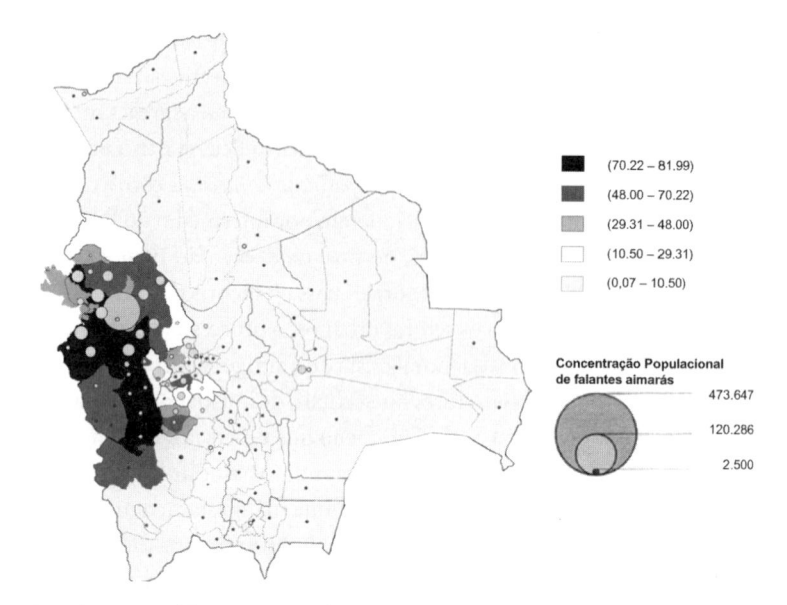

População que fala aimará a cada 100 habitantes de seis anos ou mais em 1992.
Fonte: Instituto Geográfico Militar, Bolívia, 1992.

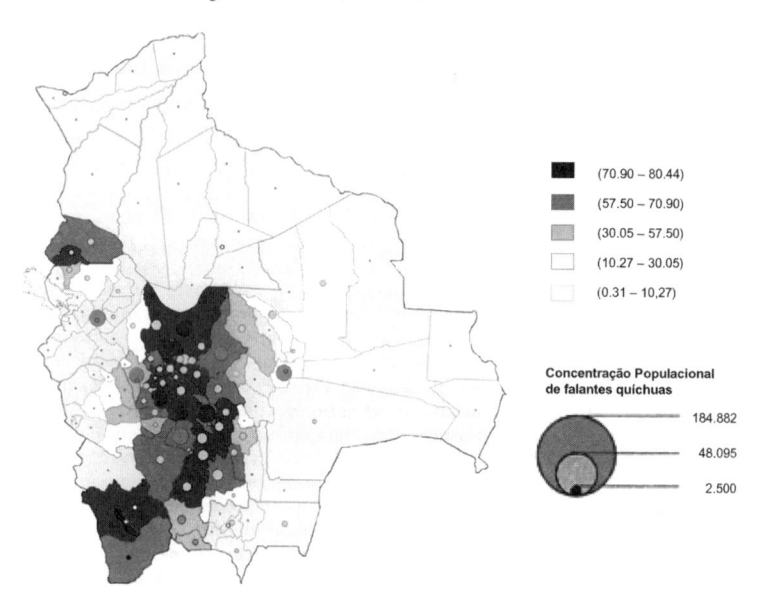

População que fala quíchua a cada 100 habitantes de seis anos ou mais em 1992.
Fonte: Instituto Geográfico Militar, Bolívia, 1992.

174 ◆ composição heterogênea e memória coletiva do movimento cocaleiro

Um acontecimento de singular importância deu-se no início de 1988, quando o governo assinou um acordo secreto com os Estados Unidos, prevendo o apoio econômico e institucional desse país para a militarização do controle do tráfico e da produção da folha. Ignorando negociações prévias com o sindicato dos cocaleiros tais como um desenvolvimento alternativo e paralelo à erradicação da folha ou a necessária diferenciação legal entre a produção da coca e de cocaína,[7] o acordo foi um estopim para o apoio amplo da população às lutas dos cocaleiros. Ao movimento foram incorporando-se setores dispersos da sociedade e há tempo insatisfeitos com o modelo econômico.

É nessas circunstâncias que o movimento cocaleiro incorpora as demandas sociais diversas, estruturando de modo mais coerente suas críticas contra o neoliberalismo bem como seu discurso social. A defesa pela autodeterminação nacional encaixou-se perfeitamente ao discurso reivindicatório da folha de coca, como símbolo da resistência nacional.

Para atingir esse nível de discernimento e projeção social, porém, foi preciso antes conquistar uma autonomia de movimento. Primeiro, ante os sindicatos camponeses dominados pelo katarismo, em seguida, ante a COB, dominada pelo velho operariado mineiro, e finalmente, ante os partidos de esquerda que desarticulados e enfraquecidos pelo triunfo neoliberal lutavam fortemente por um espaço dentro do movimento cocaleiro. Desse modo a autonomia do próprio movimento foi um processo trabalhoso de disseminação das suas demandas no tecido social e de conquistas de alianças para suas lutas.

---

[7] Em junho de 1987, após mobilizações e longas negociações, cocaleiros, sindicatos camponeses, trabalhadores e governo conseguiram assinar o *Plan Integral de Desarrollo y Substitución* (Pidys) segundo o qual, toda substituição de cultivos de coca seria planificada de forma gradual, progressiva e simultaneamente à execução de programas e planos de desenvolvimento socioeconômicos sustentados. O Estado cederia uma justa e simultânea indenização, e facilidades financeiras e assistência técnica necessária para o desenvolvimento alternativo. Os cocaleiros comprometiam-se de forma voluntária a erradicar unicamente as plantações de coca destinadas ao tráfico de drogas, segundo zonas de produção divididas em tradicionais (não submetidas à erradicação), excedentárias (cultivos de trânsito para outro tipo de plantação) e ilegais (cultivos novos da folha, em novas regiões). A lei introduziu uma diferenciação entre zona "tradicional" (dos Yungas), "excedentária em transição" e "ilegal" (ambas no Chapare). O plantio ilegal, perto de 2.000 hectares, foi erradicado imediatamente, mas posteriormente foi substituído por novos cultivos em zonas legais e em zonas de "transição", além de novos lugares, expressamente proibidos. Finalmente, o regime legal não introduziu a investigação de fortunas, nem a lavagem de dinheiro que provinham do tráfico (Coca, cronologia, 1992).

Definido o grau de autonomia do movimento perante as outras forças sociais, os cocaleiros puderam de modo mais coeso realizar a segunda fase do seu crescimento, o da conquista da opinião pública nacional. O movimento iniciou então uma campanha de esclarecimento ao país das demandas do setor, da situação depauperada do campesinato boliviano, bem como das reflexões contra o neoliberalismo e contra a pressão internacional. No campo, os sindicatos aimarás e quíchuas; nas minas, o operariado; e nas cidades, estudantes, intelectuais, setores das classes médias e setores populares incorporam, então, a defesa da folha e o repúdio às pressões externas e governamentais para a erradicação do cultivo. Esta fase que durou até meados da década de 1990 ficou caracterizada como o primeiro momento de grande irradiação social do movimento.

Posteriormente, no início do século XXI, virá um segundo momento de expansão social da liderança cocaleira, projetando-se definitivamente na vida política nacional.

Os cocaleiros impuseram suas características e métodos de mobilização em marchas, concentrações em cidades importantes, greves de fome e o bloqueio de estradas interdepartamentais. Realizaram, paralelamente, seminários e debates com a população, entrevistas e divulgação na mídia. Promoveram encontros nacionais e internacionais de produtores de coca com caráter deliberativo em assembléias massivas, definindo a direção da mobilização e de identidade do movimento.

A partir dessas ações, os cocaleiros ampliaram sua influência nacional, e iniciaram um debate aberto com o campesinato da *Confederación de Campesinos*, dominada então pelo katarismo e seu discurso racial indigenista, e na central operária com forte tendência proletária. A pressão cocaleira no setor do campesinato permitiu abrandar as posturas radicais em questões raciais. Na Central Obrera Boliviana, introduziram uma nova matriz discursiva e de identidade, revitalizando com nova energia o debate contra o Estado. Ampliaram, assim, a força política do campesinato na estrutura fechada operária da COB. No fim da década de 1980, os cocaleiros constituíram-se, então, não apenas no setor mais organizado do campo, com a maior capacidade de mobilização e pressão nacional, mas também como o único capaz de interpelar o governo numa mesa de negociação.

Mas essa capacidade de pressão e diálogo, demonstrado pelo movimento cocaleiro, devemos lembrar, não se explica apenas pela sua aptidão para organização e irradiação social. Ela tem que ver, também, com sua predisposição para acatar e encarnar valores sociais contemporâneos, como o respeito à democracia e aos direitos humanos, defesa da soberania nacional, a luta pela erradicação da pobreza e a reivindicação e lealdade aos valores das culturas originárias. Finalmente, tem que ver com a habilidade adquirida para negociar a erradicação da folha de coca e permitir, com isso, que o governo satisfaça — ou não — as exigências e convênios externos.

Nesse sentido é um movimento contra o Estado, mas que também se senta à mesa de negociação com ele para definir ações conjuntas e políticas para o setor.

O crescimento do movimento cocaleiro não foi tranqüilo. À medida que se consolidava e se irradiava na sociedade, as disputas internas e influências externas foram limitando a margem de sua autodeterminação. Fato que foi piorando pelo aumento das pressões internacionais, exigindo tomadas de posição mais enérgicas do governo para controlar a produção da folha. Cresceram, assim, a pressão política e a repressão das forças policiais e militares, originando uma importante campanha de desinformação e desprestígio dos cocaleiros, com grande efetividade, notadamente a partir do 1993, quando o governo *emenerrista* é reeleito.

O cerne da disputa entre governo e cocaleiros resume-se ao não-cumprimento pelo governo, e em conseqüência, posteriormente, pelos cocaleiros, do Pidys, assinado em 1987. Segundo os cocaleiros, o governo descumpriu continuamente sua parte, não outorgando a compensação econômica pela folha erradicada, não implementando um desenvolvimento alternativo e impondo de modo crescente a violência estatal, incluindo o cocaleiro nas leis de repressão ao narcotráfico. Segundo o governo, os cocaleiros não se submeteram voluntariamente à erradicação da folha, ou o fizeram de modo subordinado à demanda do narcotráfico e às altas e baixas do preço do produto. Ainda na ótica do governo, os cocaleiros teriam aumentado as plantações, paralelamente à erradicação, impedindo que fossem atingidas as metas do governo. O fato é que, ao longo da década de 1990 e sobretudo após o governo de Sánchez de Lozada, em 1993, o produtor da folha começou a ser incriminado. A luta do cocaleiro, então, ampliou-se para a denúncia das violações de direitos humanos.

O movimento também se articulou politicamente, a partir de 1993, para assumir a direção sindical dos camponeses, e aumentar a presença camponesa na Central Operária. No plano nacional, os cocaleiros passaram a exigir maior participação nos projetos de desenvolvimento e transparência no uso de recursos da cooperação externa.

A resistência coesa dos cocaleiros ao governo, bem como a conquista de adesões populares à sua luta, resultaram em 1990 no apoio de 70% da população a suas demandas (Cortez, 1992), cuja maior vitória pôde ser medida pela manifestação de apoio e êxito com que, em 1991, os cocaleiros organizam a primeira grande marcha à sede do governo e ocupam a cidade de La Paz. A *Marcha de la Dignidad y la Soberanía*, cujo objetivo era a garantia dos seus direitos ante a militarização da luta contra a coca, foi o momento de maior projeção social do movimento e de conquista de consenso na população geral.

Crescimento político e fragilidades nas demandas do movimento

Aos poucos o governo foi retirando do movimento cocaleiro o controle das iniciativas da erradicação, o que transformaria a segunda metade da década de 1990 em cenário de conflitos diretos e de acirramento da violência estatal. Paralelamente às ações da polícia rural e do exército, o governo organizou uma campanha na mídia de prevenção do consumo de drogas, acusando os líderes do movimento de estarem vinculados ao tráfico. Mas as ambições cocaleiras tinham um horizonte mais amplo.

Observa-se que desde a unificação inicial dos sindicatos numa federação, os colonizadores do Chapare foram delineando uma estratégia para o setor que continha um espectro social cada vez mais amplo. Preocupam-se inicialmente em construir uma nova identidade e um projeto para o grupo, fundamentando as bases de um novo movimento social na década de 1980. Em seguida, buscam ampliar o crescimento do setor nos sindicatos operários como condição *sine qua non* para a sua projeção nacional. Até meados da década de 1990, aproximam-se então das lideranças mineiras, exigindo que estas incorporem as preocupações dos cocaleiros com o fim de reeditar uma aliança operária-camponesa.

Em 1992, os cocaleiros concentrar-se-ão em "democratizar" a Central Operária com base no critério de proporcionalidade, com maior participação dos camponeses na entidade; e em 1996, Evo Morales dispor-se-á a disputar a direção máxima da COB, questionando e mobilizando suas bases para mudar o estatuto da Central, que exige um mineiro na direção geral. Em ambas as empreitadas Morales será derrotado, mesmo assim a presença cocaleira com um componente camponês-indígena foi consolidada na COB.

Paralelamente, o movimento cocaleiro definirá uma estratégia para o controle do sindicato de camponeses do departamento de Cochabamba, uma importante central sindical no país. Com os camponeses, os colonizadores do Chapare propor-se-ão o desafio de conformar uma organização nacional diretamente política que os represente, o *Instrumento Político por la Soberanía de los Pueblos* (IPSP), e em aliança com a *Izquierda Unida*, em 1995, se lançarão nas eleições municipais, conquistando a maioria das cadeiras da região do Trópico cochabambino — ao todo doze. Com o êxito nas eleições locais, em 1997, o IPSP tentará autonomia partidária. Ao mesmo tempo, buscará projetar-se como alternativa nacional ao katarismo, o movimento indígena aimará, cuja presença então era forte não apenas em La Paz, como também era o setor do campesinato que liderava por quase vinte anos a Central Sindical Única de Trabalhadores Camponeses de Bolívia (CSUTCB). Buscar uma alternativa ao katarismo era fundamental para o movimento camponês, uma vez que naquele momento o líder mais importante do katarismo, Cárdenas, estaria cooptado pelo oficialismo[8] do MNR.

Quando o IPSP não consegue registrar-se legalmente como partido político, Evo Morales reativa o *Movimiento al Socialismo* (MAS),[9] em 1999, consolidando finalmente a organização política que pleiteará espaços nacionais no executivo e no legislativo nos próximos anos.

Embora o IPSP, e posteriormente o MAS, tenha nascido no anseio de um movimento rural cochabambino, o instrumento político buscou no

---

[8] O governo de Sánchez de Lozada (1993-1997) fez uso tático das demandas "culturais" emergentes no país, respondendo aos indígenas com uma representação simbólica do líder máximo do katarismo, Víctor Hugo Cárdenas, que assumiu o cargo de vice-presidente de Lozada. A presença de Cárdenas incorporou no governo a reforma educativa bilíngüe — o espanhol mais uma língua originária —, importante reivindicação histórica dos indígenas. Paralelamente, porém, permitiu a manipulação governamental dos símbolos de identidade indígena, subordinando-os aos interesses da nova política econômica neoliberal.

[9] De fato, a sigla do *Movimiento al Socialismo* não foi adotada pelo grupo de Morales por motivos ideológicos, mas por questões práticas de registro eleitoral.

partido canalizar o apoio de intelectuais e setores das classes médias urbanas, na certeza de que um partido apenas de camponeses estaria destinado a desaparecer. A visão estratégica do movimento cocaleiro propôs assim o difícil desafio de articular um novo bloco histórico em torno do campesinato. Segundo Morales,[10] se o *Instrumento Político* decidisse assumir uma linha apenas camponesa, ela não iria prosperar, pois teria um teor racista e de discriminação de outros setores. O futuro do partido consistiria, então, em estruturar um *movimento amplo, sem o fundamentalismo do campesinato katarista*. O IPSP teria como aspiração, então, descamponizar-se como partido, a fim de incorporar "operários, professores e profissionais liberais. O racismo que condena os povos originários está se repetindo, com a única diferença de que se manifesta ao contrário", diz Morales, em referência aos movimentos indígenas contemporâneos, constituídos em partido. Morales propunha que o novo partido deveria expressar a ampla composição do movimento popular boliviano, *i.e.*, com um "camponês, um proletário, um profissional liberal, e a mulher". O objetivo do partido seria "defender a soberania, a dignidade e a defesa dos recursos naturais, tarefa não apenas de camponeses como também dos outros setores sociais". A conquista de uma maturidade política do movimento cocaleiro anuncia-se na ambição pelo poder do líder cocaleiro: "enquanto formos apenas poder sindical e não poder político, sempre perderemos nas negociações com o governo. . .", pois, conclui, "ganhamos sempre nas mobilizações, mas perdemos nas negociações".

Nas eleições presidenciais e de deputados, de junho de 1997, pelo novo partido, os cocaleiros conquistaram, pela primeira vez, quatro cadeiras no parlamento, sendo Evo Morales o candidato individual mais votado das eleições, obtendo mais de 70% dos votos no seu distrito eleitoral.

No Parlamento, o trabalho dos representantes do partido encontrou uma reatualização da discriminação e rechaço dos deputados citadinos. O IPSP iniciou então, em 1998, um novo movimento parlamentar, para conformar uma *Brigada Indígena de Bolivia*, composta por deputados indígenas de distintos partidos, buscando ampliar os debates de interesse específico dos camponeses-índios. De fato, as eleições de 1997 caracterizaram-se pelo esforço de todos os partidos de incluírem nas suas listas representan-

---

[10] Evo contra caciquismo de la ASP. *Quarto Poder*, 5/1/1997, p. 6.

tes indígenas, o que permitiu à *Brigada* contar com dezesseis deputados aimarás e quíchuas titulares e quinze suplentes.[11]

Os cocaleiros no Parlamento dedicaram-se à defesa incansável da folha de coca, denunciando os vínculos do governo, do atual e anteriores, com o narcotráfico. Por último, o uso da mídia foi fundamental para a articulação do movimento com o resto da sociedade, tanto para levar suas denúncias como para promover suas ações. A clareza da sua argumentação fez que suas demandas chegassem às organizações internacionais, como a *Comisión Andina de Juristas*, defensora incondicional do movimento, ou o *Human Rights*, denunciante contínuo da repressão estatal. Na década de 1990, o movimento participou continuamente de encontros internacionais de povos indígenas, bem como trabalhou com os cocaleiros de outros países, prestando assessoria e compartilhando experiências. Finalmente, os cocaleiros transformaram-se em sujeitos ativos de diversos movimentos contra as privatizações e o neoliberalismo, e de encontros internacionais de movimentos populares. Esta é uma das razões pelas quais os dirigentes cocaleiros cochabambinos estão na direção do *Consejo Andino de Productores de Coca*.

Num encontro de indígenas ocorrido em Oaxtepec, México, Evo Morales sugeriu a unidade das "nações clandestinas": "não se trata somente de uma luta de cocaleiros, mas dos astecas, guaranis, guaraios, aimarás e quíchuas. Nos levantamos porque não queremos seguir sendo uma nação clandestina, desejamos ser reconhecidos pelos Estados, mantendo nossos valores nacionais e culturais. Buscamos nossa autodeterminação [. . .] e temos as reivindicações imediatas de dignidade e soberania, terra e território, defesa da sagrada folha da coca e direito à saúde e à educação.[12]

Paradoxalmente, na fase em que se verifica o crescimento do prestígio do líder cocaleiro e da projeção internacional do movimento, no momento em que o movimento conquista várias cadeiras no Parlamento (a partir de 1997), começa também o governo mais anticocaleiro dos últimos anos, o governo de Hugo Bánzer (1997-2000), em segundo mandato, desta vez eleito. Como proposta até final de gestão, o governo propôs a meta da erradicação total da folha de coca destinada ao narcotráfico. Para a execu-

---

[11] Diputados campesinos conforman "Brigada Parlamentaria Indígena". *Opinión*, 25/5/1998.

[12] Evo quiere una cumbre con sub Marcos. *Hoy*, 27/8/1995.

ção desse projeto, que denominou *Coca Cero*, o governo fará uso extensivo dos violentos aparelhos repressivos do Estado, negando-se também a implementar uma política de substituição de cultivos. A ação do governo acarretou um grande retrocesso nas conquistas do movimento cocaleiro e se caracterizou pelo emprego rotineiro da violência, fazendo dele um dos governos menos popular dos últimos anos. Nem por isso, evitou o crescimento e a liderança do movimento.

Paralelamente, como nunca antes, desde a mobilização do final da década de 1970, a organização popular na Bolívia conseguiu manifestar momentos de grande unidade e capacidade de articulação, constatando novamente que, na história deste país, o desenvolvimento das forças produtivas, ou a situação desfavorável das condições objetivas, não impedem a organização popular e a resposta viva da massa.

Vejamos, então, de onde os cocaleiros extraem essa capacidade original de articulação e mobilização constante, bem como a aptidão de transformar-se e adaptar-se às demandas históricas do momento.

Heterogeneidade no movimento cocaleiro e o horizonte indígena

Pela capacidade de canalizar as demandas sociais e dar vigor às ações populares, os cocaleiros transformaram-se num movimento de projeção nacional quando o sindicalismo mineiro, no final da década de 1980 e início de 1990, havia perdido seus referenciais de organização e eficácia de ação. A resposta dos cultivadores da coca teve uma característica fundamental, qual seja, saber reunir as forças sociais emergentes do campesinato com a esquerda dispersa, misturar as demandas particulares do setor com questões de interesse geral e responder ao modelo neoliberal. O movimento cocaleiro recuperou elementos da identidade indígena e renovou a defesa da soberania nacional, conseguindo legitimar-se na sociedade e se projetar além da sua comunidade local.

Alguns elementos característicos dos cocaleiros tornaram possível essa projeção social e política: sua composição heterogênea que resulta das migrações e que lhes permite grande intercâmbio de experiências entre sujeitos de regiões geográficas diferentes, de grupos étnicos distintos, de cidades diversas com práticas produtivas relacionadas ao setor industrial e mineiro, assim como de tempos históricos da agricultura pré-capitalista; a capacidade de irradiar suas ações, que se beneficiou da composição diversa e do modo como foram combinados conhecimentos particulares e experiências coletivas, memórias ancestrais com intersubjetividades recentes, constituindo o que foi denominado, no capítulo anterior, de *acumulação no seio da classe*.

No Capítulo 3, sobre o movimento camponês, analisamos o modo como o campesinato boliviano adquiriu, ao longo das últimas décadas, um grau de autodeterminação política, expressa na luta pela democracia representativa, com base no processamento coletivo da suas vivências remotas — a memória longa — e suas experiências modernas — a curta. Para tal, o campesinato teve de buscar formas internas de democratização no próprio sindicato e na COB, instâncias investidas de poderes arbitrários nos períodos de exceção. À COB, tradicionalmente fechada no obreirismo corporativo, os camponeses transmitiram a porção indígena da sua própria história.

Observamos como os protestos do final da década de 1970 enfrentaram seus próprios limites expressos nas carências do *querer estatal* da massa. Assim, ela foi capaz de se afirmar contra o Estado, unir-se num bloco histórico, imbricando seus métodos de luta numa demonstração de organização inédita, mas em seguida delegou seu poder para a recomposição da elite de esquerda *movimentista*. Mesmo assim, a história boliviana a partir de 1980 passou a mostrar a *cara camponesa* dos seus protagonistas, como signo que determinará sua história futura.

Quando falamos de camponeses, certamente não fazemos referência a um bloco homogêneo. Devemos lembrar que neste país *abigarrado* não há apenas mistura de tempos históricos, mas também de histórias diversas (Tapia, 1997). Temos, como exemplo, o campesinato cochabambino quíchua, que acatou o Pacto Militar-Camponês por cerca de dez anos e no contrafluxo, os indígenas aimarás, do katarismo, que nunca se sujeitaram totalmente a trocar suas organizações comunitárias pelo sindicalismo paraestatal, a não ser pela coerção.

Os quíchuas cochabambinos, desde cedo, organizaram-se contra o latifúndio, desgastando progressivamente as relações produtivas da economia oligárquica rural. Dessa experiência, eles aprenderam a obter conquistas pela negociação, valendo-se das brechas que encontraram no sistema dominante e se adaptaram mais facilmente à organização sindical e de milícias. Com esse acervo, em 1953, eles decretaram a Reforma Agrária e conquistaram o mercado rural, abrindo definitivamente suas economias comunitárias.

Os aimarás, especialmente do altiplano de La Paz, seguiram um processo de abertura mais demorado e difícil. Às vezes, as mudanças — a organização sindical ou intervenção no mercado — aconteceram somente no plano formal, para instrumentalizar suas articulações externas, pois no interior mantiveram as formas organizativas originais. Desse modo, ao menos duas acumulações diferenciadas de experiências decorreram desse descompasso. Por um lado, a Revolução de 52, para os kataristas, foi uma experiência externa, alheia, que, no entanto, eles acataram porque de algum modo incluía a libertação e a recuperação de terras, duas demandas históricas. Observavam, porém, que o comportamento senhorial da elite *emenerrista* não foi transformado pela Revolução, e que por isso 1952 seria apenas um parêntese na história de opressão ao indígena (Rivera, 1984).

Os camponeses do vale de Cochabamba, pelo contrário, identificaram na Revolução um espaço legítimo de conquista popular. Lutaram pela Reforma Agrária e se dispuseram a constituir a base social do novo governo, mesmo na sua fase militar e antioperária. Incorporaram a Revolução com maior grau de autodeterminação, a partir da sua idiossincrasia para a negociação, e com esse elemento, posteriormente, transformaram-se em base social do oficialismo *emenerrista*.

Nas regiões do altiplano de La Paz, os aimarás, incrédulos e mais fechados, deram maior peso à memória longa de resistência desde o tempo do império incaico contra a ocupação do seu território. Naquela época, as comunidades, mesmo ocupadas, resistiram à dominação dos incas, mantendo sua língua originária, o aimará. Já os quíchuas, povos transplantados de outras regiões durante o Império Inca, acataram e incorporaram o quíchua, e se adaptaram — ou se submeteram — às transformações. Assim, por exemplo, foi do contingente quíchua de Cochabamba que se deslocaram as primeiras populações para as minas e foi dele que surgiu o acervo futuro dos proletários mineiros.

De modo um pouco maniqueísta, poderíamos afirmar que a dimensão aimará é a da resistência na forma comunitária, e a dos quíchuas, a da negociação, da coerção e imposição cultural, da migração. Assim, enquanto o horizonte aimará é o da autodeterminação, da desconfiança e da reticência, o dos quíchuas é o da negociação e das alianças. Não por acaso, foi essa a porta pela qual entraram os espanhóis. Posteriormente, os quíchuas serão o povo do estranhamento nas minas do Potosí e do sistema mercantil que se inicia na reforma agrária.[13]

Em 1978, essa diversidade de histórias se unifica momentaneamente na luta pela democracia e em torno de uma nova aliança com o operariado na COB. A incorporação de experiências políticas resultará em acumulações distintas, no mínimo de duas dimensões andinas, bem como definirá modos diversos de incorporação de kataristas e quíchuas cochabambinos na história do país.

Os cocaleiros são filhos principalmente do horizonte quíchua. Vindos do interior de Cochabamba, migraram para o Chapare em busca de melhores condições de vida e de conquista. Para isso, a sua capacidade de negociação e de adaptação foi fundamental. Nem por isso, seus referenciais familiares como núcleo de reprodução social e o contato com suas comunidades foram perdidos.

A constituição dos seus referenciais identitários, no entanto, não vem do horizonte quíchua, mas do suporte *aimará*, o da resistência política e da persistência cultural, daquele setor dos indígenas que é menos transigente, pelo menos discursivamente quando dialoga com o "conquistador" — no caso os Estados Unidos — e que reivindica a volta para as condições anteriores às da conquista. Nesse sentido, os *slogans* que caracterizaram a luta dos cocaleiros nos anos 1990 pela defesa da folha faziam referência a essa ancestralidade: "Hoja de Coca, 500 Años de Resistência", "Hoja Sagrada", e a "Hoja Milenar".

É esse legado katarista que incorporam na luta *cocalera*, explicado, em parte, pela presença dos principais líderes kataristas nas discussões entre cocaleiros e governo, até final da década de 1980,[14] data a partir da qual o movimento vai adquirindo independência como entidade.

Evo Morales é filho tanto do horizonte aimará quanto da vertente

---

[13] Ver mais em Zavaleta Mercado (1986), Rivera (1993) e Guzmán (1990).

[14] A principal conquista dos cocaleiro*s*, em termos legais, *i.e.*, o *Plan Integral de Desarrollo y Sustentabilidad*, foi negociado com o líder fundador do katarismo, Jenaro Flores, em junho 1987, incorporando itens como a não-criminalização da folha de coca, nem do produtor, nos termos em que era criminalizada a cocaína.

quíchua. Nascido numa comunidade aimará, Evo é filho de pai quíchua e mãe aimará. Dela tirará sua primeira língua e as referências culturais, mas será a outra vertente, a quíchua, que o empurrará à migração. Quando criança, ele chegou a acompanhar o pai à Argentina, numa tentativa de mudar as condições de subsistência da família. Mas a experiência não foi bem-sucedida e Evo retornou para sua comunidade.

De fato, o primeiro contato com uma cidade foi aos oito anos, e a maior parte da sua formação foi na região de origem, onde fez a escola sem completar os estudos.

Anos mais tarde, a seca do altiplano orurenho empurrou a família Morales para uma nova aventura, desta vez no Chapare. Nesta localidade, Evo Morales assentará de modo mais consistente seus conhecimentos na língua quíchua, o que o caracterizará como uma das poucas lideranças bolivianas a falar as três línguas mais faladas do país.

Substituição (parcial) da visão de mundo

Depois do componente étnico, o segundo elemento que constitui o pano de fundo do movimento cocaleiro é a imbricação dos remanescentes comunitários com a lógica de mercado, resultante da reforma parcial de visões de mundo durante os processos migratórios. No curso da modernização industrial ocidental, a migração impôs-se como uma demanda histórica, cuja principal conseqüência era a substituição no plano intelectual e moral do imaginário atrelado às comunidades originárias, por uma nova relação atrelada à indústria e à reprodução ampliada. Paralelamente, operar-se-ia um processo de esvaziamento ideológico, causando ruptura com as lealdades e os valores tradicionais, induzindo o sujeito a assumir e defender uma nova condição de homem juridicamente livre e igual em direitos.

No caso da Bolívia, a pobreza rural e a ausência de um ideário integrador nas suas elites mantiveram o campesinato alheio às transformações modernas e às conquistas sociais, ainda que o estatuto da libertação da servidão, conquistado já em 1945, e referendado em 1952, tivesse formalmente introduzido a exigência jurídica da igualdade dos indivíduos.

Quando a migração é o resultado da miséria rural, como neste caso, a incorporação de uma nova visão de mundo acaba sendo influenciada pelas condições materiais e pela carga de experiências com que cada homem se incorpora ao novo ambiente físico. No caso do migrante que foi para o Chapare, o processo de estranhamento esteve condicionado às formas organizativas que assumiu o colonizador nos assentamentos. A organização produtiva em torno da família, por exemplo, manteve certas lealdades políticas antigas e formas tradicionais de reprodução social, bem como garantiu uma relativa coesão interna entre os grupos. Foi possível, assim, organizar as tarefas coletivas de construção de estradas, escolas, postos de saúde, entre outras atividades comuns, incluindo a edificação das casas dos residentes da colônia. Com a forma sindical, por outro lado, os colonizadores garantiram suas articulações externas com outros cocaleiros, outros camponeses e instâncias superiores do sindicalismo nacional e da instituição jurídica estatal.

Assim, pode-se afirmar que o estranhamento e a incorporação de novas visões de mundo, para o produtor cocaleiro, são fenômenos parciais e condicionados aos elementos constitutivos ancestrais, pois não houve abandono do tempo da produção vinculado à agricultura, nem das referências comunitárias ligadas à família como núcleo de residência, produção, distribuição, consumo e reprodução social, e também como local de reprodução simbólica de valores e crenças.

Entretanto, pelo modo como os cocaleiros se engajaram no mercado, por meio da coca, produto em torno do qual a economia familiar se reproduzia e se adaptava às oscilações de preços do mercado internacional da droga, submetendo-se como mão-de-obra barata, temos de aceitar que houve no plano individual e também familiar uma forte transformação de mentalidade do cocaleiro, verificando-se instâncias de estranhamento. Segundo Aguiló (1992), o narcotráfico condensa um tipo de violência estrutural individual e familiar baseada nos seguintes processos: desloca pessoas e famílias, desarraigando-as dos seus centros de origem; reprofissionaliza e opera transferências profissionais para fins ilegais; reorganiza num novo modelo econômico social os papéis de cada sujeito; e requalifica, *i.e.*, provoca um *reclasseamento* das pessoas segundo o grau de adesão aos setores organizados.

É por esse grau de integração maior com o mercado que o cocaleiro encontra melhores condições para extrair novas referências e conceber de modo mais racional a sua situação na cadeia produtiva do narcotráfico e da estrutura econômica nacional e global, na fase do neoliberalismo.

Se a esse contato com o mercado agregarmos o fato de ele ser um sujeito *desterritorializado,* como migrante, teremos outra característica importante: a necessidade de ter de inovar suas técnicas produtivas e se adaptar às exigências do novo ambiente físico, questionando continuamente seus referenciais, crenças e valores tradicionais, bem como admitindo que seus conhecimentos ancestrais[15] andinos se tornaram obsoletos. Operou-se assim um grau importante de reforma intelectual e moral *parciais,* a partir do esvaziamento ideológico operado pelos processos de *desterritorialização* e *reterritorialização* no Chapare. A *descamponização, i.e.,* processo pelo qual passaram os camponeses quíchuas para se tornarem operários mineiros e se transformarem no então setor social mais avançado do país, não foi necessária para o cocaleiro.

Por isso, nos novos movimentos sociais indígenas não se realiza o que Mariátegui (1999) observava no início de século XX, *i.e.,* uma luta apenas pela posse da terra. Hoje o leque de demandas dos indígenas estende-se além da luta pela posse e passa por reivindicações para que o Estado implemente políticas agrícolas que o beneficiem e também para que o reconheça como sujeito de identidade e de direito.

Observamos que durante a Revolução de 1952, o atraso das forças produtivas não significou necessariamente a impossibilidade de desenvolvimento das forças sociais ou da aptidão destas para adquirir novas visões de mundo e gerar movimentos de transformação social massivos, como aconteceu com o proletariado mineiro. Assim, se a Revolução de 1952 permitiu a acumulação histórica no seio do operariado mineiro, e se a crise de 1978-1980 desencadeou a virada do campesinato — principalmente aimará — contra o pacto militar e pelo respeito à democracia representativa, a crise social e econômica de 1982, e sobretudo de 1985, com suas reformas estruturais, fará que os cocaleiros exercitem os desdobramentos da acumulação do conhecimento coletivo adquirido nas crises anteriores e que canalizem as reivindicações e descontentamento da sociedade.

---

[15] A desterritorialização implica um abandono dos conhecimentos ancestrais vinculados à transformação da natureza, causando a separação de vínculos afetivos e do universo conceitual mantido nas suas comunidades, para se submeter a um território diferente, com uma natureza distinta e um clima hostil. No Chapare, as espécies cultivadas, as técnicas de plantio, os ciclos produtivos, bem como o tipo de terra, os animais, a comida e as doenças eram totalmente distintas do universo andino conhecido. Por esse motivo, as primeiras gerações de colonizadores foram praticamente dizimadas (Aguiló, 1992).

Essa capacidade, sem dúvida, foi potencializada pela chegada ao Chapare de novos contingentes populacionais, como os mineiros. Das cidades também chegaram grupos que, não tendo sido absorvidos pelos mercados formais de trabalho, se dispuseram a conjugar seus universos conceituais urbanos aos do domínio do novo movimento camponês cocaleiro. Desse modo, se pode observar que até o final da década de 1980, a emergência do movimento cocaleiro está fortemente influenciada pelas lideranças operárias mineiras,[16] e pelo katarismo, confluindo no Chapare com seus acervos fundamentais, e suas distintas experiências de estranhamento e de conhecimentos condensados de vários setores da sociedade.

De fato, nessa diversidade há um horizonte dominante, dado pela presença quíchua como matriz social que constrói o movimento cocaleiro como massa migrante, colonizadora e negociante. Os cocaleiros são o setor mais ambicioso e visionário do campesinato, que agora incorporam também os traços do antiestatismo operário mineiro, sua insubordinação, métodos insurrecionais e graus desenvolvidos de consciência de classe. É a parte do campesinato que corresponde à sociedade civil organizada, que se projetou politicamente *em direção* ao poder e *contra* o governo, e que como movimento popular, agora, passou a ser o alvo principal da repressão do exército. De fato, o instinto avesso contra os militares é uma herança incorporada dos mineiros, que nunca admitiram a presença militar, contrapondo seu próprio aparato armado.

Do mesmo modo, uma das características constituintes do movimento cocaleiro é que, desde sua organização, ele se articulou em referência ao Estado, e contra ele, em grupos de autodefesa e sindicatos. Sua coerência interna e sua lógica organizativa e identitária não surgem de modo espontâneo e sim a partir dos *momentos de confronto* com o Estado. Dessa oposição antiestatal emerge também um tipo de relação que o movimento estabelece com o poder.

Cabe destacar, contudo, que a posição antiestatal dos cocaleiros não é contra a instituição, mas contra o tipo de Estado instalado na Bolívia, particularmente na sua forma neoliberal, em vigor desde 1985.

---

[16] Até final da década de 1980, quando o movimento discute com o governo as diretrizes das políticas sobre a coca, base de qualquer negociação futura, a presença de sindicalistas tradicionais do movimento operário — como Lechín — era constante. Do mesmo modo, a presença da CSUTCB, sob o controle katarista direto de Jenaro Flores, era permanente.

Quando a demanda de coca começa a crescer nos anos 1980 e o cultivo de folha torna-se um empreendimento altamente rentável, as aspirações dos cocaleiros foram as de permanecer à margem da influência e controle estatal. À medida que isso foi ficando impossível, pelo crescimento da repressão, foi preciso que os cocaleiros se organizassem em grupos incipientes de autodefesa. Posteriormente, esses grupos de autodefesa se converteriam em semente de uma *nova consciência coletiva* conduzindo uma luta mais intransigente de seus direitos (Aguiló, 1992).

Para entender essa transformação qualitativa, um valor adquirido pelo *movimiento*, e que é de fundamental importância, é a autodeterminação. Qualquer grupo que pretenda autodeterminar-se deve em princípio não apenas adquirir uma consciência de si próprio, como também das circunstâncias ou dos determinantes externos que o limitam, pois a autodeterminação não implica o desaparecimento dos condicionantes externos, mas a elaboração do próprio projeto, do objetivo e da vontade política nos limites impostos por esses condicionantes. A capacidade de exercer o próprio arbítrio está atrelada, então, à consciência da própria dependência.

Dessa perspectiva, pode-se observar que, à medida que os cocaleiros foram enfrentando o Estado e percebendo que dependiam politicamente dele, bem como economicamente do mercado da droga, eles foram ganhando também um conhecimento de si mesmos e de seus limites como organização: não eram um grupo coeso, suas demandas eram imediatistas e difíceis de serem explicadas, sua existência acontecia à margem de outros movimentos sociais e, finalmente, não tinham condições de vencer seus sujeitos antagônicos. Sendo assim, uma nova estratégia de movimento foi trabalhada. Assumiram uma atitude de diálogo com o governo — "diálogo intransigente", como eles afirmavam nas negociações da erradicação —, ampliaram as bases de consenso com a população e estruturaram melhor um plano de articulação com outras instâncias da sociedade civil e com outros movimentos sociais, de dentro e de fora do país. Como resultado, os cocaleiros conquistaram uma coerência com base num repertório unificado de demandas, consolidando as instâncias de democratização interna do movimento e adquirindo um referencial identitário com uma simbologia de auto-representação, cujo eixo é a *folha da coca* como patrimônio cultural. É nesse sentido, que eles conquistaram um grau de autodeterminação importante.

Nessa fase, eles abrem diálogo com a sociedade pela mídia, conseguindo respaldo político da opinião pública — estudantes e intelectuais, principalmente. Durante essa época proliferam organizações não-governamentais no Chapare, com projetos de cooperação, assistência e financiamento internacional, a grande maioria deles ineficazes.[17] Algumas, porém, conseguiram imprimir no movimento elementos de conquista cidadã, no tocante a direitos humanos, assistência legal e satisfação das necessidades básicas de saúde, educação, etc. Muitas ações governamentais tiveram de ser repensadas ou suspensas por intervenção dessas organizações.

Essa fase corresponde à de maior crescimento do movimento, conseguindo converter-se num dos poucos setores, senão o único, com verdadeira capacidade de negociação com o governo. A partir dessa fase é que eles conquistam também a liderança do movimento camponês, com prestígio e reconhecimento que vai do plano econômico, por ter superado os limites da economia tradicional, para o da política, por seu crescimento, principalmente do social, graças à sua capacidade de sintetizar as demandas do setor, em termos culturais, étnicos e nacionais.

A liderança das lutas camponesas pelos cocaleiros não foi um processo contínuo, nem está totalmente consolidada. Houve momentos tensos de atrito pela liderança da federação de camponeses de Cochabamba, por exemplo, entre os cocaleiros e as organizações camponesas do resto do departamento. Do mesmo modo, a central nacional de camponeses ficou, durante um período prolongado da década de 1990, sob a direção de um representante cocaleiro, o que não garantiu, porém, que posteriormente o sindicato passasse para controle de outros segmentos do movimento nacional. Até final do século XX, a corrente hegemônica do sindicato camponês é o katarismo, sob uma das tendências indígenas mais radicais.[18]

---

[17] Afirma-se que de novecentas ongs, no Chapare, apenas sete realizavam em 1989 um trabalho efetivo em pesquisa, assistência e educação (Aguiló, 1990). Isso acabou gerando problemas em razão da falta de uma linha diretriz única, execução de projetos conflitantes, corrupção dos colonizadores, substituição da organização sindical por formas *assistencialistas* e perpetuação de políticas de desenvolvimento impostas sem consulta aos cocaleiros.

[18] Depois de um período crítico, durante 1998, em que divergências entre setores do campesinato fraturaram a Central Sindical instaurando duas diretivas, tornando necessária a intervenção da COB, os camponeses finalmente em consenso elegeram para a direção do sindicato Felipe Quispe Huanca, o *Mallku*, ex-líder do *Ejército Guerrillero Túpac Katari* (EGTK), uma das tendências indígenas mais radicais do *katarismo*. No seu discurso, *Mallku* argumenta que a situação na Bolívia não mudou nada desde

As lutas internas dentro da direção da central sindical camponesa, longe de representar divisão e enfraquecimento no campesinato, denotaram um grau de amadurecimento da estrutura sindical, como a forma de organização mais consolidada do setor. Significa, por outra parte, que ela se constituiu em instância de exercício real de poder.

Uma conquista mais difícil para o movimento cocaleiro foi a direção da *Central Obrera Boliviana*, histórica e estatutariamente delegada a operários mineiros. A estrutura fechada e de participação desproporcional para os produtores rurais tem originado constantes críticas e mobilizações, todas sem resultados, até aqui revelando as carências da classe camponesa — com os cocaleiros no centro — para se organizar perante a classe histórica que é o operariado. Posteriormente, entretanto, o fracasso dos cocaleiros na tentativa de galgar maiores espaços na COB será menos sentido em princípio porque sua situação periférica na *Central* não impedirá o crescimento do movimento cocaleiro-camponês na sociedade. Ademais, a crise do sindicalismo proletário retirou da COB as iniciativas principais das ações políticas no país, reduzindo-o finalmente a ser apêndice dos conflitos partidários nacionais, que transformaram as lideranças da COB freqüentemente em lideranças partidárias ou instrumentos de interesses dos governos de turno.

Nessas limitações que se transformam em oportunidades, o movimento cocaleiro conseguiu projetar-se nacionalmente por dois elementos importantes. Primeiro, porque sua presença se estendeu para além do âmbito puramente camponês e étnico, alcançando ressonância no sindicalismo nacional e dando uma energia fundamental às mobilizações populares. Segundo, porque o movimento dos produtores de coca tem um componente operário na sua organização sindical, dado pelos próprios mineiros *recamponizados*.

Com esta estrutura nas bases é mais fácil compreender de que modo o líder dos cocaleiros conseguia confrontar o bloco de partidos de centro-direita, então maioria, instalados desde a década de 1980 — quando não antes — e suas tentativas constantes de neutralizar a posição co-

---

a colonização espanhola, pois o setor mais pobre e discriminado continua sendo o camponês-índio. Por esse motivo, a luta neste país é das etnias originárias (*aimarás, quíchuas, chiriguano-guaranis* e outras) contra os colonizadores *k'aras* (brancos estrangeiros) e seus agentes nativos (a *k'ara* burguesia) (Madariaga, 2003).

caleira no Parlamento. Entende-se também de que modo Evo Morales consegue voltar à vida política nacional, depois de sua expulsão em 2002, do Congresso Nacional, numa articulação obscura de vários partidos no Parlamento.

Nesse difícil processo de consolidação como atores políticos nacionais, chegou-se a afirmar que os cocaleiros não conseguiram assumir ou perderam a oportunidade de construir uma identidade clara perante a sociedade. Outras críticas ressaltavam a dubiedade das ações dos seus representantes, que oscilam ora entre o corporativismo limitado a reclamar aspectos particulares do setor dentro dos moldes mais retrógrados da política nacional; ora entre pretensões internacionalistas e tentativas de se projetar globalmente com um discurso antineoliberal (Cortez, 1992). Acreditamos, contrariamente a essa idéia, que a amplitude discursiva dos cocaleiros, capaz de ultrapassar as fronteiras naturais das identidades tradicionais, chegando a estabelecer no plano internacional um discurso de *excluídos* da modernidade e do neoliberalismo, é um dos componentes mais importantes do movimento cocaleiro. É dessa forma, que eles fogem ao que se espera de um movimento político, isto é, que tenha uma doutrina de ação predeterminada.

Outro elemento tem corroborado essa tendência: o fato de o cocaleiro ter mantido vínculos com seus familiares e comunidades de origem. Com efeito, há nos colonizadores do Chapare um hábito constante de transitar entre as zonas *cocaleras*, as cidades de origem e os mercados nas cidades centrais. Assim, ele aumenta sua influência em outras regiões camponesas e se irradia em setores urbanos, trazendo ainda desses locais os aportes culturais, as experiências e as demandas específicas.

Estabelece-se, assim, a partir do *horizonte* cocaleiro, um tipo de relação multidirecionada, que não funciona de modo concêntrico — tendo o cocaleiro no *centro* da mobilização social, como outrora o fizera o operariado mineiro —, e sim em forma de uma rede de relacionamentos orientados em vários sentidos. A heterogeneidade é então o elemento articulador e de interseção das experiências ou competências particulares, e base das demandas pelo respeito da identidade do movimento, que aos poucos se vai estruturando no princípio da unidade na diversidade. Constitui, assim, o que se chama uma *comunidade de circulação* (Gadea, 2000), ou uma subjetividade que ultrapassa as redes da comunidade identitária imediata, chegando a um plano maior, neste caso, o dos *excluídos*.[19] Por isso, cada setor que compõe e se identifica com os cocaleiros vem compor a *comunidade*, a partir do que tem acumulado de história de exclusão e resistência, ou seja, de classe subalterna.

A categoria explicativa mais importante numa sociedade cindida, por esse motivo, ainda é a de classes sociais — mesmo que os sujeitos históricos não reivindiquem suas demandas nesses termos —, pois ela identifica necessariamente lutas de sujeitos históricos. Quando os cocaleiros exigem respeito aos símbolos da sua cultura ancestral, não é a permanência dos costumes e tradições o que buscam, mas uma participação no sistema, que não seja como "excluídos", mas por meio da educação, da construção de estradas que os comuniquem com o resto do país e por espaços de atuação política. A elevada integração dos cocaleiros com o mercado, como consumidores, testifica essa tendência, assim como as demandas de desenvolvimento estrutural.

Cocaleiros: novo movimento social

A estrutura heterogênea dos indivíduos que compõem o movimento cocaleiro, a reelaboração constante das matrizes discursivas[20] com que reivindicam seus direitos políticos, sociais, econômicos e sobretudo culturais, a capacidade de estabelecer alianças incorporando novas demandas, permitem caracterizar a organização cocaleira como um *novo movimento social*.

O adjetivo "novo" que as teorias sociológicas atribuem a essas manifestações coletivas é fundamental na caracterização dos cocaleiros como

---

[19] Quando tratamos de *exclusão social*, respeitamos o discurso dos cocaleiros, cientes de que, como Martins (1997) sustenta, não existe *exclusão* como tal, mas antes, existe *contradição*, existem *vítimas de processos sociais, políticos e econômicos* excludentes, empurrados não para fora da sociedade ou dos seus sistemas, mas para "dentro", em *condição subalterna* de reprodutores mecânicos do sistema econômico, de modo que não possa reivindicar, nem protestar as privações, injustiças e carências em que se encontram.

[20] As matrizes discursivas devem ser entendidas, segundo Sader (1995), como modos de abordagem da realidade, que excluem diversas atribuições de significado. Implicam também, em decorrência, o uso de determinadas categorias de nomeação e interpretação (das situações, dos temas, dos atores) como na referência a determinados valores e objetivos. Matriz discursiva não é uma simples idéia: sua produção e reprodução dependem de lugares e práticas materiais, de onde são emitidas as falas.

sujeitos distintos dos antigos atores dos movimentos sociais, notadamente dos operários.

As análises sociais sobre estes atores coletivos (Gohn, 1997) identificam a década de 1970 como um marco histórico a partir do qual demandas distintas e diferentes atores fazem pensar na existência de Novos Movimentos Sociais (NMS), cujos repertórios exigem, de modo geral, o reconhecimento das suas demandas e identidades. Nesse sentido, as referências culturais são essenciais para a caracterização dos NMS, embora suas demandas possam eventualmente lembrar questões já sinalizadas pela teoria marxista.

A grande diferenciação entre ambos os movimentos está no valor e no sentido que cada um outorga à questão da identidade. Os NMS se negam a aceitar a existência de um sujeito único e central na história social, com tarefas e papéis políticos predeterminados, como era o caso do proletariado e sua missão revolucionária. Ao contrário, o sujeito das novas demandas coletivas tem identidade difusa, sem hierarquias de funções ou papéis e luta contra diversas formas de opressão, seja a sexual, no caso de feministas ou homossexuais, seja a étnica, no exemplo dos movimentos negros e indígenas. Também podem lutar contra as diversas formas de exploração predadora do meio ambiente ou contra o acesso restrito a bens e serviços, como os movimentos ambientais ou as ações coletivas de comunidades de bairro. Por isso, em organização eles preferem estruturas em forma de redes, apoiadas em valores comunitários e solidariedades tradicionais, em vez da organização rígida e centralizada dos sindicatos. Todavia, suas demandas terão caráter local ou particular e não o caráter claramente generalizador dos conflitos de classe identificados no movimento operário.

Por outro lado, a relação que os NMS estabelecem com a política não busca necessariamente o confronto com o Estado ou sua substituição. Pelo contrário, o poder nos NMS é considerado desde a sociedade civil, e não desde o Estado, e o que interessa a estas organizações é a margem de ação e as pressões locais com as quais elas são capazes de contar ou contra as quais devem lutar.

Para analisar os NMS, então, é necessário considerar suas ações coletivas e suas identidades construídas no processo de crescimento e organização de cada grupo, uma vez que eles não têm funções históricas predefinidas. Pelo mesmo motivo, os atores dos NMS devem ser observados pelos interesses particulares que defendem e pelo modo como os negociam. Sua situação social, dentro de um pano histórico dado, deve ser considerada também pelo modo como se colocam em relação a outros atores e instituições.

Assim, algumas ações coletivas têm impacto global como a luta pelos direitos das minorias e por ações afirmativas, ou podem ocupar-se com demandas locais, como a construção de escolas ou postos de saúde no bairro, organizando-se para pressionar o governo local. Em qualquer caso, as ações dos coletivos são diretas e evitam mediações de sindicatos ou de agências estatais para realizar suas demandas, que de modo geral são pela consolidação de direitos sociais. É nesse sentido que se afirma que os NMS não buscam a substituição do poder, nem se declaram necessariamente contra outros atores sociais ou instituições, o que não invalida a hipótese de um NMS emprestar seu apoio a um candidato ou partido, ou até mesmo constituir um novo candidato ou partido.

Um recurso que tem sido muito utilizado pelos NMS é a utilização da mídia e outros tipos de manifestações espetacularizadas para articular apoio e mobilizar a opinião pública geral. Finalmente, promovem ações diretas para transformar valores dominantes e são de modo geral mais participativos, abertos, espontâneos e fluidos, motivos pelos quais suas lideranças costumam sair do seio do próprio movimento.

Na América Latina, os NMS tomaram a forma principal de movimentos camponeses e indígenas (Gros, 1995), aspecto pelo qual não se caracterizam como essencialmente políticos, ou seja, por trazerem repertórios com conteúdo de luta de classes, ainda que eles contem com uma ampla comunidade de pessoas ativamente envolvidas, cujas demandas e reivindicações formam um conjunto racional de respostas aos seus problemas (Gohn, 1997, p. 165).

Em meados dos anos 1970, quando o governo militar de Bánzer implementou uma política econômica desfavorável aos interesses da população indígena, quebrando o pacto militar-camponês, as organizações indígenas assumiram uma postura de independência em relação ao governo e passaram a se contrapor crescentemente à histórica postura governamental de eliminar ou tornar invisíveis as distinções étnicas.

Posteriormente, durante as décadas mais democráticas de 1980 e 1990, os cocaleiros organizaram-se de forma tão eficaz, que tanto sua intervenção na política nacional, quanto a lutas por direitos cidadãos marcaram a nova tonalidade das mobilizações sociais.[21] Em princípio, essa postura pode ser encarada como uma clara contestação à tese da irracionalidade dos movimentos sociais,[22] pois demonstra um amadurecimento de *classe para si*.[23]

Nesse sentido, pode-se afirmar que as ideologias são fundamentais a esses novos movimentos, pois eles estão articulados num conjunto de crenças e representações que dão suporte às suas estratégias e projetos políticos. Por isso, eles atuam antes na vertente marxista gramsciana, que na marxista ortodoxa, pois vêem a ideologia no campo das práticas sociais, como conjunto de idéias que dão o suporte a projetos estratégicos de transformação da ordem (Gohn, 1997).

Assim, quando os cocaleiros procuram exaltar a folha de coca como valor étnico-cultural e "mistificar" seu consumo no "*acullico*", eles estão também reivindicando o direito à própria existência como grupo humano com concepções particulares e percepções especiais. Também buscam consolidar o direito a uma participação legítima na ação global da sociedade e trabalham com a auto-estima dos indígenas. Neste sentido, as federações de cocaleiros se convertem em núcleos de *coesão compensatórios* (Aguiló, 1992) do que a sociedade nega quando rejeita o indígena.

Quando nas migrações os referenciais ligados às origens ou à terra são perdidos, escolhe-se um símbolo que os evoque; foi o caso da *folha de coca*. Sob seus significados, a diversidade e contradições dos cocaleiros foram menos aparentes. É o caso das posturas autoritárias das suas lideranças, que dificultam a renovação de seus representantes e alimentam as

---

[21] Isso mesmo considerando que durante a ditadura de Hugo Bánzer, os movimentos sociais incorporaram várias regras autoritárias que caracterizavam as relações entre sociedade civil e Estado. Essa característica conferirá à questão da cidadania uma feição particular, pois nos períodos de transição para a democracia o problema não é apenas a reapropriação do Estado pela sociedade civil, mas também de regulamentação das regras de civilidade e cidadania dentro dessa própria sociedade, que se investia de poderes arbitrários nas épocas de regime de exceção (Gohn, 1997).

[22] A tese da irracionalidade dos movimentos é contestada, por exemplo, em Offe (1988), que ressalta a existência de uma racionalidade não apenas nos ativistas, mas também numa ampla comunidade de pessoas, em geral sem envolvimento em movimentos políticos, e baseados num discurso bem-estruturado.

[23] Estamos utilizando o conceito de classe para si, com seu sentido estendido, de modo que abarque a noção de "movimento para si".

tendências caciquistas.[24] Do mesmo modo, observa-se a dificuldade que eles têm para superar a diferença de dimensões andinas com os aimarás, tornando mais difícil a penetração do movimento cocaleiro dentro do katarismo.

Por essa razão, a caracterização mais justa dos cocaleiros talvez seja a da heterogeneidade que entrecruza as experiências particulares de seus membros e a da oposição sistemática que exerceu contra o governo, na sua posição de setor mais organizado do campesinato. Se se considera a hipótese inicial deste livro, de que na Bolívia o Estado não conseguiu estabelecer uma articulação nacional e foi incapaz de ter uma interpenetração com a sociedade civil para construir com ela uma hegemonia plena, observa-se que a iniciativa de reorganizar a sociedade sempre ficou por conta dos movimentos populares ou dos setores esclarecidos destes.

A falta de hegemonia plena do Estado boliviano determinou, por outro lado, que a relação deste com os setores mais mobilizados da sociedade fosse sempre violenta. Tradicionalmente, o proletariado mineiro foi quem ocupou, desde a década de 1930, a posição do setor organizado da sociedade, atuando contra a síntese repressiva do Estado, o exército. Essa situação foi suspensa temporariamente nos primeiros anos da Revolução, quando a sociedade, organizada em milícias, desmontou o exército, mas foi retomada em meados da década de 1960, com a reestruturação das forças armadas e a volta da ditadura militar.

Na década de 1980, a democracia promoveu a abertura de canais de diálogo entre a sociedade e o governo, mas manteve inalterada a estrutura de poder altamente concentrada e desarticulada da sociedade. Por isso, as

---

[24] A propósito da idiossincrasia de Evo Morales, personagem controverso de liderança inegável, assim como com grande capacidade de canalizar as ações coletivas do movimento, não deixa de chamar a atenção o fato de ser o líder histórico dos cocaleiros desde a década de 1980. Até 1986, o movimento cocaleiro sentia a falta de uma liderança representativa que unificasse suas ações, seus objetivos e seus membros. Cinco sindicatos disputavam o controle organizacional dos produtores de coca, mas não se verificava uma orientação interpretativa do movimento e seus membros, isto é, não havia grande complementaridade e congruência entre as demandas, interesses e crenças dos indivíduos produtores e os discursos e atuação de suas entidades representativas (Snow et al, 1997, p. 211). Evo Morales, de certa forma, catalisou em torno de sua liderança enérgica, carismática e controversa, as aspirações de seus pares, resultando num processo de fortalecimento do movimento e desenvolvendo uma identidade coletiva, que por sua vez dará mais projeção nacional ao seu líder.

reformas econômicas realizaram-se com um custo elevado de repressão social e sobre a fratura do movimento operário mineiro, no centro da organização social contra o governo.

A crise social dos anos 1980 foi a dos referenciais de que dispunha a sociedade como experiência histórica de luta e de organização, diluindo as oposições antagônicas entre o Estado e a sociedade civil e favorecendo a proposta governamental de despolitização. Um recuo no fazer político foi experimentado com o neoliberalismo, facilitando o avanço do conservadorismo e alimentando, a partir do Estado, a idéia de que as reformas e a paz democrática eram consensuais.

Os métodos de organização do sindicalismo tradicional perderam então a capacidade de convocação, de irradiação e, portanto, de pressão. À medida que surgiram novas fragmentações sociais, com a desarticulação dos parâmetros operários, a coesão sindical foi substituída por uma diversidade de demandas e propostas imediatistas, facilitando o crescimento das tendências conservadoras e das propostas populistas. Fizeram-se então indispensáveis novas formas de articulação social.

Foi nesse cenário que surgiu o movimento cocaleiro, assumindo a vacância política deixada pelo sindicalismo tradicional mineiro. Não o substituiu, principalmente, nem no nível de organização, nem na capacidade de assumir o papel central de um novo bloco histórico. Mas assumiu o discurso[25] que fazia falta ao resto da sociedade, trazendo uma energia renovada ao sindicalismo operário e reafirmando o rosto camponês da história contemporânea boliviana.

A base do movimento cocaleiro está no tripé do *horizonte quíchua*, os *traços comunitários* e a *disciplina sindical*. Misturam-se as formas organizativas e as estratégias de confrontação próprias dos setores avançados da classe proletária, com a demanda de terra, autonomia cultural e respeito aos valores tradicionais das comunidades indígenas. Aos métodos de insurgência do operariado mineiro juntam-se os da mobilização indígena, ocupando território em bloqueios de estradas ou avançando e sitiando as

---

[25] Não nos parece que o discurso do movimento cocaleiro possa favorecer o ressurgimento de um governo populista. A busca de alianças com outros segmentos da sociedade boliviana tem por objetivo um fortalecimento político para reverter suas posições subalternas, e não se verificam traços de submissão ideológica como estratégia de classe para a acomodação em torno de uma "paz social". Sobre populismo na América Latina, ver Ianni (1975).

cidades.[26] A participação parlamentar é finalmente o legado da incorporação dos instrumentos dados pela democracia representativa apreendida em 1979.

Índios, mestiços e híbridos

A acumulação de experiências coletivas marca uma progressiva transformação no temperamento histórico dos cocaleiros. Desse processo, pode-se afirmar que as federações do Trópico assentaram suas bases no binômio de forças *camponesas-mestiças*, que de forma acelerada se propuseram a uma luta sindical em todo o âmbito do Chapare, mas buscando a expansão para o plano nacional.

Este novo conceito, *camponês-mestiço*, vem ao encontro e atualiza o de *camponês-índio*, trabalhado por Zavaleta Mercado (1988) e que se refere aos índios que, após a superação do estatuto de *servos* do latifúndio oligárquico, passaram a se organizar politicamente. O conceito camponês-índio não implica, como observamos em capítulos anteriores, um conteúdo classista nem da parte dos índios, nem dos nacionalistas do MNR. O conceito *camponês-mestiço*, do mesmo modo, está mediado pela carga de tradicionalidade do *camponês-índio*, suas relações espaciais e de organização do tempo histórico sazonal unido à presença irrefutável do mercado, e finalmente pelo seu nível incompleto de estranhamento.

Diferentemente do sindicalismo tradicional camponês, este setor não carrega diretamente a experiência conservadora do pacto militar-camponês na constituição da sua cultura política sindical. Pelo contrário, na acumulação das suas experiências políticas há forte influência do operariado antiestatista. Os cocaleiros são, sem dúvida, a resposta classista de um conflito novo, iniciado após a Revolução e cujo matiz será distinto do nacionalismo revolucionário ou do discurso classista do operariado. Os cocaleiros são a resposta coletiva do setor camponês mais subordinado ao mercado, e que nem por isso deixou de carregar sua forma de identidade

---

[26] Daí originou-se uma das principais características da mobilização *cocalera*, as caminhadas à sede do governo departamental ou nacional, conseguindo no percurso a filiação e o apoio das populações e cidades por onde passam. Uma característica de impacto da mobilização contemporânea foi organizar as caminhadas junto, ou exclusivamente, com cocaleras e seus filhos. Dessa forma, a ação da repressão torna-se mais difícil.

indígena, expressa nos seus rituais de reprodução familiar, religiosos e seus símbolos ancestrais, como o *acullico*.

A folha de coca sintetiza bem a heterogeneidade desse setor, pois na simbolização *camponesa-mestiça* da *coca* há o que ora é definido como um salto para frente e ora como uma fuga para o passado. A idéia de mestiçagem mistura camponeses tradicionalmente cultivadores e consumidores da folha, a outras etnias nacionais e aos que provêm dos setores urbanos, até aos ex-mineiros. Revela um caráter de classe em construção da sua identidade, notadamente em oposição ao Estado e na assimilação de símbolos indígenas de ampla abrangência.

Entretanto, a idéia de *mestiçagem* traz uma conotação limitada ao conceito de raça. Foi para superar as implicações étnicas e as dimensões classistas, e para se deter nas discrepantes concepções da *modernidade* latino-americana, que García-Canclini (1997) propôs a idéia de *hibridismo*, como conceito mais adequado para definir populações como a dos cocaleiros, com características tradicionais de vínculo com a terra, reprodução familiar e forte ligação com o mercado. Ou seja, com uma mistura étnica de diversas regiões e com componentes indefinidos das classes bolivianas — operários, classes médias e camponeses.

Culturalmente, a manutenção de traços tradicionais — como as relações de reciprocidade e os ritos cerimoniais antigos, ligados à folha, por exemplo — cruza-se com a incorporação de hábitos e de formas de consumo de bens materiais e simbólicos capitalistas. Finalmente, ideologicamente, é um setor que ingressou na atuação política nacional pela organização sindical e pela porta da democracia representativa, aceitando e reproduzindo a hegemonia burguesa quanto à eleição dos seus representantes e na relação com o Estado. Mas, internamente, ainda há fortes traços comunitários que exigem um tipo de relacionamento que definimos como os *poderes oblíquos* (García Canclini, 1997), cujas atitudes, eventualmente, podem assumir feições autoritárias quanto ao uso do sindicato, personalistas e centralizadoras quanto à rotatividade do poder, e clientelistas com o poder central e com outros partidos políticos.

Por tudo isso, o cocaleiro seria um tipo de *camponês-híbrido*, ou um digno representante do *abigarramiento zavaletiano*.

Significado da folha de coca

A importância do símbolo da folha está no uso tradicional que dela fazem as culturas andinas, seja na medicina, nos rituais religiosos e nos momentos de comunhão. O principal emprego, entretanto, é como complemento alimentar e energético que auxilia o *coquero*[27] no trabalho de grande esforço físico, no campo e nas minas. Por tudo isso, as culturas andinas concebem a coca como uma *folha sagrada*, cuja principal característica seria proteger de doenças, cansaço e fome. O uso tradicional da folha de coca permanece praticamente inalterado nos costumes indígenas andinos, fato que não foi mudado pela sua vinculação com o mercado da droga.

Na época colonial, tentou-se por numerosas vezes erradicar o consumo; entretanto, quando se descobriu a importância da folha no rendimento físico do índio, ela foi cultivada e mercantilizada, a ponto de se transformar na segunda fonte de ingressos da Coroa da Espanha (Quiroga, 1990). O sistema de fazendas de La Paz, na região dos Yungas, foi organizado à base da folha de coca, formação que durou até a Revolução.

A importância comercial da folha, seja para uso tradicional até meados do século XX, seja para o narcotráfico, tem sido o pivô das mais ambíguas políticas do governo de incentivo ou substituição.

A partir de 1961, a política de substituição de cultivos pela sua relação com o tráfico passa a ser a postura hegemônica nos países produtores de matéria-prima. Posteriormente, assina-se um acordo na *Convención Única de Estupefacientes* da ONU, em Viena, que classifica a folha como droga, penalizando sua produção, sua comercialização e seu uso. A Bolívia, desde então, comprometeu-se a erradicar a folha.

Atualmente, as políticas internacionais a respeito da folha estão orientadas ainda pela Convenção da ONU, regularmente reunida em Viena, que mantém a penalização da folha. Visão que se confronta com a dos cocaleiros, que querem que a organização aceite o caráter não aditivo da folha[28]

---

[27] *Coquero* é o consumidor da folha de coca de acordo com os usos tradicionais.

[28] Estudos demonstram que a importância da folha da coca está no seu conteúdo nutritivo — rica em vitaminas, ferro, cálcio e outras substâncias importantes para a alimentação — e pelo papel que desempenha no metabolismo. Ao ser misturada com um preparado de cal — a *llipta* — consegue-se que os alcalóides da coca sejam degradados. A cocaína, que é um dos vários alcalóides que compõem a folha, ao ser

e distinto da cocaína, apoiando a industrialização dos seus derivados da coca.

A luta dos cocaleiros pela defesa da coca, como *folha sagrada*, tem permitido recuperar suas histórias culturais, atuando como fator de integração de setores sempre marginalizados. Por isso, os cocaleiros afirmam que na Bolívia a luta contra a coca tem caráter de etnocídio, porque é uma manifestação contemporânea das políticas públicas que desconsideram os componentes culturais internos, em benefício de interesses externos.

A proposta étnica dos cocaleiros não implica, entretanto, uma pragmática discursiva de teor racista-indígena contra brancos, classes dominantes ou não-índias. Nesta atitude, diferencia-se de algumas correntes do katarismo contemporâneo.

Os cocaleiros, ao defenderem a folha, identificam mais claramente para a sociedade e para eles mesmos que o sujeito antagônico do movimento são os EUA e seu projeto neoliberal. Os cocaleiros ainda expõem outro argumento, segundo o qual o cultivo funcionaria também como integrador da sociedade: a folha de coca permitiria a reinserção econômica de mais de 300.000 camponeses, excluídos pelo neoliberalismo e pela globalização.

A importância econômica da folha — incluindo a colaboração econômica internacional para a sua erradicação — fez do movimento o único capaz de dialogar com o governo boliviano, ávido pela conquista da *certificação* norte-americana. Cientes da inconsistência em defender o cultivo sem assumir uma postura clara contra o tráfico, os cocaleiros declararam o repúdio ao narcotráfico, e o combateram com denúncias de envolvimento de altos funcionários do governo com o negócio da droga.

A "defesa da folha milenar e sagrada", a "luta contra o narcotráfico" e a "luta pela soberania nacional" formam o conteúdo do *frame*[29] que articu-

---

misturada com o cálcio, degrada-se na *ecgonina*, uma *tropina* oitenta vezes menos tóxica que a cocaína. A folha, desse modo, facilita a transformação de carboidratos em glicose, provocando uma sensação de energia, facultando melhor digestão, facilitando os trabalhos de esforço físico e aumentando a retenção da temperatura corporal. A *ecgonina* não produz dependência nem física nem psicológica da folha, assim como na supressão do *acullico* não há síndrome de abstinência (Carter & Mamani, 1986; Carter, 1996; Laserna, 1996).

[29] *Frame,* conceito trabalhado por Snow (1997), pode ser definido como um esquema interpretativo desenvolvido por coletividades para entender o mundo.

la o movimento cocaleiro com o resto da sociedade, e são a base sobre a qual se constrói sua identidade híbrida.

De fato, o discurso sobre a coca é a reedição, com novos elementos, de pressupostos anteriores, incorporados a partir da Revolução, tais como a luta contra a "dependência" e "subdesenvolvimento nacional", o combate à intervenção externa em assuntos nacionais, a reformulação de sentimentos nacionalistas perante o "imperialismo" agora neoliberalizante e outros. Conseqüentemente, incorporam o conceito de "responsabilidades compartilhadas" dos países produtores da folha e da droga, juntamente com os países compradores e consumidores, e indicam, para o próprio governo boliviano, o caminho da negociação internacional da erradicação.

O nacionalismo cocaleiro está representado pela bandeira da multietinicidade e da diversidade cultural, a *whipala*, que não substitui a bandeira oficial — sempre presente ao lado da *whipala* —, mas que se contrapõe à bandeira vermelha, da foice e do martelo, já desgastada no movimento proletário boliviano.

É a partir dessa postura heterodoxa que o movimento cocaleiro lança as bases da sua originalidade como movimento. Ele é capaz de agregar as demandas sociais de reinserção econômica e social dos "excluídos do neoliberalismo", recuperar os referenciais nacionalistas com conteúdo indígena e redirecionar, pressionando o governo, as diretrizes políticas estatais. É verdade que a capacidade de negociação dos cocaleiros está limitada pela sua situação na estrutura produtiva, mas mesmo na condição de subordinação, eles lançam mão da sua capacidade de pressão e organização para enfrentar e transigir com o Estado.

Por isso, os cocaleiros são não apenas a peça-chave das principais mobilizações sociais contemporâneas na Bolívia. Eles se tornaram o centro propulsor da nova *massa nacional*, no momento em que o operariado se mostra enfraquecido. É ao lado do operariado que os cocaleiros respondem ativamente ao neoliberalismo e à crise aguda da segunda metade de 1980, constituindo o bloco mais compacto e articulado contra o governo. Ainda na década de 1990, eles foram o setor mais ativo da mobilização, por exemplo, contra a reforma de impostos ao setor rural e contra a política agroindustrial, que ao longo da década de 1990, facilitará um novo período de relatifundização.

A manifestação mais importante dos cocaleiros no centro das ações da massa, entretanto, aconteceu em 2000, quando, junto com entidades que coordenam os movimentos de bairro, conseguiu-se mobilizar os camponeses de todos os pólos do departamento de Cochabamba, unindo-se à população urbana contra as políticas privatizantes que atingiram os recursos hídricos da região. A *Guerra del Agua*, como ficou conhecida, paralisou o país, brecou o projeto de privatização e fragilizou as alianças políticas e econômicas do governo. O movimento criou o cisma necessário para que outros setores da sociedade e do país entrassem na mobilização. Nos departamentos de Oruro e La Paz os camponeses fecharam as estradas contra as políticas econômicas do governo; em La Paz, a guarnição de polícia entrou em greve por questões específicas da categoria, os professores de todo o país pararam por motivos salariais, bem como os operários mineiros declararam sua rejeição às políticas econômicas da privatização.

A *Guerra del Agua* foi integrada por vários setores da sociedade civil organizados na *Coordenadora del Agua*, reunindo sete entidades do departamento, incluindo as federações de cocaleiros. A mobilização massiva de Cochabamba atingiu seus objetivos certamente pela presença dos camponeses nas cidades, cujo eixo de organização era o movimento cocaleiro. A aliança inédita das populações do campo e da cidade foi o elemento novo da *Guerra del Agua*, num movimento de solidariedade espontânea, cuja manifestação consistiu no recebimento dos camponeses na cidade, com alimento e abrigo. A mobilização massiva de 2000 quebrou por um momento o gelo histórico que separava o campo da cidade. Algo somente possível porque a aliança vinha sendo trabalhada com antecedência, desde a década de 1980, pelo movimento cocaleiro.

Daí, desprenderam-se atos simbólicos originais, como a incineração de folhas de coca em ritual comunitário de camponeses e citadinos, ou o *acullicu* da folha por estudantes, intelectuais, vizinhos de bairro e outros grupos das classes médias urbanas engajados no movimento.

Considerações finais

Pelo que se expôs até agora, podemos concluir que o movimento cocaleiro tem sido basicamente um movimento social contra o Estado. Não no sentido de uma organização que busca a substituição da forma estatal, pela transformação violenta do sistema, mas como uma ação pleiteando espaços de representação e eventualmente a tomada do poder. Aspecto que se corrobora com a eleição de seus próprios representantes no Congresso, legitimando a estrutura dominante de organização social. Contrariamente à conduta de outros setores sindicais, que concebem sua força proporcional à distância que podem manter das políticas oficiais, as federações de cultivadores de coca têm acumulado poder na coordenação de esforços com o governo.

Uma das contribuições mais importantes dos cocaleiros à mobilização nacional foi a imbricação de métodos de ação, assimilados das experiências sindicais dos operários, com suas táticas de impacto, e as tradicionais formas de apropriação de território. Na ocupação de espaços, como a forma coercitiva que bloqueia caminhos, avança sobre as cidades e as ocupa para forçar o diálogo entre o governo e a população, está a expressão concreta do poder dos cocaleiros, e suas limitações. O poder, assim exercido, não é abstrato, não é o que pressupõe um projeto, uma projeção hegemônica e a constituição de um novo bloco classista. Consegue legitimar suas ações, mas, na ausência de um programa de substituição das classes que ocupam o poder, ele demonstrou até final da década de 1990 ainda uma limitação do seu horizonte de classe, embora a busca de pacto com outros grupos sociais permita considerar que em longo prazo possa estar preparando-se para assumir um novo projeto hegemônico.

Por esse motivo, em momentos de retração do movimento observou-se o esgotamento dos seus símbolos de identidade e de resistência, a perda da sua legitimidade social e de seu poder de convocar a população, bem como o enfraquecimento da sua capacidade de interpelação do governo. A erradicação total da folha de coca é uma tarefa que o governo já assumiu como impossível,[30] mesmo assim, ele não abandona suas ações de repressão. E a folha não é substituída por outros cultivos, não apenas porque os cocaleiros, como movimento, não concordem, mas porque os cocaleiros, como sujeitos econômicos, até agora não encontraram formas economicamente viáveis de alternativas consistentes para o cultivo.

---

[30] Em 9 de fevereiro de 2001, após ter concentrado os esforços do governo na erradicação da folha de coca, que se esperava fosse atingida até 2001, o presidente Bánzer reconheceu que a meta de conquistar o *Coca Cero* era impossível, pois sempre haveria coca plantada para o consumo legal, que seria desviada para o mercado da droga, enquanto o narcotráfico mantiver a demanda. Cf. CNN, 9/2/2001.

Por outro lado, o narcotráfico, em contigüidade física praticamente inevitável com os produtores da folha absorve mão-de-obra de forma irresistível e acelerada da população, provocando as formas conhecidas de alienação do trabalho. Nesse sentido é que se opera uma situação surpreendente, pois a folha vinculada ao narcotráfico implica a eliminação dos traços culturais e identitários originários do cocaleiro, agravada pela migração. Entretanto, paralelamente, opera nesses povos estranhados, um resgate dos costumes e sentidos ancestrais ligados à folha, característica, aliás, típica do momento histórico atual, em que à medida que se articula um mercado global, destruindo e fragmentando as identidades nacionais, a globalização paradoxalmente acaba fortalecendo as identidades locais.

Comparados com os camponeses cocaleiros de outras regiões da América Latina, como os do Equador, do Peru ou da Colômbia, o cocaleiro boliviano apresenta uma organização muito maior, coesão interna, influência e irradiação social refletindo um capital social e político maior que em outros países da região. Os motivos para isso são diversos. Em princípio, porque na Bolívia a produção da folha de coca e o consumo tradicional estão arraigados de modo mais consistente na população, já que ela é um dos países com maior presença indígena da América Latina. Por esse motivo, nunca na Bolívia conseguiu-se proibir o consumo da folha, como ocorreu na Colômbia ou no Equador. Um segundo elemento fundamental é a situação de pobreza rural estrutural do país, sem alternativas consistentes de integração das áreas rurais, e que abrange amplos segmentos populacionais do país.

Esses argumentos explicam a existência consolidada da produção de folha no país, mas não a organização do movimento que, sem dúvida, tem que ver com a história de luta das suas classes populares, cujo momento constitutivo contemporâneo é a Revolução Nacional. O desdobramento da história de lutas recentes na Bolívia está determinado pela entrada do cocaleiro no cenário nacional, assumindo o papel dos operários no centro da massa.

Não podemos deixar de notar um certo saudosismo na intelectualidade boliviana que compara o movimento cocaleiro com os operários da Revolução. De fato, houve um vácuo de liderança na mobilização popular, a partir das políticas de ajuste estrutural que fraturaram a federação de trabalhadores mineiros, núcleo da resistência social. Foi nesse vácuo que os cocaleiros encontraram uma brecha para crescer e emergir, graças ao grande senso de oportunidade do movimento e habilidade pragmática dos seus líderes, e principalmente, graças ao que tinham acumulado historicamente, como massa, na fase de ascensão, e como classe, na calmaria. Também não podemos deixar de ressaltar a observação do líder dos cocaleiros, Evo Morales, sobre a capacidade de o movimento "ganhar" no momento da mobilização, mas perder no momento da negociação. Com efeito, em várias ocasiões, os cocaleiros foram capazes de conseguir irradiar sua vontade a setores importantes da sociedade, exercendo pressão contra o governo. As demandas, porém, nem sempre conseguiram ultrapassar os limites corporativos, mostrando claramente a contradição que o movimento carrega, entre seu grande poder de mobilização e a dificuldade para transformar seu programa de classe em programa nacional. Somente essa deficiência estratégica explicaria a insistência do movimento em continuar apostando na saída da compensação econômica, em vez de desenvolver as forças produtivas locais.

O que há de verdade histórica no movimento cocaleiro? Talvez apenas *o ato da massa*, que se constitui em multidão assumindo tarefas históricas, nem sempre conscientes, mas determinando futuras tendências na própria massa. O relevante desse momento, independentemente do desfecho final, é a aliança que se estabeleceu entre índios, camponeses e operários. Aliança que está se prolongando para as classes médias urbanas.

Parafraseando Zavaleta Mercado, talvez possamos responder: do bloco dominante podemos saber com certa precisão o que é, porque está no seu ato. Do bloco popular não, pois ele ainda está em movimento, ainda está se constituindo para ser o que já é em potência. Ainda está construindo seu ato.

CONCLUSÃO

> A humanidade só se coloca os problemas que ela pode resolver, pois, aprofundando a análise, ver-se-á sempre que o próprio problema só se apresenta quando as condições materiais para resolvê-lo existem ou estão em vias de existir.
>
> — Karl Marx

MUITAS DAS MOBILIZAÇÕES SOCIAIS CONTEMPORÂNEAS NA América Latina têm tido como palco as questões agrárias e como sujeitos os camponeses e indígenas, mostrando sua posição de abandono e seu desejo por autodeterminação. A Bolívia é um exemplo paradigmático dessa situação. País historicamente devastado por outras nações e saqueado por suas elites, tornou-se o cenário de luta entre uma elite sem filiação nacional, transformando o Estado num instrumento de interesses externos, e um povo de indígenas que sobrevive longe do amparo estatal, como nação subterrânea. Por esse motivo, o conflito social, neste país, teve características de luta distintas das verificadas em países mais desenvolvidos.

O caminho tradicional do pensamento marxista previa a exacerbação das contradições entre os interesses da burguesia e do proletariado, fazendo que este último adquirisse uma consciência de classe, antagônica aos interesses dos representantes do capitalismo. A vertente *leninista* pressupunha que o proletariado das nações subdesenvolvidas, na tomada de consciência do seu direito de autodeterminação, entraria em confronto com os países imperialistas segundo uma consciência marxista. Na Bolívia, porém, a presença indígena deu uma tonalidade distinta para as lutas sociais: na análise dos cocaleiros — e os movimentos sob sua hegemonia — observou-se que eles não entraram em choque diretamente contra a burguesia local na defesa dos seus interesses de classe, mas que seu confronto foi contra o Estado, uma vez que ele, implementando políticas ditadas pelos Estados Unidos, buscou erradicar o cultivo da folha, base do sustento dos cocaleiros.

Se, do ponto de vista moral — tendo como referência o narcotráfico —, a defesa da folha de coca é discutível, da perspectiva dos seus interesses, os cocaleiros mostram coerência com o que consideram ser a base da sua sobrevivência. Sendo assim, na luta pelos seus interesses, acabaram iniciando um processo fundamental de consciência coletiva e ampliando seu horizonte em perspectiva de classe.

Assim, e contrariamente ao que os preceitos marxistas clássicos afirmam haver no campesinado, *i.e.*, um papel mais conservador que uma atitude progressista para as transformações, os cocaleiros estão demonstrando iniciativas importantes para liderar decisivas lutas sociais na Bolívia.

Com efeito, essa aptidão não aconteceu no vazio. A predisposição ideológica para se adaptarem às demandas históricas contemporâneas, de modo que fuja das ciladas do corporativismo, é um elemento que o cocaleiro incorporou num longo processo de autotransformação que começa, se quisermos um referencial longínquo, nas lutas ancestrais contra a conquista, e num contexto mais recente, na Revolução de 1952 e nas mobilizações do final da década de 1970. O fato é que das lutas históricas que o cocaleiro travou e das negociações que manteve com outras classes e com o Estado, ele construiu um temperamento de classe — classe ainda indefinida, é verdade — que o capacita a transigir e combinar elementos da sua organização ancestral com métodos de resistência sindical, apelando para a aparelhagem e recursos da mídia ou para a auto-representação direta no Congresso.

O crescimento dos cocaleiros como movimento não teria sido possível, não fosse sua capacidade de irradiação social, de onde vem um segundo elemento fundamental desse sujeito. Quando o marxismo clássico trata da centralidade proletária, refere-se à capacidade desenvolvida pelos operários, que, depois de passarem por um processo de estranhamento e submissão ao trabalho assalariado, desenvolvem uma consciência nova de classe, a partir da sua posição estrutural na economia, capacitando-os como classe dirigente das outras classes, em direção à Revolução.

Na Bolívia, as condições acima referidas estiveram postas de modo muito desfavorável para os mineiros. Não obstante, dada sua condição de operários obrigados ao trabalho, eles conseguiram acumular as condições para se tornarem os sujeitos da Revolução de 1952, projetar sua consciência histórica e irradiar suas ações aos setores médios urbanos e camponeses. Para o resto da sociedade, se formos seguir o modelo ideal do *sujeito da revolução*, as condições para uma transformação profunda na estrutura da sociedade nunca estiveram dadas, assim como não haveria bases para a projeção política de qualquer outro setor da sociedade, a não ser o proletariado.

O movimento cocaleiro, ao conseguir difundir sua hegemonia na sociedade, demonstrou que o processo de tomada de consciência para si pode seguir outros *caminhos oblíquos* de desenvolvimento. A transformação dos cocaleiros no setor mais esclarecido do campesinato e com maior capacidade de contestação que qualquer outro setor da sociedade está relacionada, basicamente, com sua composição heterogênea de sujeito histórico. Os cocaleiros são uma condensação orgânica de etnias camponesas diversas, unidas a grupos de trabalhadores de experiências produtivas distintas e de várias regiões geográficas. São a articulação da diversidade sob um horizonte, o quíchua, que implica uma capacidade específica de negociação, sem negar os parâmetros insurrecionais que tomou dos proletários recamponizados e sem esquecer o instinto de resistência do indígena, que vem do horizonte aimará.

Na transformação de sua consciência coletiva, o cocaleiro ampliou o escopo de suas demandas, de início limitadas a interesses imediatos, com o repertório de luta de outros setores sociais, fato que nos permite elaborar, como uma possível conclusão, a evidência histórica de que os cocaleiros chegaram a se constituir na síntese e resposta atual aos anseios dessas classes que, sendo a base da sociedade, suportam o sistema capitalista de dominação, seja como trabalhadores explorados, seja como desempregados ou como marginais aos mercados formais de emprego.

A opção por representar os setores pobres e não se transformar em classe opressora — pequena burguesia agrícola, por exemplo —, resulta da sua acumulação como classe, incipiente, cuja fidelidade às origens reforça os seus laços orgânicos quando incorpora os sujeitos mais oprimidos da sociedade boliviana dentro do movimento.

À medida que os cocaleiros se afastam do clássico papel histórico de se constituírem em "classe moderna", em luta contra a burguesia, eles se aproximam de outras tarefas históricas, vale dizer, a de aglutinação de outros sujeitos da formação classista e a transformação social originada na base do sistema. Ou seja, é quando eles assumem sua hibridez, sua heterogeneidade multitemporal e conseguem representar a diversidade — distinta da pluralidade, como ficou demonstrado —, que eles se habilitam a canalizar as demandas sociais dispersas e propõem uma alternativa social ao bloco dominante, consolidado no Estado. É quando assumem que são uma sociedade *abigarrada*, que eles podem pensar em autodeterminação de um povo.

Nesses termos, o movimento cocaleiro é uma tentativa local — apropriada ou não, isso se julgará historicamente — de articular uma diversidade de discursos e uma heterogeneidade de populações, lutando por se afirmarem politicamente e alterarem a correlação de forças. E acontece justamente onde o Estado se mostrou incapaz de apresentar uma resposta que congregue a sociedade, e onde o neoliberalismo procura diluir os referenciais histórico-políticos da resistência.

O modo como eles articularam essa heterogeneidade dispersa foi atualizando o discurso nacionalista estatizante do operariado, atrelado a uma proposta indigenista contemporânea — *i.e.*, sem o caráter racista de outros movimentos indígenas —, para o qual sua peculiar aptidão para a negociação foi um instrumento fundamental. A flexibilidade discursiva alcançada facilitou também um diálogo próximo com outros setores da sociedade e com o governo dando uma inesperada projeção internacional ao movimento.

De resto, o caráter pragmático das suas ações é o que tipifica a atuação dos cocaleiros como um *novo movimento social* que surge no âmago das reformas estruturais, na perda referencial das opções político-partidárias quando do enfraquecimento do sindicalismo tradicional e na emergência de demandas diversas, desconsideradas durante a fase do nacionalismo revolucionário — notadamente, a questão indígena. É um movimento, por isso, que está além das reivindicações apenas econômicas — pivô da sua organização original, sem dúvida — e que busca adquirir direitos cidadãos e maior participação política de segmentos sociais à margem das instâncias de decisão. Para esse fim, as alianças que o movimento estabeleceu com a sociedade não têm conteúdo apenas classista, mas são pactos em busca de assessoramento de outros setores do espectro social com alguns partidos de esquerda, com organizações governamentais ou com intelectuais. Dessas alianças surgiram alguns elementos fundamentais para os cocaleiros, como a incorporação de valores democráticos ao interior do próprio movimento, a oposição sistemática ao Estado sem negar-se ao diálogo nem à participação nas instâncias superiores de poder e à difusão das suas demandas em círculos acadêmicos, políticos e na mídia.

Para podermos compreender a importância do movimento dos cocaleiros como "massa em movimento", em transformação contínua e no centro da mobilização social contemporânea, lançamos mão da discussão conceptual de Zavaleta Mercado, sobre as formações socioeconômicas *abigarradas*. O conceito torna mais complexa a discussão sobre a *diversidade*, constatando que, em países como a Bolívia, populações coexistem em tempos históricos distintos, marcados pela dimensão agrícola, principalmente, e cuja característica mais importante é a de estarem desarticuladas entre si e, sobretudo, não estarem amparadas por uma forma estatal coesa.

O caso dos cocaleiros é um caso típico do *abigarramiento* social boliviano. Populações originárias notadamente das áreas agrícolas depauperadas migraram para o Chapare em busca de melhores condições de vida, carregando toda a sua experiência produtiva e organizativa comunitária. Aí, sofreram um nível de *estranhamento parcial*, que permitiu se adaptarem a novas formas organizativas e um novo padrão produtivo ligado ao mercado transnacional da droga. Nessas condições, eles iniciaram a defesa dos seus interesses econômicos imediatos, apoiados no valor simbólico para as culturas andinas do produto que cultivam, a folha de coca. É na defesa da folha que os cocaleiros se constroem como classe, de acordo com a definição de Thompson, segundo a qual *toda classe se forma na sua luta*.

Com efeito, o caráter *abigarrado* da sociedade boliviana fez que as classes bolivianas e suas lutas estivessem atravessadas pelas temporalidades diversas que coexistem nesta formação socioeconômica desagregada, de modo que a intensidade do fator cultural, no embate pelos interesses econômicos, ganha um valor crescente, à medida que crescem, também, os interesses econômicos envolvidos. De fato, o cruzamento das duas dimensões — a étnico-cultural e a econômica — faz que o conceito de classe se torne difuso ou assuma um caráter excessivamente teórico, dificultando a análise empírica dessas sociedades, que no concreto lutam como classe e como etnia. A luta social, nessas condições, vira um conflito mais amplo e difuso que uma luta de classes, para o qual Zavaleta Mercado aponta um problema e uma solução. O problema seria a dificuldade de tornar inteligível uma sociedade *abigarrada* com classes sociais tão difusas, a partir do aparelho conceitual fornecido pela crítica marxista, base do seu pensamento.

Como saída, Zavaleta Mercado propõe o estudo dessas sociedades num momento de intensidade, qual seja o *momento da crise*, como a ocasião em que cada grupo humano se manifesta e atua, enquanto grupo atingido, com base no que tem acumulado como experiência de classe. Na situação de crise, as classes indefinidas, lideradas por uma, atuariam como sociedade civil — oposta ao Estado —, como bloco histórico e como multidão. É isso o que Zavaleta Mercado resume no conceito de *massa*.

Os cocaleiros desde sua origem como grupos organizados de modo disperso, na década de 1970, passaram por várias fases críticas de constituição da sua entidade política e de seu movimento social. Em um momento especial de crise, as mobilizações sociais contra as reformas estruturais de 1985 e dos anos seguintes, os cocaleiros conseguiram unificar as federações sindicais e definir o caráter atual do movimento: antineoliberal, antiimperialista, contra o Estado atual, indígena e de posturas políticas de esquerda.

Com efeito, a amplitude do seu programa social e do caráter do movimento são os elementos que projetam os cocaleiros, mas também os que limitam sua transformação racional, como classe autoconsciente. Daí a sua impossibilidade de se constituírem até final da década de 1990 em alternativa real ao neoliberalismo e sua incapacidade de substituir o que se tem na Bolívia como consciência de classe construída, *i.e.*, a presença e liderança do proletariado mineiro na COB.

Diferentemente dos proletários, entretanto, os cocaleiros mostraram uma capacidade maior de transformação e de adaptação às mudanças históricas, o que fez deles uma alternativa para a mobilização social, mas até o fim do século XX não uma resposta coerente para o sistema geral. Fato que, por sinal, não desencadeia uma tendência irreversível, pois o alcance das transformações que o movimento pode gerar, bem como a sua vontade manifesta do poder abstrato e real — elemento do qual, aliás, carecem a maior parte dos movimentos sociais contemporâneos — é algo que deverá ser definido pelo próprio movimento da *massa*, no momento histórico da sua irrupção. Sendo assim, o que há de fundamental no movimento cocaleiro é a sua capacidade de sintetizar a heterogeneidade social, canalizar suas demandas em mobilizações cada vez mais abrangentes, permitir a inter-relação do diverso e discutir diretamente as questões políticas, sociais e econômicas do momento. O que há de marcante nos cocaleiros é a sua aptidão de constituir a *nova massa*. Com uma identidade fortemente indígena, ancorada nas tradições andinas, porém sem ilusões restauracionistas, como acontece com outros movimentos indígenas, os cocaleiros fixam uma nova identidade, fiel às suas origens.

Com essas constatações, podemos observar que na história boliviana manifesta-se, de modo particularmente rico, uma heterogeneidade de sujeitos sociais resultante da coexistência de tempos históricos diferenciados, base e matriz da diversidade cultural sobre a qual freqüentemente emergem novos sujeitos históricos. Os cocaleiros bolivianos corroboram isso.

REFERÊNCIAS

AGUILÓ, Federico. *Movilidad espacial y social generada por el narcotráfico*. Cochabamba: Ildis, 1988.

— *Narcotráfico y violencia*. Cochabamba: Cedib/Iese, 1992.

ALBO, Xavier & Josep M. BARNADAS. *La cara campesina de nuestra historia*. La Paz: Unitas, 1984.

ALTHUSSER, Louis. Ideologia e aparelhos ideológicos do Estado: notas para uma investigação. In: Slavoj ZIZEK. *Um mapa da ideologia*. Rio de Janeiro: Contraponto, 1999.

ANAYA, Juan Antonio Morales. Estabilización y nueva política económica en Bolivia. *El Trimestre Económico*, vol. LIV, número especial, set. 1987.

ANDERSON, Benedict. *Comunidades imaginadas: reflexiones sobre el origen y la difusión del nacionalismo*. México: Fondo de Cultura Económica, 1997.

ANDERSON, Perry. As antinomias de Gramsci. In: *Crítica marxista*. São Paulo: Juruês, 1986.

— Balanço do neoliberalismo. In: Emir SADER, Emir & Pablo GENTILLI. *Pós-neoliberalismo: as políticas sociais e o Estado democrático*. São Paulo: Paz e Terra, 1995.

ANTEZANA, Luis. Formación abigarrada e democracia como autodeterminación. In: Mario Miranda PACHECO. *Bolivia en la hora de su modernización*. México: Unam, 1993.

ANTEZANA, Luis & Hugo ROMERO. *Historia de los sindicatos campesinos: un proceso de integración nacional en Bolivia*. La Paz: Servicio Nacional de Reforma Agraria, 1973.

BAMBIRRA, Vania. *El capitalismo dependiente latinoamericano*. México: Siglo XXI, 1990.
BAUDRILLARD, Jean. *À sombra da maioria silenciosa: o fim do social e o surgimento das massas*. São Paulo: Brasiliense, 1985.
BELL, Daniel. *The Coming of Post-Industrial Society: a Venture in Social Forecasting*. Nova York: Basic Books, 1973.
BHABHA, Homi K. *O local da cultura*. Belo Horizonte: Humanitas, 1998.
BLANES, José. *De los Valles al Chapare: estrategias familiares en un contexto de cambios*. Cochabamba: Ceres, 1983.
BLANES, José et alii. *Migración rural-rural en Bolivia: el caso de las colonias*. La Paz: Ceres, 1980.
BLOCH, Marc. *Introdução à história*. Portugal: Europa-América, 1974.
BOBBIO, Norberto. *O conceito de sociedade civil*. Rio: Graal, 1994.
BOLÍVIA desiste do projeto "coca zero". *CNN*. 9/2/2001. http://cnnemportugues.com/2001/americas/la/bolivia/02/09/coca/index.html.
BOURDIEU, Pierre. *A economia das trocas simbólicas*. São Paulo: Perspectiva, 1999.
CALDERÓN, Fernando & Jorge DANDLER (org.). *Bolívia: la fuerza histórica del campesinado*. La Paz: Ceres/Unrisd, 1984.
CARDOSO, Fernando Henrique & Enzo FALETTO. *Dependência e desenvolvimento na América Latina*. Rio de Janeiro: Zahar, 1970.
CARTER, William E. *Ensayos científicos sobre la coca*. La Paz: Juventud, 1996.
CARTER, William E. & Mauricio MAMANI. *Coca en Bolivia*, La Paz: Juventud, 1986.
COCALEIROS, los sucesores del agónico proletariado minero?. *Hoy*, 4/9/1994.
COCA — CRONOLOGÍA. Cochabamba: Cedib, 1992.
CONTRERAS, Manuel. La reforma educativa. In: Fundação Milenio. *Las reformas estructurales en Bolívia*. La Paz: Milenio, 1998.
CORTEZ H, Róger. *La Guerra de la Coca: una sombra sobre los Andes*. La Paz: Flacso-CID, 1992.
CULTIVO de coca cresce na Bolívia e inviabiliza meta. *Folha de S.Paulo*. São Paulo, 29/12/2002.
DAMATTA, Roberto. *Carnavais, malandros e heróis: para uma sociologia do dilema brasileiro*. Rio de Janeiro: Rocco, 1997.
DANDLER, Jorge. Campesinado y reforma agraria en Cochabamba (1952-1953): dinámica de un movimiento campesino en Bolivia. In: Fernando CALDERON & Jorge DANDLER. *Bolivia: la fuerza histórica del campesinado*. Ginebra/La Paz: Unrisd-Ceres, 1984.

DELPIROU, Alain & Alain LABROUSSE. *Coca Coke*. São Paulo: Brasiliense, 1988.
DIPUTADOS campesinos conforman "Brigada Parlamentaria Indígena". *Opinión*, 25/5/1998.
EVO contra caciquismo de la ASP. *Cuarto Poder*, Cochabamba, 5/1/1997.
EVO quiere una cumbre com sub Marcos. *Hoy*, La Paz, 27/8/1995.
FAZIO, Carlos. Chapare: cocaleiros en pie de guerra. *Cuarto Poder*, Cochabamba, 5/7/1997, p. 7.
FEATHERSTONE, Mike. Para uma sociologia da cultura pós-moderna. *Revista Brasileira de Ciências Sociais*, n.º 25, junho 1994.
FLORES, Gonzalo & José BLANES. Campesino, migrante y colonizador. *Reproducción de la Economía Familiar en el Chapare Tropical*. La Paz: Ceres (mimeo), 1982.
— *Donde va el Chapare?*. Cochabamba: Ceres, 1984.
FOUCAULT, Michel. *Microfísica do Poder*. Rio de Janeiro: Graal, 1979.
FRANK, Andre Gunder. *Capitalismo y subdesarrollo en América Latina*. México: Siglo XXI, 1978.
GADEA, Carlos. Modernidad global y movimiento neozapatista. *Nueva Sociedad*, n.º 168, 2000.
GALLIANO, A. Guilherme (org.). *Introdução à sociologia*. São Paulo: Harper & Row do Brasil, 1981.
GARCÍA-CANCLINI, Néstor. Gramsci e as culturas populares na América Latina. In: Carlos Nelson COUTINHO & Marco Aurélio NOGUEIRA. *Gramsci e a América Latina*. Rio de Janeiro: Paz e Terra, 1993.
— *Culturas híbridas: estratégias para entrar e sair da modernidade*. São Paulo: Edusp, 1997.
GOHN, Maria Glória. *Teorias dos movimentos sociais: paradigmas clássicos e contemporâneos*. São Paulo: Loyola, 1997.
GRAMSCI, Antonio. *Cadernos do cárcere: os intelectuais, o princípio educativo e o jornalismo*. Rio de Janeiro: Civilização Brasileira, 2000.
GROS, Cristian. O movimento indigenista do nacional — do populismo ao neoliberalismo. *Cadernos CRH*. Salvador: s.e., jan.-jun. 1995.
GUZMÁN, Augusto. *Historia de Bolivia*. Cochabamba: Los Amigos del Libro, 1990.
HABERMAS, Jürgen. *Problemas de legitimación del capitalismo tardío*. Argentina: Amorrortu, 1995.
HALL, Stuart. *A identidade cultural na pós-modernidade*. Rio de Janeiro: DP&A, 1999.
HARDINGHAUS, Nicolás H. Droga y crecimiento económico. El narcotráfico en las cuentas nacionales. *Nueva Sociedad*, n.º 102, 1989.

HEGEL, Georg Wilhelm Friedrich. *Fenomenologia do espírito*. Rio de Janeiro: Vozes, 1992.
HENKEL, Ray. *The Chapare of Bolivia: A Study of Tropical Agriculture in Transition*. Doutorado. Department of Geography. University of Wisconsin, 1977.
HOBSBAWM, Eric. La consciência de clase en la historia. In: István MÉSZAROS (org). *Aspectos de la historia y la conciencia de clase*. México: Unam/Facultad de Ciencias Políticas y Sociales, 1973.
HUANCA, Felipe Quispe. *Tupak Katari vive y vuelve. . . carajo*. Oruro: Quelco, 1999.
IANNI, Octavio. *A formação do Estado populista na América Latina*. Rio de Janeiro: Civilização Brasileira, 1975.
— Revoluções camponesas na América Latina. In: José Vicente T. dos SANTOS. *Revoluções camponesas na América Latina*. São Paulo: Ícone, 1985.
ILDIS. *Debate Nacional: El Chapare actual; sindicatos y ONG's en la región*. Cochabamba: Ceres, 1990.
INE — INSTITUTO NACIONAL DE ESTADÍSTICA. *Censo nacional de población y vivienda 1992, resultados finales*. La Paz: INE, 1993.
— *Estadísticas e indicadores socioeconómicos de Bolivia*. La Paz: INE, 2002.
KLEIN, Herbert S. *Historia de Bolivia*. La Paz: Juventud, 1991.
KOLAKOWSKI, Leszek. *Main Currents of Marxism*. Inglaterra: Oxford University Press, 1982.
LAGOS, María L. *Autonomía y poder: dinámica de clase y cultura en Cochabamba*. La Paz: Plural, 1997.
LANZA, Gregorio. *La coca prohibida*. Cochabamba: Cedib, 1995.
LASERNA, Roberto et alii. *Sostenibilidad y desarrollo humano. Calidad de vida en Cochabamba*. Cochabamba: Los Amigos del Libro. 1996.
LASERNA, Roberto. *Veinte juicios y prejuicios sobre coca-cocaína*. La Paz: Clave, 1996.
LEVINE, Michael. *La guerra falsa*. Cochabamba: Acción Andina-Cedib, 1994.
LORA, Guillermo. La clase obrera después de 1952. In: René ZAVALETA MERCADO. *Bolivia hoy*. México: Siglo XXI, 1983.
MADARIAGA, Alexia Guilera. Entrevista a Felipe Quispe. Disponível em <www.prensarural.orgbolivia20031022.htm>. Acesso em 25/4/2007.
ANSILLA, H.C.F. Economía informal e ilegitimidad estatal en Bolivia. *Nueva Sociedad*, n.º 119, 1992.
MARIÁTEGUI, José Carlos. O problema indígena na América Latina. In: Michael LÖWI (org.). *O marxismo na América Latina: uma antologia de 1909 aos dias atuais*. São Paulo: Fundação Perseu Abramo, 1999.

MARINI, Ruy Mauro. *Subdesarrollo y dependencia*. México: Siglo XXI, 1996.

MARTÍN-BARBERO, Jesús. *De los medios a las mediaciones: comunicación, cultura y hegemonía*. Barcelona: Gustavo Gili, 1987.

— América Latina e os anos recentes: o estudo da recepção em comunicação social. In: Mauro Wilton de SOUZA (org.). *Sujeito, o lado oculto do receptor*. São Paulo: Brasiliense-ECA, 1995.

MARTINS, José de Souza. *Exclusão social e a nova desigualdade*. São Paulo: Paulus, 1997.

MARX, Karl. *Grundrisse*. Londres: Penguin Books, 1977a.

— *Early Writings, Marx*. Londres: Penguin Books, 1977b.

— *O 18 Brumário e Cartas a Kugelmann*. São Paulo: Paz e Terra, 1997.

MAYORGA, Rene Antonio. La democracia en Bolivia: ¿consolidación o desestabilización?. *Pensamiento Iberoamericano, Revista de Economía Política* n.º 14, jul.-dez. 1988.

MENDRAS, Henri. *Princípios de sociologia*. Rio de Janeiro: Zahar, 1971.

MESA, Jose et alii. *Historia de Bolivia*. La Paz: Gisbert, 1997.

MILLS, James. *Império subterrâneo: onde o crime e os governos se encontram*. São Paulo: Nova Cultural, 1986.

MONTENEGRO, Carlos. *Nacionalismo y coloniaje*. La Paz: s.e, 1979.

MORALES, Hugo Rodas. *Huanchaca*. Cochabamba: Plural, s.d.

OFFE, Claus. *Contradicciones en el Estado de Bienestar*. Madri: Alianza, 1988.

OLIVEIRA, Francisco de. Crítica à razão dualista. *Economia Brasileira*. Cebrap, 1972.

ORELLANA, Amado Canelas & Juan Carlos Canelas ZANNIER. *Bolivia: Coca Cocaína*. Cochabamba: Los Amigos del Libro, 1983.

ORTIZ, Renato. *A moderna tradição brasileira*. São Paulo: Brasiliense, 1994.

PIDEN un "qhato" legal. La Paz: *Presencia*, 26/9/2000.

PNUD. *Informe nacional sobre desarrollo humano en Bolivia 2002*. Disponível em : <idh.pnud.bo/webportal/Publicaciones/InformeNacional/INDH2002/tabid/174/Default.aspx>. Acesso em 3/9/2003.

POULANTZAS, Nicos. *Poder político y clases sociales en el Estado capitalista*. México: Siglo XXI, 1997.

PRADO, Arturo Núñez del. Bolivia: inflación y democracia. *Pensamiento Iberoamericano. Revista de Economía Política*, n.º 9, jan.-jun., 1986.

PRYSTHON, Ângela Freire. *Estudos culturais latino-americanos contemporâneos: periferia, subalternidade, diferença e hibridismo*. São Paulo: Intercom/ECA, 1998.

QUIROGA T., José Antonio. *Coca/Cocaína. Una visión boliviana*. La Paz: Aipe-Procom/Cedla/CID, 1990.

RIVERA, Alberto. El Chapare actual. In: ILDIS. *Debate nacional: El Chapare actual; sindicatos y ONG's en la región*. Cochabamba: Ceres, 1990.
RIVERA, Silvia. *"Oprimidos pero no vencidos": Luchas del campesinado aymara y qhechwa de Bolivia, 1900-1980*. La Paz: Hisbol-CSUTCB, 1984.
— Democracia liberal y democracia de "ayllu". In: Mario Miranda PACHECO. *Bolivia en la hora de su modernización*. México: Unam, 1993.
ROMÁN, Jebner Zambrana. *Guerra antidrogas: entre halcones y palomas*. Cochabamba: Los Amigos del Libro, 1996.
RUIZ, Marcos Dominich. El concepto de "Nación Boliviana" y el país multiétnico y plurilingüe. In: Mario Miranda PACHECO. *Bolivia en la hora de su modernización*. México: Unam, 1993.
SADER, Eder. *Quando novos personagens entraram em cena*. São Paulo: Paz e Terra, 1995.
SADER, Emir. *O anjo torto, esquerda (e direita) no Brasil*. São Paulo: Brasiliense, 1995.
— *Estado e política em Marx*. São Paulo: Cortez, 1998.
— *Século XX, uma bibliografia não-autorizada: o século do imperialismo*. São Paulo: Fundação Perseu Abramo, 2000.
SADER, Emir & Pablo GENTILI (org.). *Pós-neoliberalismo: as políticas sociais e o Estado democrático*. São Paulo, Paz e Terra, 1995.
SALGADO, Sebastião. *Êxodos*, São Paulo: Companhia das Letras, 2000.
SÁNCHEZ, Pablo Ramos. Los empresarios en el poder. *Nueva Sociedad*, n.º 88, 1987.
SHANIN, Teodor. *Peasants and Peasant Societies*. Londres: Penguin, 1971.
SNOW, David A. et all. Frame Alignment Processes, Micromobilization, and Movement Participation. In: Steven M. BUECHLER & F. Kurt CYLKE Jr. *Social Movements: Perspectives and Issues*. Londres: Mayfield Publishing Company, 1997.
TAPIA, Luis Fernando. *La producción del conocimiento local: historia y política en al obra de Zavaleta*. Doutorado. Rio de Janeiro: Instituto Universitário de Pesquisas, 1997.
TAPIA, Luis. *Reflexiones sobre multiculturalidad y pluralismo*. Mimeo, s.d.
TAYLOR, Charles. *Multiculturalismo y la 'política del reconocimiento'*. México: Fondo de Cultura Económica, 2001.
THOMPSON, Edward P. *The Making of the English Working Class*. Londres: Pinguin, 1982.
— *Tradición, revuelta y consciencia de clase. Estudios sobre la crisis de la sociedad preindustrial*. Barcelona: Crítica-Grijalbo, 1984.
TROMPETISTA cocaleiro, El. *Hoy*, 15/1/1995.

UDAPE. *La economía informal: Una visión macroeconómica*. La Paz: Udape, 1985.

URIOSTE, Miguel. *Resistencia campesina: efectos de la política económica neoliberal del Decreto Supremo 21060*. La Paz: Cedla, 1989.

— *Segunda reforma agraria: campesinos, tierra y educación popular*. La Paz: Cedla, 1996.

WEBER, Max. *Ensaios de sociologia*. Rio de Janeiro: LTC — Livros Técnicos e Científicos, 1982.

WEIL, Jim e & Connie WEIL. *Verde es la esperanza: colonización, comunidad y coca en la Amazonia*. Cochabamba: Los Amigos del Libro, 1993.

WOLF, Eric R. *Las luchas campesinas del siglo veinte*. México: Siglo XXI, 1971.

WOLF, Mauro. *Teorias da comunicação*. Lisboa: Presença, 1995.

WOODWARD, Bob. *As guerras secretas da CIA 1981-1987*. São Paulo: Best Seller, 1987.

WOODWARD, Kathryn. Identidade e diferença: uma introdução teórica e conceitual. In: Tomaz Tadeu SILVA (org.). *Identidade e diferença: a perspectiva dos estudos culturais*. Petrópolis: Vozes, 2000.

YOUNGERS, Coletta. . *La guerra en los Andes: el rol militar en la política internacional de los Estados Unidos sobre la droga*. Cochabamba: Cedib, 1990.

ZAVALETA MERCADO, René. Las Masas en Noviembre. In: René ZAVALETA MERCADO. *Bolivia hoy*. México: Siglo XXI, 1983a.

— Forma clase e forma multitud en el proletariado minero de Bolívia. In: René ZAVALETA MERCADO. *Bolivia hoy*. México: Siglo XXI, 1983b.

— *Lo Nacional-Popular en Bolivia*. México: Siglo XXI, 1986.

— Considerações gerais sobre a história de Bolívia. In: González CASANOVA (org.). *América Latina. História de meio século*. Brasília: UnB., 1988.

— *La formación de la conciencia nacional*. Cochabamba: Los Amigos del Libro, 1990a.

— *El Estado en América Latina*. Cochabamba: Los Amigos del Libro, 1990b.

— *La caida del MNR y la conjuración de noviembre*. Cochabamba: Los Amigos del Libro, 1995.

Impressão e acabamento
Imprensa da Fé